两希文明哲学经典译丛

包利民 章雪富 主编

哲学谈话录

[古罗马]爱比克泰德 著

吴欲波 郝富强 黄聪聪 译

Philosophical Classics of Hellenistic-Roman Times

中国社会科学出版社

图书在版编目(CIP)数据

哲学谈话录/[古罗马]爱比克泰德著；吴欲波等译．—北京：中国社会科学出版社，2017.8（2023.9重印）
（两希文明哲学经典译丛/包利民 章雪富主编）
ISBN 978-7-5203-0697-3

Ⅰ.①哲… Ⅱ.①爱…②吴… Ⅲ.①爱比克泰德—哲学思想 Ⅳ.①B502.43

中国版本图书馆CIP数据核字(2017)第147169号

出 版 人　赵剑英
特约编辑　韩国茹
责任编辑　凌金良　陈　彪
责任校对　刘　娟
责任印制　张雪娇

出　　版　中国社会科学出版社
社　　址　北京鼓楼西大街甲158号
邮　　编　100720
网　　址　http://www.csspw.cn
发 行 部　010-84083685
门 市 部　010-84029450
经　　销　新华书店及其他书店

印刷装订　环球东方（北京）印务有限公司
版　　次　2017年8月第1版
印　　次　2023年9月第3次印刷

开　　本　650×960　1/16
印　　张　21.25
插　　页　2
字　　数　294千字
定　　价　65.00元

凡购买中国社会科学出版社图书，如有质量问题请与本社营销中心联系调换
电话：010-84083683

2016年再版序

我们对哲学的认识无论如何都与希腊存在着关联。如果说人类的学问某种程度上都始于哲学的探讨，那么也可以说，在某种程度上我们都是希腊的学徒。这当然不是说希腊文明比其他文明更具优越性和优先性，而只是说人类长时间以来都得益于哲学这种运思方式和求知之道，希腊人则为基于纯粹理性的求知方式奠定了基本典范，并且这种基于好奇的知识探索已经成为不同时代人们的主要存在方式。

希腊哲学的光荣主要是与苏格拉底、柏拉图和亚里士多德联系在一起。这套译丛则试图走得更远，让希腊哲学的光荣与更多的哲学家——伊壁鸠鲁、西塞罗、塞涅卡、爱比克泰德、斐洛、尼撒的格列高利、普卢克洛、波爱修、奥古斯丁等名字联系在一起。在编年史上，他们中的许多人已经是罗马人，有些人在信仰上已经是基督徒，但他们依然在某种程度上，或者说他们著作的主要部分仍然是在续写希腊哲学的光荣。他们把思辨的艰深诠释为生活的实践，把思想的力量转化为信仰的勇气，把城邦理念演绎为世界公民。他们扩展了希腊思想的可能，诠释着人类文明与希腊文明的关系。

这套丛书被冠以"两希文明哲学经典译丛"之名，还旨在显示希腊文明与希伯来文明的冲突相生。希腊化时期的希腊和罗马时代的希腊已经不再是城邦时代的希腊，文明的多元格局为哲学的运思和思想的道路提供了更广阔的视域，希腊化罗马时代的思想家致力于更具个体性、时间性、历史性和实践性的哲学探索，更倾心于在一个世俗的世界塑造一种盼望的降临，在一个国家的时代奠定一种世界公民的身份。在这个时代并且在后续的世代，哲学不再只是一个民族的事业，更是人类知识探索的始终志业；哲学家们在为古代哲学安魂的时候开启了现代世界的图景，在历史的延续中瞻望终末的来临，在两希文明的张力中看见人类更深更远的未来。

十年之后修订再版这套丛书，寄托更深！

是为序！

包利民　章雪富

2016年5月

2004 年译丛总序

西方文明有一个别致的称呼，叫作“两希文明”。顾名思义是说，西方文明有两个根源，由两种具有相当张力的不同“亚文化”联合组成，一个是希腊—罗马文化；另一个是希伯来—基督教文化。国人在地球缩小、各大文明相遇的今天，日益生出了认识西方文明本质的浓厚兴趣。这种兴趣不再停在表层，不再满意于泛泛而论，而是渴望深入其根子，亲临其泉源，回溯其原典。

我们译介的哲学经典处于更为狭义的“两希文明时代”——即这两大文明在历史上首次并列存在、相遇、互相叩问、相互交融的时代。这是一个跨度相当大的历史时代，大约涵括公元前 3 世纪到公元 5 世纪的八百年的时期。对于“两希”的每一方，这都是一个极为具有特色的时期，它们都第一次大规模地走出自己的原生地，影响别的文化。一方面，这个时期史称“希腊化”时期；在亚历山大大帝东征的余威之下，希腊文化超出了自己的城邦地域，大规模地东渐教化。世界各地的好学青年纷纷负笈雅典，朝拜这一世界文化之都。但是，在这番辉煌之下，却又掩盖着别样的痛楚；古典的社会架构和思想范式都在经历着巨变；城邦共和体系面临瓦解，曾经安于公民德性生活范式的人感到脚下不稳，感到精神无所归依。于是，“非主流”型的、非政治的、“纯粹的”哲学家纷纷兴起，企图为个体的心灵宁静寻找新的依据。希腊哲学的各条主要路线都在此时总结和集大成：普罗提诺汇总了柏拉图和亚里士多德路线，伊壁鸠鲁和卢克莱修汇总了自然哲学路线，怀疑论汇总了整个希腊哲学中否定性的一面。同时，这些学派还开出了与古典哲学范式相当不同的，但是同样具有重要特色的新的哲学。有人称之为“伦理学取向”和“宗教取向”的哲学，我们称之为“哲学治疗”的哲学。这些标签都提示了：这是一个在巨变之下，人们特别关心人自己的幸福、宁静、命运、个性、自由等的时代。一个时代应该有一个时代的哲学。那个时代的哲学会不会让处于类似境遇中的今人感到更多的共鸣呢？

另一方面，东方的另一个“希”——希伯来文化——也在悄然兴起，逐渐向西方推进。犹太人在亚历山大里亚等城市定居经商，带去独特的文化。后来从犹太文化中分离出来的基督教文化更是日益向希腊—罗马文化的地域慢慢西移，以至于学者们争论这个时代究竟是希腊文化的东渐，还是东方宗教文化的西渐？希伯来—基督教文化与希腊文化是特质极为不同的两种文化，当它们终于遭遇之后，会出现极为有趣的相互试探、相互排斥、相互吸引，以致逐渐部分相融的种种景观。可想而知，这样的时期在历史上比较罕见。一旦出现，则场面壮观激烈，火花四溅，学人精神为之一振，纷纷激扬文字，评点对方，捍卫自己，从而两种文化传统突然出现了鲜明的自我意识。从这一时期的文本入手探究西方文明的特征，是否是一条难得的路径？

还有，从西方经典哲学的译介看，对于希腊—罗马和希伯来—基督教经典的译介，国内已经有不少学者做了可观的工作；但是，对于“两希文明交汇时期”经典的翻译，尚缺乏系统工程。这一时期在希腊哲学的三大阶段——前苏格拉底哲学、古典哲学、晚期哲学——中属于第三大阶段。第一阶段与第二阶段分别都已经有了较为系统的译介，但是第三阶段的译介还很不系统。浙江大学外国哲学研究所的两希哲学的研究与译介传统是严群先生和陈村富先生所开创的，长期以来一直追求沉潜严谨、专精深入的学风。我们这次的译丛就是集中选取希腊哲学第三阶段的所有著名哲学流派的著作：伊壁鸠鲁派、怀疑派、斯多亚派、新柏拉图主义、新共和主义（西塞罗、普鲁塔克）等，希望向学界提供一个尽量完整的图景。同时，由于这个时期哲学的共同关心聚焦在"幸福"和"心灵宁静"的追求上，我们的翻译也将侧重介绍伦理性—治疗性的哲学思想；我们相信哲人们对人生苦难和治疗的各种深刻反思会引起超出学术界的更为广泛的思考和关注。另一方面，这一时期在希伯来—基督教传统中属于"早期教父"阶段。犹太人与基督徒是怎么看待神与人、幸福与命运的？他们又是怎么看待希腊人的？耶路撒冷和雅典有什么干系？两种文明孰高孰低？两种哲学难道只有冲突，没有内在对话和融合的可能？后来的种种演变是否当时就已经显露了一些端倪？这些都是相当有意思的学术问题和相当急迫的现实问题（对于当时的社会和人）。为此，我们选取了奥古斯丁、斐洛和尼撒的格列高利等人的著作，这些大哲是"跨时代人才"，他们不仅"学贯两希"，而且"身处两希"，体验到的张力真切而强烈；他们的思考必然有后来者所无法重复的特色和原创性，值得关注。

这些，就是我们译介"两希文明"哲学经典的宗旨。

另外，还需要说明两点：一是本丛书中各书的注释，凡特别注明"中译者注"的，为该书中译者所加，其余乃是对原文本有注释的翻译；二是本译丛也属于浙江大学跨文化研究中心系列研究计划之一。我们希望以后能推出更多的翻译，以弥补这一时期思想经典译介之不足。

包利民　章雪富

2004年8月

目　录

中译者序

在一个你无法把握的世界里，你能否让自己有限的一生散发出人性的极度高贵和光辉？在西方古代，这是以“斯多亚派”的名义进行思考的哲学家最为关注的问题。爱比克泰德灵动、隽永、深刻的《哲学谈话录》处处弥散出这样的光芒。

爱比克泰德是著名的罗马时期斯多亚派三大哲学家之一，大约生活在公元50—120年。爱比克泰德的生平很简单。他曾经是一位奴隶，后来获释为自由人。他身体长期不好，而且腿脚有残疾；他曾从学当时著名的斯多亚哲学家鲁福斯，后来在罗马教哲学；当罗马皇帝图密善（大约在公元89年或92年）把所有的哲学家从罗马驱逐出去时，他搬到尼戈坡里斯，一直在那里主持一个很大的哲学学校。

我们知道，晚期斯多亚哲学家几乎完全转向伦理学思考，尤其是具体的生活伦理学的思考。在罗马时期的三大斯多亚派哲学家中，另外两个一个是皇帝——奥勒留，一个是大臣——塞涅卡。这三人都留下了隽永的伦理学格言或论说集，在当时罗马社会中影响极为广泛，后来又影响了基督教，再后来则对近现代西方文化乃至西方国民性格产生持续影响，至深至广。提起西方品格教育中的斯多亚式的“酷”或者近于冷酷的自由人格，大约都应当追溯到这三位斯多亚大师。在这三位思想家中，后人会因为自己的偏爱而各有喜欢。我们只想指出，与那位皇帝哲学家和那位重臣哲学家相比，爱比克泰德精神境界中那种异乎寻常的高贵性毫不逊色，他对于人的自由的认识只会有过之而无不及。事实上，比爱比克泰德晚出的奥勒留皇帝对他极为崇拜。爱比克泰德没有写过专著。像他所崇拜的苏格拉底那样，他经常与人们就当下的各种具体事情有的放矢地谈话，然而贯穿各种场合的谈话中的基本原则又始终一致，从不动摇。这一原则的基本精神就是人对于个人内心自由的牢牢把握，对于外在事物的蔑视；对于“神明”的所有安排衷心服从、接受、感恩。爱比克泰德思想中的宗教热诚很突出。斯多亚派的神是泛神论的，不过爱比克泰德似乎不时表现出对于某种人格神的主神的崇拜。爱比克泰德后来对于基督教的影响很大，但是他本人似乎并没有受到当时已经开始流行的基督教的影响，尽管他肯定知道其存在。

与许多名义上的“斯多亚主义者”不同的是，爱比克泰德真正在生活中贯彻了斯多亚精神，达到了知行合一的境界。他虽然闻名于当时，但是一直住在简陋的房子里，用不着上锁；他的“财产”可能除了被子外就是一盏铁油灯，后来灯被小偷偷走后，就换上了一盏土捏的油灯。

爱比克泰德的一个学生阿里安忠实地记载了爱比克泰德的许多谈话，把它编辑成这本《哲学谈话录》，为我们留下了一个古代罗马哲学家生动、鲜明、丰富的人格形象和高尚的思想境界的真实图景。其中，有不少谈话是各种日常场合下进行的，也有一些是爱比克泰德在上课时发挥的。从这本《哲学谈话录》我们猜测，爱比克泰德的上课方式是分派学生预习并当堂朗读和解释一段其他哲学家（往往是斯多亚派的）的文字；接着，他自己朗读和解释，以便澄清全文并做最后的总结。除了《哲学谈话录》之外，阿里安还浓缩了爱比克泰德的思想，写就了一本“手册”，以供没有时间阅读整本《哲学谈话录》的人看。但是一般来说，学者们认为“手册”过于简短，不能完全反映爱比克泰德的思想，甚至还可能歪曲之。所以，我们翻译了《哲学谈话录》，而不翻译“手册”。

我们在阅读和翻译中，不断受到深深的感动。我们觉得这真是一本难得的好书。它不仅在西方文化史和精神史上留下了极为深刻的印记，而且，它和一切经典一样，没有过时——有不少话甚至可能还更适合现当代的一些场景。在一个纷繁的，充满权力、金钱、名望、欲望、快乐与不幸、世俗的追求和“学者的名声”的追求的世界里，人怎么作为一个人度过自己的一生？读者诸君在翻看此书时，相信会不时找到熟悉的影子，会发出会心或尴尬的笑声，会掩卷长叹，会钦佩有加，会高山仰止。所以，我们希望这本书能尽快面世，与广大读者见面。

《哲学谈话录》中的思想极为精彩，读者自会品味，在此不展开阐述。不过为了帮助读者理解，我们稍微介绍一下几个经常出现的重要术语的翻译：

1. 人的“主导原则”（hegemonia，统辖部分）。这是斯多亚哲学的基本概念之一，意思是人的理性。

2. “好”。Good 是整个希腊伦理思想中的核心概念，翻译成“好”与“善”都可以——也都不完全妥当。我们觉得还是翻译成“好”稍为好一些。斯多亚伦理哲学首先区分“好，坏，不好不坏”，让人追求真正的好，躲避真正的坏，对不好不坏的东西无动于衷。与此相应，我们把 Bad 翻译成“坏”而不是“恶”，把斯多亚价值理论中的第三种东西——既不好又不坏的事物——翻译为“无所谓好坏的”；有时我们也翻译为“可好可坏的”或“无关紧要的”等（全看人如何使用它们）。请读者在阅读中时时注意这些词的多重含义。

3. “自由意志”。这是爱比克泰德的中心概念。希腊原文有“选择”的意思。英语中有时翻译成 moral purpose，大约是怕“自由意志”在当代指称“任意妄为”之类的东西。但是，我们觉得就爱比克泰德本人的思想而言，可能还是用“自由意志”更接近原意。然而也请读者小心，不要带入现代理解。

4. “另一位”，即神。可以翻译为“他”或“他者”。古人讲究为尊者讳，不敢直称。爱比克泰德说到的神有时也直接称其为“宙斯”，所以是主神。但是与古典时代不同，爱比克泰德的主神具有强烈的道德的、宗教的色彩，没有任何荷马式的“人间品格”或缺点。在某种意义上，翻译为“上帝”也未尝不可，但是那又容易与基督教混为一谈，所以，我们还是翻译为“神”。

5. “把握性概念”。这是斯多亚认识论的一个基本概念。意思是经过思考和检验后的表象。在以后的认识中用在经验中，就像框架一样指导进一步的认识。由于早期斯多亚派用过“伸开五指如感觉，把握为拳头如思想”的比喻，翻译成“有把握的”或“把握了的”概念或“把握住的概念”或“把握性概念”比较通达。不过，有时还是觉得不顺。所以，有时我们也翻译成“理解了的概念”或“前概念”、“事先的理解”或“基本概念”，等等。

本书的翻译分工为：郝富强负责第一卷和第二卷的前 13 节；吴欲波负责第二卷的第 14 节到第 26 节及第三卷；黄聪聪负责第四卷。吴欲波对译稿进行初校；包利民负责统校全部译稿。

爱比克泰德的谈话用的是当时的“俗话”式的希腊语。爱比克泰德著作的几个比较好的英文译本是 W. A. Oldfather 的，Loeb Classic 的，George Long 的以及 P. E. Matheson 的译本。我们在翻译和注释中主要参考的是 W. H. Oldfather 的和 Long Classic 的译本，同时参考 Loeb Classic 中的希腊文本。

包利民

2004 年 5 月

第一卷

阿里安（Arrian）的开场白

阿里安向卢西乌斯·盖里乌斯（Lucius Gallius）致意！

我并未像其他人“编写”著作那样去编辑爱比克泰德的言论，我也并未刻意把它出版并公之于世；确切地说，我认为我根本就没有去编辑它。① 我一直习惯于尽我所能地、逐字逐句地将我听到的所有他的讲话都记录下来，并努力地把它们保存下来，以便供自己将来之用，也作为一种对他的思维方式和言谈的坦率的纪念。因此，正如你所料想的，这些谈话只是一个人对另一个人的即席言谈，而不是为了以后人的阅读而专门编写的，这就是这本谈话录的特征。但不知怎么的，在我不知情的情况下，这本著作却流传开了。对于我而言，如果人们认为我是个拙劣的编辑者，我是不大在意的；而对于爱比克泰德而言，如果有人看不上他的文字功夫，他就更不会在意了，因为他在说这些话时，目的只不过是想将听者的心智引向至善。现在，如果这本谈话录产生了效果，我认为它自然会拥有一个哲学家的言谈所应有的成功；如果

① 阿里安有意在“汇载”（write）和“编著”（compose）这两个词之间进行比照。毫无疑问，阿里安对柏拉图和色诺芬的作品是记忆犹新的，尽管柏拉图和色诺芬都声称他们再现的是苏格拉底的言论，可事实上他们的那些“记载”都是以一流水平编著出来的作品。

没有产生这种影响，读者应该相信，如果是爱比克泰德本人在做这些谈论，那听者的感受是一定会完全跟随着他的指引走的。如果我记录的言辞并未产生这种影响，那大概是我的过错，或者只能是这样了。再见。

1. 关于我们能控制的和不能控制的事物

在各种技艺和能力①当中，你通常会发现没有一种技艺和能力是可以自我思考的，因而也没有一种是可以自我肯定或自我反对的。语法技艺拥有多大的思考力量？只不过是能对所写的东西做一判断而已。音乐技艺能有多大的思考力量？也不过是能对乐曲做一判断而已。可是这两者哪一个对它们本身进行了思考呢？根本没有。假如你正在给一个朋友写信，却对要怎么写稀里糊涂，这时语法技艺可以告诉你怎么做。但是对于你要不要给朋友写信，语法技艺却无话可说。同理，和乐曲相关的音乐技艺也是如此，它可以告诉你怎么谱曲，但你是不是要现在歌唱和弹奏七弦琴，或者既不唱歌也不弹奏，它却也无从置喙。那么，什么样的技艺或能力能告诉你这些呢？是那可以对自己和别的事物都进行思考的东西。这是什么呢？是理性能力。因为它是我们（从神那儿）承袭的唯一既可以理解自身——何为理性，它有何能，这种天赋对于我们的价值有多大——又可以理解所有其他能力的能力。谁来告诉我们金子是美的？金子本身并不会告诉我们。显然，能告诉我们的乃是那种运用外部表象的能力。如果不是它，又有谁能够洞察音乐技艺、语法技艺及其他技艺与能力呢？谁能够对它们的用法做出判断并能指出它们在什么场合使用最为合适呢？显然没有。

因此，众神只是将所有能力中那个最好的、统率其他能力的能力，

① 希文 δυνάμειζS 包括技艺和能力两个意思。在此处的上下文中，这两个意思都涉及了。

也就是正确运用外部表象的能力，置于我们的控制之下，而不是将所有其他能力置于我们的控制之下，也就是理所当然的事了。众神没有将所有的其他能力置于我们的控制之下，是不是真的因为他们不愿意呢？我想，如果他们能够这样做，他们早就把其他的能力也交托给我们了。但事实上他们根本不能这么做。因为既然我们活在这个世界上，并被尘世的肉体和种种世俗关系所束缚，我们怎么会不因此而受外物的羁绊呢？

但是宙斯（Zeus）怎么说呢？“爱比克泰德，如果可能，我早就轻而易举地让你这卑微的肉体和你那点财物自由无羁了。但是，你别忘了，这肉体不是你自己的，它只不过是由泥土巧妙合成的。虽然我不能赋予你肉体，但是我们却将我们自己的某些部分赋予了你，即选择和拒绝的能力、欲求和回避的能力，或者简言之，即运用外部表象的能力。如果你能关爱这种能力，并把你所拥有的一切都放在这里，那你就会永远不受阻挠，不受困累，永远不用呻吟，不用抱怨，不用阿谀奉承任何人。这些东西在你眼里微不足道吗？”“我决不会那样想！”“那你满意这些东西吗？”“我非常希望如此。”①

可现实是，尽管我们只能关爱一件事情，也只能全身心地投入一件事情，但我们还是宁愿热衷于纷繁世事，而且紧密地和它们捆绑在一起，甚至愿意和我们的肉体、财产、兄弟、朋友、孩子和奴隶紧紧地捆绑在一起。结果，由于被太多的世事缠身，我们被弄得身负重压，疲惫不堪。所以，如果天气不允许我们出海，我们就会坐立不安，不停地四处眺望：“现在刮的是什么风？”我们问。北风。“我们该怎么办？什么时候会起西风呢？”它乐意的时候——或者更确切地说，是风神乐意的时候。因为造物主没有让你而是让埃俄罗（Aeolus）做了风的主管。“那该怎么办呢？”我们必须充分利用我们所能控制的东西，至于其他的，就顺其自然吧。“那怎样才算顺其自然呢？”如神之所愿。

---

① 参照 I，2。“I，2”这一标记的意思是：“本书的第 1 卷，第 2 节”。下面如此类推。

“我必须是唯一一个被砍头的吗？”你是不是为了使自己感到慰藉，就希望每个人都被砍头？你是不是不愿引颈就戮，就像尼禄（Nero）下令将一个罗马的拉特兰斯（Laternanus）处斩时，拉特兰斯所做的那样？他伸出脖子后，被砍了一下，但由于力道不大，他很快又把脖子缩了回来，接着又伸了出去。在此之前，当埃帕弗罗第图斯（Epaphroditus），尼禄的一个释奴，走上前问一个人他因何犯罪时，那人回答道：“如果说我有什么期望的话，那我也只会对你的主人说。”

“那么在这种情景下，我们必须为自己准备好的帮助是什么呢？”除了知道什么是自己的，什么不是自己的，什么是允许自己做的，什么是不允许自己做的之外，还能有什么？我肯定会死，可是我难道必须得呻吟着死去吗？我肯定会被戴上脚镣，可我难道必须得哀号着戴上脚镣吗？我肯定会被流放，但谁又能阻止我微笑着、愉快地、宁静地被流放？“说出你的秘密。”我一个字也不会说的，因为这在我的控制之下。“可是我会给你戴上脚镣。”你说什么？给我戴上脚镣？我的腿可以被戴上脚镣，但是我的自由意志[①]就是宙斯本人也无法征服。“我将把你投入监牢。”那被投入的不过是我的卑微的肉体！“我要砍掉你的头。”我几时告诉过你我的脖子是唯一一个不能被砍的脖子？这些都是哲学家们应该反复练习的功课，也是他们每天应该写下来的东西；他们应该在这些当中磨炼自己。

德拉西亚（Thrasea）过去常说：“我宁愿今天被杀，也不愿明天被流放。”那么，鲁福斯[②]是怎么对他说的呢？“如果你把死亡当成了两种不幸当中较坏的那种，那这是一个多么愚蠢的选择啊！可是如果你把它当作还算好的那个，那这又是谁给你的选择？你难道不愿意学会对已经给予了你的东西表示满意吗？”

---

① 此词的原意是“选择”（能力）。——中译者注

② 鲁福斯（Musonius Rufus），古罗马著名哲学家，爱比克泰德的老师；爱比克泰德对他感激备至。

阿格里皮卢斯（Agrippinus）过去常说的是什么？“我不会自己挡自己的路。”有人带话给他，说：“你的案子正在被元老院审理呢。”——“但愿有好运，不过现在已经五点了（他习惯在这个时间进行锻炼，然后洗个冷水澡）；让我们走吧，去锻炼。”等他锻炼结束后有人过来告诉他：“你已经被判决了。”“流放还是死刑？”他问道。“流放！”“那我的财产呢？”“还未被没收！”“那好，让我们去阿里西亚（Aricia）吃中饭吧。”这就是所谓做一个人应该做的功课的意思：使人们从欲求和回避的桎梏中解放出来，免遭偶然性的影响。我肯定会死。如果是马上死，那我就去死；如果是过一会儿，我就先吃午饭，因为吃午饭的时间已经到了；然后我在指定的时间去死。以怎样的态度？就如一个人归还原本属于别人的东西那样。

2. 一个人如何在所有的时候都保持其本性[1]

对于具有理性的人来说，唯有不符合理性的事物是无法忍受的，而合乎理性的事物则是可以忍受的。就其本质而言，鞭打并非不能忍受。——怎么会这样？——请看：斯巴达人一旦认识到鞭打是合乎理性的，他们就会接受它。[2]——可绞刑难道不是无法忍受的吗？——很难说；不管怎样，也无论何时，只要一个人觉得被绞死是合乎理性的，那他就会自己去把自己绞死。总之，如果我们注意观察，就会发现，没有什么比不符合理性更令人类痛苦的事物，也没有什么比合乎理性更为吸引人的事物。

① proper character，这个词很难翻译，它带有来自戏剧中的“角色”的含义，指的是每一个人自己的独特性格。翻译成“个性”或“特性”可以表达这种意思，但是仍嫌过于现代；“本性”也是一种可能的翻译，但是要注意与“自然”（nature）意义上的“本性”加以区别。——中译者注

② 指斯巴达人在阿耳特弥斯（月神与狩猎女神）的祭坛前对年轻人的鞭打教育。

但是，对于不同的人，合乎理性的事物和不符合理性的事物是不一样的，这就像对于不同的人，好（善）与坏（恶）并非一样，有益的事物和无益的事物也并非一样。所以，我们需要教育，为的是学会如何合乎自然地使我们关于什么是和什么不是合乎理性的“把握性观念”（preconceived idea）① 适用于特殊的事例。但是，要想对合乎理性的事物和不符合理性的事物进行判定，仅仅运用我们对于外部事物的价值评估是不够的，还必须同时运用与同一个人的自身特性相一致的评判标准。对于某个人来说，替别人拎夜壶是合乎情理的，因为他所考虑的仅仅是：如果他不这样做，他就会挨打，没有饭吃，相反如果他做了，就不会有任何严酷或痛苦的事情发生在他身上；而对于另外一些人来说，不仅自己拎夜壶受不了，甚至连别人这样做都不愿意看到。如果你问我，“拎还是不拎？”那我会告诉你有食物比没食物更划得来，受呵斥比不受呵斥伤害要更大。因此，如果你是用这些标准来权衡自己利弊得失的话，那你最好就去拎那把夜壶。“可是，这和我不相配啊。”这是你，而不是我必须另外考虑的问题。因为只有你了解你自己，也只有你自己知道你在你眼里价值几何，以及你会以什么价格出售你自己。因为不同的人会以不同的价格出售自己。

正因如此，当弗罗卢斯（Florus）考虑要不要参加尼禄的戏剧节，并在其中扮演一个角色的时候，阿格里皮卢斯对他的回答是：“去吧。”而当弗罗卢斯问“你自己为什么不去？”时，阿格里皮卢斯的回答是：“我？噢，那样的问题我连提都不会提。”因为当一个人一旦屈尊考虑这些问题——我指的是估量外部事物的价值，一个接一个地对其进行算计——的时候，他就和那些忘记他们自己本性的人相差无几了。哦，你问我什么？“生更好，还是死更好？”生更好。“痛苦和欢乐呢？”欢乐。

---

① 这是斯多亚派的一个核心的知识论概念。来自“把握”的具体形象比喻，表示确定可靠的真理性知识。也可以翻译成“把握的概念”、“有把握的概念”等；有时也可以翻译成“理解”或“理解了的概念”。——中译者注

“可是假如我不参加悲剧演出的话，我就会被砍头的。”那你就去参加吧，但我是不会去的。“为什么?”因为你把自己看作仅仅是制成一件衣服所用的所有线当中的一根。“紧接着呢”?你就会理所当然地想着如何才能够和其他所有的人相似，就如同一根线想着不要比其他的线更突出。——然而，我要成为红色①，那不大的、光艳的一部分，它可以使其余的部分焕发出光彩。你为什么要对我说，“做个和大多数人一样的人”?如果真那样做了，我还怎么成为红色?

这也是海尔维丢斯·普里斯库斯（Helvidius Priscus）所理解的，他在理解后还付诸行动。当维斯帕西安（Vespasian）传话给他，叫他不要参加元老院的会议的时候，他回答道:“不让我成为元老院的议员是你的权力，但只要我是一位元老，我就一定要参加会议。”“那好吧，可在你参加会议的时候，你要保持沉默。”“不问我的意见，我会的。”“但我肯定要问你的意见。”“那我必定会回答在我看来是正确的东西。”“如果你说话，我就要你的命。”“噢，我什么时候告诉过你我是不死的?你做你的事，我做我的事。要我的命是你的事，平静地死是我的事;流放我是你的事，毫不忧伤地动身则是我的事。”普里斯库斯这样做有什么好处?他不过是一个单独的个体而已。红色对斗篷有什么用?除了能让我们穿上它格外引人注目，并作为其他人的一个优秀榜样而得到展现之外，还能是什么?可是，假设是在同样的情况下，恺撒（Caesar）叫的是另外一个人不要参加元老院会议，那这个人很可能会这样说:“谢谢你不让我参加。”像这样的人，恺撒是根本不会不让他参加会议的，因为他知道这样的人参加会议时，要么会像只水罐似的坐着，要么如果他发言，就会说些他所知道的恺撒想让人说的话，而且还添油加醋一番。

有一个运动员也是这样做的。这个人如果不把他的私处切掉，就会

① 意指罗马元老院议员的长袍上褶边的亮红色（通称为“紫色”）带子。

有濒临死亡的危险。他的兄弟前来看他（他是一个哲学家），并对他说道："啊，兄弟，你打算怎么办？我们是不是应该把这部分切掉，然后重返赛场呢？"他没有听从，而是硬起心肠，结果死掉了。当有人问"他是如何做到这一点的？是以一个运动员的身份，还是以一个哲学家的身份？"的时候，爱比克泰德答道："是以一个人的身份。他以一个曾经被召唤参加奥林匹亚竞技比赛并在其中拼搏过的人的身份，以一个在竞技场上有如在家般的感觉的人的身份，和一个不仅仅在贝托（Bato）[①] 角斗学校用油涂抹过身子的人的身份。可是如果换个人，假如没有脖子也能活的话，那他可能早就让人把自己的脖子也给砍了。"这就是我们所说的要根据一个人的本性进行选择的意思；也是本性对这样一些人——在他们进行思考的时候，他们习惯于将本性看作一种个人的贡献——所产生的一种力量。"过来，爱比克泰德，把你的胡子剃了！"[②] 如果我是一个哲学家，则我会回答："我是不会把我的胡子剃掉的。""那就砍掉你的脖子。"如果这样做对你有好处的话，那就砍掉好了。

有人问道："那我们每个人如何才能够意识到什么是适合自己的本性的东西呢？"爱比克泰德答道，当狮子冲过来的时候，为什么只有公牛才会意识到自己的勇气，并冲向前去保护整个牛群？很显然，有勇气，就会有勇气的意识；难道不是这样吗？因此，我们人也一样，无论是谁，只要有这种勇气，就不会意识不到这种勇气。但一头公牛不会一下子变成一头有勇气公牛，一个人也不会一下子变得高贵起来，而是必须经过冬季训练[③]，他必须做好充分的准备，并力保不使自己冒失地陷入任何同自己不相称的事物当中。

---

① 贝托似乎是那个时候一个很有名气的运动教练。

② 在古代，哲学家特别是斯多亚派和犬儒派的哲学家有蓄胡子的习惯。

③ 古代的军队在冬季通常被解散，要么进驻常设性的军营当中。那些在整个漫长的冬季当中不间断地进行军事训练的人体现出了一种真诚的和奋发努力的精神。

只考虑你会以什么样的价格出售你自己的自由意志。如果你一定要出售它的话，请至少不要贱卖。然而，伟大而卓越的行为可能只适合于苏格拉底和像他一样的其他人。——那为什么不是所有的人或大多数的人都能够变得像苏格拉底一样呢?假如我们都被自然赋予了追求这种伟大的能力。哦，难道所有的马都能变得迅捷，所有的狗都能变得敏于追踪嗅迹吗?那我该怎么办?我是不是因为没有天赋就应该放弃对自己的训练?决不!爱比克泰德不会比苏格拉底更出色，可只要不比他差劲，那我就心满意足了。同样，我也不会成为米罗（Milo)，但我却不会因此而无视自己的肉体;我也不会成为克洛伊斯（Croesus)，但我也不会因此而无视自己的财产;总之，在任何其他领域里也一样，我们不会仅仅因为失望于没有达到最高，而放弃适当训练。

3. 从“天神是人的父亲”这个命题怎么推出相关的结论?

如果一个人能够按照他所应该的那样，一心一意地赞成如下这个学说的话，我想他就绝不会认为自己出生卑贱或者低微。这个学说是:我们在最当初都是由天神所生的，天神①既是诸神的父亲，也是人的父亲。就算收养你的人可能是恺撒，也没有谁会忍受你的傲慢自负;但是如果你知道你自己是宙斯的儿子，难道你不会因此而兴高采烈?然而，事实是我们不能，因为从我们一诞生，在我们身上就混合了这样两种因素:一方面是和动物一样的肉体，另一方面则是和众神一样的理性(logos）和理解力（intelligence)。我们中的有些人倾向于前一种联系，这是一种不为命运所祝福的、有死的联系;只有少数人倾向于后一种联系，这是一种神圣的并为命运所祝福的联系。既然每个人，无论他是谁，都不可避免地要依据他对每个事物所形成的观念去处理这个事物，

① 指主神宙斯。

那么，凡是认为自己生来就被要求忠诚、自尊和在运用外部表象时能够进行正确判断的人，都不会抱有出生低微或者卑贱的判断；然而，绝大多数人却恰恰与此相反。“我是什么人？一个可怜而卑微的人。”他们说道：“瞧瞧我那可怜而卑微的肉体吧！”确实可怜；可你们还有比你们的卑微的肉体更好的东西。你们为什么要舍此而守彼呢？

正因为与肉体的这种血脉联系，使我们当中的那些倾向于这种联系的人，变得如狼一般，背信弃义，欺瞒耍诈，制造痛苦；还有一些人则变得如狮子一般，野蛮、残忍、难以驯服；而我们中的大多数则变成了狐狸，也就是说，变成了动物王国里的无赖。因为一个造谣中伤、心存不良的人，除了狐狸还能是别的什么呢？难道还有什么比这更为无赖和下作的东西吗？因此，你最好小心留意自己，不要变成这群无赖动物当中的一个。

4. 关于进步

一个正在进步的人是一个已经向哲学家学习过，懂得欲求是对好（善）的事物的渴求，而回避是对坏（恶）的事物进行回避的人，他懂得宁静与平和只有在获得了自己欲求的对象和成功地回避了他想要回避的对象后才能达到——这样的人已经彻底地将欲求排除在自身之外，或者延迟到了另一个时候，他只对那些涉及选择自由的事物才回避。因为他知道，如果他想回避的是与自由选择无关的事物，那么他就总是不得不经常面对它们，这时他就要悲痛了。既然美德提供幸福、宁静与平和的保证，那么毫无疑问，趋向美德的进步就是趋向上述三种心境当中任何一种心境的进步。因为毫无疑问，无论做什么事，它的至善是什么，那就是目标的指向之处；我们对这个目标的每一步接近都是一种进步。

那我们为什么会一方面承认美德就是这种事物；另一方面却又在其

他事物那里寻求进步并展示它呢？美德的作品[①]是什么？宁静。那么是谁在进步呢？是读过克吕西玻（Chrysippus）[②]的论述的人吗？什么？难道美德只不过是对克吕西玻的了解吗？因为果真如此的话，这就等于公开承认进步只不过是对许多克吕西玻著作的知识。但现在，既然我们已经承认美德可以产生某种事物，那么我们就应该同时宣布接近美德乃是一种进步——可以产生其他一些事物。有人说："某人已经能够完全自己阅读克吕西玻了。"以众神的名义，朋友，你正在取得积极的进步！这是多大的进步啊！"你为什么要嘲弄他？为什么要试图不让他意识到自己的不足之处？难道你不愿意向他展示美德的作品？那样他就有可能认识到在什么地方可以寻找到自己的进步？"可怜的人，你的作品（work）在哪里，请就在哪里寻找你的进步。那么，你的作品在哪里呢？在三个方面：在欲求和回避上，你既不能错过自己所欲求的东西，也不能遇上自己想回避的东西；在选择和拒绝上，你不能出半点差池；在对判断予以赞同（assent）和保留赞同方面，你不可以被误导。[③]但首要的和最紧要的却是第一点。因为如果在你寻找使自己免于遇到你想避免的事物的安全感的时候，处于一种恐惧和惶惑的状态中，则你还怎么取得进步？

既然如此，你可不可以将你自己在诸如下面这些事情上所取得的进步展示给我看呢？举个例子，假如和我谈话的是一个运动员，那么我会说："请让我看看你的肩膀。"可他却答道："请看我的哑铃。"[④]让你和你的哑铃都见鬼去吧！我想看的是哑铃的效果。"把《论选择》[⑤]拿

① 即美德所要追求的结果。

② 芝诺（Zeno）之后斯多亚派思想的第二位重要人物，以著作浩瀚和理论性强著称。

③ 斯多亚派认为人类活动的范围或"领域"有三个：倾向（inclination）、选择（choice）和理智赞同（intellectual assent）。更充分的论述见 III，2。

④ 在古代，跳远运动员（broad-jumpers）在跳远的时候携带有重物，当他跃起在空中的时候，把重物抛在身后，以便增加跳远的距离。我们在此把这种重物姑且翻译成"哑铃"。

⑤ 显然，这是克吕西玻的一个短篇作品的题目。不过，斯多亚派的创始人芝诺和克里安西斯（Cleanthes）等也曾经写过相同题目的文章。

来，看我对它已经掌握到了何种程度。”奴隶啊，这不是我想看的，我想看的是你在行为当中如何进行选择和拒绝，如何进行欲求和回避，如何处理事物，态度如何，如何进行自我准备，以及是否与自然保持一致。因为如果你的行事与自然一致，那就请展示给我，我将告诉你，你正在取得进步；如果不一致，那就请走。不要只是阐释你所拥有的书本，而是要自己也去写一本同样的书。你将会因此而得到什么益处呢？难道你不知道一本书只值五块钱（5 denarii）吗？既然如此，你想，它的解释者的价值会比五块钱多吗？所以，永远不要在此处寻找你的作品，却又在彼处寻找你的进步。

那么，进步在哪里？如果你们中间有一个人从外部事物中退回来，开始转而关注他自己的自由意志的问题，并且与此同时，为了能够使自己的自由意志最终和自然保持一致，变得既高尚又自由，既自在无碍，不受压抑，又忠诚可敬，而开始对自己的自由意志进行培养和完善的话；并且如果他已经认识到，一个欲求或回避不在他自己控制之下的事物的人是既不可信也不自由，只能被那些事物所改变和抛来抛去，最终不得不屈服于他人；这个人也就是能够获得或阻止自己所欲求或回避的事物的人。最后还有，如果当他早上起来，依然能够继续保持和遵守他已经学过的所有的东西的话；如果他能像一个可信的人似的洗澡，如一个自尊的人似的吃饭，同样，无论他所处理的主题是什么，他都能够将其主导原则付诸实践的话，就像一个赛跑者能够在自己跑步的时候运用赛跑的原则，练声的人能够在自己练声的时候运用练声的原则，那么，这个人就是真正在取得进步的人，这样的人从未漫无目的地游荡过。但是，如果他只是为了达到他在书中所发现的状态而努力，而且只在这上面用功，并将其作为自己前进的目标的话，那我将马上命他回去，并告诉他不要忽视自己在家里所应该关心的事物；因为他以前追求的目标是毫无价值的；他没有走向这样的目标——学习一个人如何消除生活中的悲伤和哀叹，和诸如“我算是完蛋了！”“我多么可怜啊！”之类的哭告，以及不幸和失败；另外还要学习死亡、流放、监禁和毒芹[1]的意义，这样，他就能够在监狱里说："亲爱的克里同（Crito），如果这样做是诸神所满意的，那就这么办吧！"[2] 而不是"哎呀呀，我这个可怜的老头啊，我已经因此而满头白发了！"这些话都是谁说的？你认为我会举出一个地位低下，没有多少尊严的人吗？难道普里安姆（Priam）[3]没有这样说吗？难道俄狄浦斯（Oedipus）[4] 没有这样说吗？何止如此，所有的国王都这样说了！因为悲剧除了是对一个爱慕外部事物的人的苦难的一种韵文的描绘之外，还能是什么？如果一个人确实不得不借助于欺瞒[5]来认识外部事物和独立于我们的自由选择之外的事物与我们毫无关系，那么，就我而言，我将对这样一个欺瞒——它将使我的生活因此而宁静而没有骚乱——表示喜爱；至于你，则关注你所喜欢的事去吧。

那么，克吕西玻提供给我们的是什么呢？"你或许知道。"他说："产生宁静和平静的这些事物都不是虚假的。读读我的书，你就会懂得那些使我们平静的事物和自然是多么的和谐一致。"哦，多好的运气啊！哦，为我们指路的这个赐恩的人是多么的伟大啊！确实，万民已经为特力普陀莱姆斯（Triptolemus）建起了神殿和祭坛，因为他把耕种的果实作为食物赐给了我们；但是对于那个发现和揭示真理——它并非关于简单的生活，而是关于好的生活[6]——并将其传授给所有人的人，你们中间可曾有谁为了纪念他而建立过一个祭坛，供奉过一个庙宇或者雕像，或者为了对他表示感谢而向神敬拜？众神将美酒和小麦赐予了我们，我们因此而献祭谢恩；可是他们还在一个人的精神世界里[7]创造了

① 一种毒药。苏格拉底就是被这种毒药致死的。
② 柏拉图：《克里同》，43D。
③ 特洛伊国王。在特洛伊战争中被希腊人打败，家破人亡。
④ 希腊传说中某个古代国王，悲剧人物。
⑤ 可能是指通过目睹悲剧的方式。悲剧的情节尽管是虚构的，但却可以用于道德教化。
⑥ 语出柏拉图《克里同》，48D。
⑦ 可能是指克吕西玻的精神世界。

这样一种果实，以此向我们展示关于幸福的真理——难道我们不应该因此而对神表示感谢吗？

5. 反学园派[①]

爱比克泰德说，如果一个人对显而易见的真理予以抗拒的话，那么，在反驳他时，我们很难找到一种可以使其改变观点的论证。既不是因为这个人有才能，也不是因为老师无能。因为当一个人陷于某种论证而不拔，僵化成一块顽石的时候，我们如何可能再通过论证的方式来摆平他？

当一个人在论辩中既不准备对显而易见的真理表示赞同，也不准备远离论战时，会有两种僵化：一种是理智的僵化，一种是羞耻感的僵化。我们当中的大多数人都害怕肉体丧失活力，而千方百计地使用各种办法，以求使自己免于落入这种境地；但对于灵魂的麻木，我们却毫不关心。的确，以宙斯的名义，即使就灵魂本身而言，如果一个人不能步步紧跟一个论证过程，或者甚至理解它的话，我们就会认为他处境不妙了；可是如果一个人的自尊和羞耻感麻木了，我们却居然称颂这是品格的力量！

你的感官能告诉你，你是清醒的吗？“不行”，他答道：“在梦中的时候，我有种自己是醒着的表象，这和醒着的时候的感觉一样，所以它们都不能说明任何问题。”那这两种表象之间是不是没有什么不一样呢？“没什么不一样。”我还能和这样的人继续讨论吗？有什么烧灼剂或者手术刀可以用到他身上，好让他认识到自己的麻木？他确实认识到了，但却装作没有，那他比一具尸体还要糟糕。一个人没有

① 参看本书II，20。柏拉图学园的“新学园派”是怀疑论，他们认为凡事皆不可知，所以对于一切都悬置判断。

认识到矛盾，其处境是糟糕；另一个人确实认识到了，却不为所动，也不思改善，那他的处境是糟之又糟。他的自尊和羞耻感已经被砍掉了，他的推理能力，如果我不愿意说是被砍掉的话，则已经动物化了。我会把这称为品格的力量吗？决不，除非我也这样称呼那些淫荡的人具有这种力量，这种力量可以使这些人在公开场合放胆胡说，为所欲为。

6. 论天意

如果一个人拥有这样两种才性，即对发生在任何情况下的事都展现全面理解的能力和保持一种感激之情，那么，他将很容易找到机会赞美天意。否则，他将无法看到已经发生的事情的用处；或者即使看到了，也不能因此而心存感激。如果神创造了色彩，但却没有创造看到色彩的能力，那它还有什么用？——根本没用。——反之，如果他创造了这种能力，但却没有创造能让我们的视觉能力所把握的物体，那它还有什么用？——根本没用。——如果这两个东西他都创造了，但却没有创造光呢？——纵使如此，也是毫无用处的。——那么，是谁使此事物适合于彼事物，使彼事物适合于此事物的呢？又是谁使宝剑适合于剑鞘，剑鞘适合于宝剑的？没有人吗？毫无疑问，我们习惯于从所有已经造好的物体的结构来证明，这个作品一定是某个能工巧匠劳动的结果，而绝非随便造出来的。

那是不是说，每个这样的作品都可以将其工匠展示出来，而视觉对象、视觉和光线却不可以将其展示出来呢？难道雌与雄以及它们相互爱慕的情欲，以及使用为此目的而构造的器官的能力，也无法将其展示出来吗？好吧，让我们姑且承认这些东西是如此；可是难道理智的神奇结构——当我们遇到感觉对象时，我们不仅仅能让它的形式给我们留下印象，而且还从中进行选择、加减，并用它们进行各种各样的组合；是的，以宙斯的名义，还从某些事物推断出相关的其他事物——难道所有的这一切也不足以激发和促使我们的朋友莫要将创造这些事物的工匠忘掉吗？不然，就请他们向我们解释这每一个结果都是由什么带来的，或如此神奇、如此精巧的事物怎么可能偶然地和自发地存在。

那又怎样？是不是这样的事情只有在人类当中才会发生？的确，你会发现很多只是满足理性动物的特殊需要的东西，只存在于人类身上；但与此同时，你也会发现我们所拥有的很多东西同无理性的动物是一样的。那是不是说它们也能够理解所发生的事情呢？不！因为使用是一回事情，而理解是另一回事情。神需要动物，是因为它们能使用外部表象；而需要我们，是因为我们能对外部表象的使用进行理解。因此，对于动物来说，吃吃喝喝，繁衍生息，各自做自己范围之内的事情就足够了；至于我们，因为神已经将理解能力这样一个额外的天赋赋予了我们，所以仅仅做到这些事情是不够的，除非我们能够行为得当，处事有方，按着同自己的本质和构造相一致的方式行事，否则，我们将无法达到我们的目标。因为生物的构造不同，其工作的内容和目标也不同。因此，对于其构造只适合于“使用”的生物来说，起码的使用就足够了；但是对于具有能够理解使用的能力的生物来说，除非再附加上“行事得体”的原则，否则，他将永远无法达到自己的目的。那又怎样？神所构造的动物中，一个被吃，一个侍弄于农耕，而另一个出产奶酪，还有一个则被派作某种别的相类似的用途；为了履行这些功能，它们需要什么来理解外部表象，并对其做出区分吗？神已经将人类带到了这个世界，并使人成为神自己和神的作品的一个观众——不仅是一个观众，而且还是一个解释者。因此，对人类来说，在无理性的动物行为的开端和终结之处开始和终止，是令人耻辱的；他从动物开始的地方开始，但是要在自然要求我们终止的地方终止。自然只有在达到沉思、理解以及一种和自然相一致的生活时才会终止。因此，请注意，不要让自己在还没有看到这些事物之前就死去。

你们都到奥林匹亚去看菲狄亚斯（Pheidias）的作品。[①] 你们当中的每个人都认为没有看到这样的景象就死去是一种不幸；可是当根本就不需要劳苦跋涉，在一个宙斯已经存在并出现在其作品里的地方，难道你却反而不愿意去看看这些作品并熟识它们吗？难道你们拒绝去认识你是谁，或者你为何降生，或者你领受视力的目的是什么吗？——但在生活中，会有很多不幸和艰难的事情发生。——可是难道在奥林匹亚这些事情就不会发生了吗？难道你就不会满头大汗了吗？难道你就不会被挤来挤去，进退维艰了吗？难道你就不会周身不自在了吗？难道下雨的时候，你就不会被浇个落汤鸡了吗？难道你就不会内心充满骚动、吼叫和其他诸种烦恼了吗？我想你会通过参观这个令人难忘的壮观雕像来平衡自己，忍受所有的这一切。可是，难道你没有领受过能够使你忍受所发生的一切事情的能力吗？难道你没有领受过宽宏大量吗？难道你没有领受过勇气吗？难道你没有领受过忍耐吗？如果我胸襟开阔，则对于可能发生的事情，我还有什么久久不能释怀的吗？还有什么能让我心神不安、愁眉不展或者让我觉得忧心忡忡吗？难道我不应该发挥我的能力，以便能够达到我所领受的能力的目的，反而对着已经发生的事情悲悲悼悼、伤心不已吗？

“你说的没错，可是我的鼻子正在流鼻涕啊。”奴隶啊，你的手是干什么用的？难道不是你用来擦鼻子的吗？“那么，在这个世界上有伤风流鼻涕的事是不是合理的呢？”——你还是把自己的鼻子擦擦吧，这不知要比你找茬好多少！你想，如果赫拉克勒斯（Heracles）没有遭遇到那些狮子、九头蛇、牡鹿、野猪和那些凶险残忍的人——他把驱逐和清除它们当成自己的使命，那他又算什么呢？如果这类东西一样也没有，那他所能做的会是什么？难道这还不清楚吗？他所能做的就是将自

① 菲狄亚斯所塑造的著名的用金子和象牙雕成的宙斯雕像。

己裹在一张毛毯里睡觉。于是，首先，他不再是赫拉克勒斯，因为他将自己的一生都消磨在了一种奢华和安逸的睡眠当中；即使他是赫拉克勒斯，又有什么用？如果没有上述的环境和机遇激励和训练他，他的发达的肌肉和魁梧的身材，他的英勇、坚韧和高贵又有什么用？那又怎样？是不是说他就应该为自己准备好品格力量，然后从这里或那里找一头狮子、野猪和一条蛇怪，带到自己的国家来？这当然是愚蠢而疯狂的。但是，既然它们确实存在，并能够在这个世界上找到，那么它们就有可能被用于展示和训练赫拉克勒斯。

既然你对此已经有了认识，那么，你是不是也要对自己所拥有的能力思考一番，然后说“哦，宙斯，现在，将你愿意带来的困难都带来吧；因为我已经有了你赋予我的能力，能通过处理所发生的事情来凸显自己”呢？没有，由于害怕某些事情的发生，你战战兢兢地坐着，悲悼伤心，并对其他正在发生的事情抱怨不已。接着是对众神进行谴责！对于这样一个卑鄙的灵魂来说，除了陷入彻底的不敬神，还能有什么其他结果？神不仅赋予了我们这些能力——用这些能力我们可以毫不卑贱或屈服，忍受所发生的一切事情，而且他还像一个好国王和一个真正的父亲，将这些能力毫无约束、强制和阻碍地赋予了我们；他已经将所有的事物都置于我们的控制之下，他甚至没有为自己保留任何阻止或妨碍的能力。可是，尽管你已经自由地获得了这些能力，你却不使用它们，也从来没有认识到你从他那儿领受到的是怎样的天赋才能，而只是忧伤地坐着，不停地抱怨；你们当中有些人对给予者视而不见，更不要说是对赐恩给你们的人表示感谢了，而另外一些人——这正是他们卑鄙的灵魂——则转而专事找茬，抱怨神。虽然我能向你指出你所具有的宽宏大量和勇气等天赋，可你能向我指出你能证明自己找茬和抱怨的合理性的禀赋吗！

7. 关于歧义的前提、假言论证以及这类东西的使用

大多数人都没有意识到，对含有歧义的和假设性前提的论证的处理，对由质疑而推导出结论的三段论的处理，以及总的来说对所有这类论证的处理，对生活的义务是有影响的。[①] 因为我们对一切事情的研究，都是为了了解美好高贵的人是否可以从我们的研究中找到适合他们行为处事的方法和途径。人们说，好人或者不会就问题和答案进行争论，或者如果他要争论的话，那他也会轻易地在回答和提问中避开冒失和随意；或者，如果这两者他们也不接受，那他们就一定会赞同：必须对那些同问题和答案紧密相关的主题进行一些考察。

因为推理公开宣称的目标是什么？是表述真理，消除错误，对有疑问的情况悬置判断。那么，只学习这个是不是就够了呢？——够了，有人说。——那对于一个不想在花钱上犯错误的人来说，是不是告诉他为什么应该接受真币和拒绝假币就够了呢？——不够。——那还必须加点什么？哦，除了检验和辨别真假货币的能力之外，还能是什么？因此，在进行推理的时候，只有语词是不够的，难道不是吗？相反，难道不应该发展检验和辨别什么是真、什么是假以及什么是不确定的能力吗？——应该。——那除此之外，在推理方面，还可以推荐些什么？接受你所正确地假设的东西中推出的结论。在此，是不是只要知道这个特殊的事物就真的够了呢？不够，一个人还必须懂得一个事物如何会成为其他事物的一个结果，以及一个事物如何会有时起源于一个事物，而有

① 就斯多亚派而言，判断行为的标准只有一个，那就是要合乎理性。所以适当的推理能力的训练是好的生活的绝对必要条件。此处对诡辩推理的三种形式进行了区分：(1)“歧义的前提”指的是包含模糊含义的术语，并且在论证过程中，这一步是这个意思，下一步又是另一个意思。(2)“假言前提”指的是含有假设或条件的推理形式。(3) 最后一种是指从提问与回答中得出意想不到的结论的推理形式。

时会起源于若干个结合在一起的事物。一个人也应该获得这样一种能力，难道这不是必要的吗？——如果他想在论证的过程中为自己进行明智的开释，如果他想的不仅仅是证明他所试图证明的每一个观点，而且还想理解那些正在进行证明的人的论证的话，以及如果他想不被那些好像正在证明某种东西的人所说的歧义的遁词所误导的话，结果，在我们中间，从此就兴起了一种对推理论证和逻辑类型进行研究，并对人类进行训练的科学，它表明自己是必不可少的。

但事实是，有些时候我们会从按照正确推理所假定的前提推出某某结论，尽管这个结论是错误的，但它却依然是一种推论。那我该怎么办？接受谬论？这怎么可能？那我是不是应该说："假设这些前提，对于我而言，是不正确的推论呢？"不，这也是不允许的。或者我应该说"这不是从已经假定的前提所得出的结论"？但这也还是不允许的。那在这种情况下，我们必须做的是什么呢？难道不是这样吗？——即曾经举债的事实还不足以证明一个人仍然负债，我们必须再在此基础上加上这个人保持在负债中——也就是还没有还债——的事实。同样，我们可以说，我们先前已经接受某些前提，但是这并不足以逼迫我们接受其推理，不过，我们必须保持我们所接受的前提，而且进一步，如果这些前提从开始到结束保持不变，那么，我们就必须遵守对其的承诺，并接受从它们那里推论出的东西；……①因为从我们的观点看我们的思考方式，现在不是由这些前提推导出来的，因为我们已经放弃我们先前赞同的前提退出了。因此，对这种前提、对它们此类变化以及歧义的变形的考察，就是非常必要的，通过这种变化和变形，在问题提出的那一刻，或者在答案做出的那一刻，或者在推论得出的那一刻，或者在论证过程中其他相类似的某个阶段，这些前提的意义都改变了，从而使那些缺乏思考的人感到困惑，如果他们看不出顺着这些前提推出的是

① 此处有空缺。——中译者注

什么的话。为什么说这是必需的呢？为了我们能够在此情形下思考得当，而非冒失任意、糊里糊涂。

对于假说和假言论证，我们也应该同样如此。因为有时将某个假说作为下一步论证的垫脚石是很有必要的。那我们是不是因此就应该把每一个提出的假说都假定为是正确的呢？或者不是每一个？如果不是每一个，那该是哪个？当一个人已经假定一个假说是正确的话，那他是不是就必须永远遵守并维护这个假说，或者说，他在某个时候也可以放弃这个假说，而只是接受由这个假说所引出的结论，但却不会接受那些与之相反的结论？——是的。——可有人说："如果你接受了一种含有可能性的假说的话，我就会迫使你接近一种不可能。"一个明智的人应该拒绝和这样的人进行论战，并避免和其展开论争和争辩吗？可是除了明智的人，还有谁能运用论证、精通问答，以宙斯的名义，还有谁能免于完全欺骗和自相矛盾的谬论？那他是不是应该进行辩论，但却不尽力使自己在论争中免于随意和冒失呢？如果他不这样做，那他还如何依旧是我们认为他所是的那种人？但是，如果没有在正式的推理过程中的训练和准备的话，那他将如何能够维持论证的连续性？让它们来证明他能做到这一点吧，让所有那些推测都成为多余吧；它们是荒谬的，是和我们关于"好人"的把握性概念相悖的。

在我们努力完善我们自己理性的时候，我们为什么还要好吃懒做、粗心大意、拖拖拉拉，寻找不肯劳作、不愿夜以继日苦干的借口？——我虽然在这些事情上犯了错，可我并没有谋害我自己的父亲，难道不是吗？——奴隶啊，在这种事当中，哪有一个父亲来让你谋杀？那我所做的是什么呢？你问。在这件事情上，你所犯的错误可能是那个唯一的错误。其实，这也是当鲁福斯指责我没有发现某个三段论当中的疏漏时，我对他所说的。"好了"，我说："这并没有我把朱庇特（Capitol）神殿烧了那样坏吧。"可他答道："奴隶啊，这个疏漏也就是朱庇特神殿。"或者说，难道除了放火烧朱庇特神殿和谋杀自己的父亲之外，就没有错误了吗？难道一个人冒失、愚蠢而随意地运用他所接受到的外部表象，不能理解论证、证明或诡辩——总之，不能在提问和回答的时候，看到什么是同自己的立场相一致或不一致，这些事难道就不是错误吗？

8. 没有受过教育的人的推理能力并不总能免于谬误

一个人改变歧义的术语意义的可能方法和他改变有争议的论证和缺省三段论（enthymeme）① 的形式的方法一样多。以下面这个三段论为例：如果你已经借了钱，而且还没有还，那你欠我的钱；既然你没有借过钱，也没还过钱，那你不欠我的钱。没有人能比哲学家更适合于熟练地运用这些变化了。因为如果说缺省三段论是一个不完整三段论的话，那显然，接受过完整三段论训练的人完全有能力对付一个不完整的三段论。

那为什么我们要忽视用这种方式来训练我们自己，并进行相互训练呢？因为，如果没有接受过这些内容的训练，或者至少就我而言，由于尚未研究道德，所以，在走向美和好的过程中，我们依然没有取得任何进步。因此，假如我们也从事这个职业，那我们必须期待些什么呢？特别是由于这种职业不仅仅是一种使我们从那些更为需要的事物中退出来的附加的职业，而且还是一种提供自负和虚荣的特殊理由。因为论证和说服推理的力量是极为巨大的，特别是如果它沉溺于过度的训练和接受了某种来自语言的额外装饰。其理由乃是，一般而言，因为没有受过教育的人和软弱的人所获得的每一种能力对他们来说都是充满危险的，因为这些能力更容易让他们变得自高自大，夸夸其谈。怎样才能说服一个在这些能力方面优于他人的年轻人，不是变成

① 按照亚里士多德的定义，缺省三段论是一种“修辞性证明”（《修辞学》I. i.），即一种按照一般的文学样式而非规范的三段论的样式所表述的论证。由于这种三段论缺少三段论所能提供的“明确证据”，故而被称为“不完整（缺省）三段论”。

这些能力的附属品，而是让这些能力变成他的附属品呢？如果有谁以非难的方式向这个年轻人提示其不足，并提醒他已经误入歧途的话，难道他不会将所有的这些理由全都踏在脚下，并神气活现、趾高气扬、大摇大摆地从我们面前走过，而毫无顺从之意吗？

那又怎样？难道柏拉图不是一个哲学家吗？是的，可难道希波克拉底（Hippocrates）不是一个医师吗？可你看他的自我表达是多么的流利呵。希波克拉底的自我表达如此的流利，是因为他是一个医师吗？你为什么要将并非由于什么特别缘故而结合在同一个人身上的事物相混淆？假如柏拉图英俊而健壮，我是不是就应该坐下来，努力使自己变得英俊或者健壮起来呢？因为我假设了对于哲学来说这是必需的——理由是因为某个哲学家既是英俊的，又是个哲学家，你是不是不愿意观察和辨别是什么真正使人们成为哲学家的东西，以及那些并非由于什么特别缘故而附属于哲学家的各种品性？那好，假如我是一个哲学家，你是不是就得像我一样是个瘸子？那该怎么办？我是在剥夺你的这些能力吗？当然不是！就像我也绝不会剥夺你的视觉能力一样。然而，假如你问我什么是一个人的“好”，那我所能给你的答案不会是别的，而只能是：好就是一种自由意志。

9. 如何从“我们同神有亲缘关系”这个命题进而推出相关的结论？

如果哲学家所说的关于人类和神之间具有亲缘关系的话是真的，那么对于人类来说，除了苏格拉底所选择的道路之外，还有什么其他道路可供他选择吗？——当被问及他属于哪个国家的时候，苏格拉底从来都不说“我是雅典人”或“我是科林斯人”，而是说“我是一个世界公民”。你为什么不只是提及那个在你出生的时候，你那卑微的肉体被投放的角落，而偏偏要说自己是雅典人呢？或许是因为你认为这个地方具有更高的权威性，不仅包括了你自己的角落，而且还包括了你的家人，简言之，也就是你的族人和从你的祖先到你为止的所有人的发祥地；而你也正是由于此，将自己称为“雅典人”或“科林斯人”①，这一点难道不是很清楚吗？那么，如果有这样一个人——他已经集中精力研究过了对世界的统治管理，并已经认识到了“在所有的统治当中，最伟大、最具权威和最广泛的统治是由人类和神所组成的统治”②；而且不仅如此，他还认识到了生命的种子是从神那里传给我的父亲、我的祖父和所有产生和生长于地球上的事物的，但主要是传给理性的动物，因为就其本质而言，只有他们才能同神的社会相互统一，休戚与共，因为也只有他们才能借助于理性同神交织在一起——这个人为什么不能自称为世界公民？这个人为什么不能自称神之子？他为什么要对发生在人类当中的事情害怕不已？什么！难道同恺撒或同罗马的有权有势的人具有亲缘关系，不是就足以使一个人生活安然，免于耻辱，什么也不怕了吗？然而，神作为我们的创造者、父亲和保卫者，这倒不足以使我们免于悲哀和恐惧？——可是当我一无所有的时候，我将靠什么吃饭？有人问道。——当奴隶或逃亡者离开他们主人的时候，他们所依靠的是什么？是他们的土地、奴隶还是他们的金银器皿？不，他们只依靠他们自己；食物并不能使他们一筹莫展。而且，对我们的哲学家来说，是不是在他出国的时候，为了获得安全和饮食，他就必须真的得依靠他人，而不是自己照顾自己，就必须表现得比无理性的动物还要卑鄙和懦弱？要知道这些非理性动物中的每一种都不会缺少适合于自己的食物，也不会缺少与之相适应的合乎自然的生活方式的。

至于我，我想我这个老年人不应该坐在这儿，为你们出谋划策，要你们不要过分看低了自己，或者在涉及你们本人的争论中，不要持

① 可能指克吕西玻。

② 哲学家既要催促人们将自己看作神之子，也要阻止他们在相信了这一看法后把肉体看作一个应该被抛弃的东西而自杀——尤其是当有许多斯多亚派哲学家都为自杀进行辩护时。

一种卑鄙或者可耻的立场;我倒是应该努力阻止你们当中的任何一位年轻人成为这样一种人——一旦他们认识到他们同神的亲缘关系,以及我们身上好像套着这些枷锁——肉体、财产和任何对我们的生活必不可少的东西,以及让我们流连忘返的东西,这时,他可能会想将所有的这些东西都当作沉重、痛苦和无益的东西丢掉,返回自己的“亲族”[神]那里去。然而,这正是你的老师和教练所必须负起责任从事的斗争;就你而言,你会到他那里去说:“爱比克泰德,我们已无法再忍受被这个卑微的肉体所囚禁了:给它吃,给它喝,让它休息,帮它清洗;更要命的是,因为它的缘故,我们不得不和这样或那样的人交往接触。难道这些东西对我们来说不是无关紧要——事实上,是毫无意义——的吗?难道死亡是恶吗?难道我们在某种意义上,我们不是同神相类似吗?难道我们不是从他那里来的吗?请允许我们回到我们来的地方吧;请允许我们最终从这些束缚和压制我们的枷锁中解脱出来吧;这里有的只是强盗和窃贼、法庭和那些被称为暴君的人;因为卑微肉体和其财产的缘故,他们认为他们对我们拥有某种权利;请允许我们向他们指明他们对任何人都没有权利吧。”对此,我的回答是:“朋友,听神的吩咐吧。当他发出指令,让你免于这一义务的时候,你再离开并动身回到他那里去;但眼下,就请忍着待在这个他已经为你安排的位置上吧。事实上,你待在这个位置上的时间是很短暂的,而且对于拥有你这样的心态的人来说,这也是很容易忍受的。因为对于已经如此轻视肉体及其财产的人来说,暴君、窃贼或法庭还有什么可怕的?待着吧,别自行离开了,那是毫无理性的。”

老师应该将诸如此类的内容教给具有良好的自然才能的年轻人。但现在的情形是什么样的呢?老师是一具行尸走肉,而你们亦是一群行尸走肉。一旦今天吃饱了,你们就会为明天吃什么而长吁短叹。奴隶啊,如果你得到了它,那你就吃;如果没有,那就离开;门是开着的。为什么要悲哀?还有什么流眼泪的时间吗?什么事值得阿谀奉承?一个人为什么要嫉妒另一个人？他为什么要羡慕拥有巨额财产的人，或者被安排在权力位置上的人，特别是如果他们既强壮又易怒？因为他们与我们何干？他们有权力去做的事情，是我们并不关注的事情；而我们关心的事情，是他们没有任何权力的事情。对于有这样心态的人，谁还能统治他呢？

关于这样的问题，苏格拉底是怎么认识的？哦，当然就像一个确信自己与神亲近的人所应当认识的那样认识了，还能与此不同吗？“如果你们现在告诉我”，他说：“‘只要你不再从事你一直在进行的讨论，也不再打扰我们中间的青年或老人，我们就宣布你无罪。’那我的回答将是：‘如果你们这样想，那只会是你们自己滑稽可笑——你们认为，假如你们的将军给我安排了一个岗位，我就应该坚守这个岗位，而且宁可选择千百次地死，也不能将其抛弃。可是如果是神给我们安排了一个岗位和某种生活方式，我们反倒应该将其抛弃。’”[①] 这才是所谓“人真正是众神的亲族”的话的真正意义。可是我们却把自己看成好像只不过就是些肚子、肠子和生殖器而已，这仅仅是因为我们拥有恐惧和欲望，并对那些在这些事情上有权帮助我们的人阿谀奉承，并对他们心存畏惧。

有个人要我代他给罗马写一封信。他现在遭遇到了大多数人认为是不幸的事情：他先前曾经拥有过显赫的地位和大量的财富，但他后来丧失了一切，从那之后他就一直生活在这里。[②] 我代他用一种谦卑的措辞写信。但读过之后，他把信还给了我，并说：“我想要的是你的帮助，而不是怜悯；我的困境并非一种恶。”鲁福斯也同样如此，为了考验我，他常常对我说：“你的主人[③]将对你做某某事。”当我回答说“许多人都这样”的时候，他回答道：“那又怎样？难道当我能从自己身上得到同样的结果

① 参看柏拉图《申辩》，29C 和 28E。

② 即尼戈坡里斯，爱比克泰德住在那里。

③ 爱比克泰德年轻时曾经是个奴隶。

的时候，我还要去祈求他吗？”[①] 因为事实上，努力从他人那里获得能从他自己身上获得的东西是愚蠢的，而且也是多余的。因此，既然我能从我自己身上获得灵魂的伟大和品格的高贵，那么，难道我还要从你那儿去获得农场、金钱或者某个职位吗？决不！我将不会无视自己所拥有的东西的。但当一个人既懦弱又卑鄙的时候，那还能为他做什么，除了像我们代一具死尸写信似的代他写信：“请将某某的尸体和一品托[②]卑微的血给我们吧。”[③] 因为这样的一个人真的不过是一具尸体和一品托卑微的血，除此之外，他什么也不是。但是，如果他不仅仅是如此，那么他就应该认识到，一个人不会因为另一个人的缘故而不幸。

10. 论罗马那些一心想高升的人

如果我们哲学家能够像罗马的长者们专注于他们的工作一样，积极而热情地专注于我们的工作的话，我们可能也会因此而取得某些成就。我认识一个比我年长的人，他现在在罗马掌管着谷物供应。[④] 当他从流放地回来，经过这里的时候，我记得他在痛骂自己先前的生活，宣布自己未来生活的时候，曾经说过：假如他能回到罗马的话，他将在安宁恬静中独自度过残生。“因为留给我的时间是多么的少啊！”我跟他说，你不会做到的，只要一闻到罗马的气息，哪怕仅仅是一丝气息，你就会把这一切统统忘掉。而且如果一旦被允准进入宫廷的话，我又说道，你将因此而变得心花怒放，感谢神，并奋力挤到里边去。“如果你发现我，爱比克泰德”，他说：“跨进宫廷半步的话，那就随你怎么看我。”哦，他是怎么做的？就在到达罗马

① 此处的意思似乎是：如果惩罚可以是人所能承受的，那么我就没必要去请求你的主人去免除它，因为在你自己的范围之内，你拥有忍受它的能力。

② 罗马重量单位。——中译者注

③ 比如一个朋友可能会请求为被处斩的罪犯收尸。

④ Praefectus annonae，这是罗马帝国时代一个非常重要的官职。

前，他接到了恺撒的信函；一接到这封信函，他就把自己先前所有的决定全都抛到了脑后，而且从此以后大肆聚敛钱财。我真希望现在站在他身边提醒他经过这里时所说过的话，并告诉他说："比起你来，我是一个聪明的多的预言家！"

那又怎样？我说过人是造出来无所作为的吗？[①] 绝没有！你怎么能说我们哲学家对国家事务不积极呢？比方就拿我来说吧，只要天一亮，我就简要地想一下今天必须把哪个作家读一遍。[②] 然后又立即对自己说："某某怎么读，难道真的会对我有什么关系吗？我选择要做的第一件事就是再睡一会儿。"然而尽管如此，在哪些方面，其他人所从事的职业在什么方面可以和我们所从事的职业进行比较呢？如果你注意观察他们做什么，你就会明白。因为他们所做的，除了整日地算账、争吵，为了一点儿谷子、一点儿土地和类似的物质利益而斤斤计较之外，还能是什么呢？你想想，这两样事情一样吗？一件事是从某人那儿收收陈情书，然后读一读，"我恳请您核准我出口少许的谷物"；另一件事是，"我恳请你向克吕西玻学习，弄明白管理宇宙的是什么？理性动物在宇宙中的地位如何？同时也思考一下你是谁？以及你的善与恶的本质是什么？"后者跟前者一样吗？它需要相同的学习吗？如果忽视了这一种，难道也与忽视了那一种一样令人羞耻吗？那又怎样？是不是只有我们哲学家才会遇事漫不经心、昏昏欲睡呢？不，倒是你们年轻人更容易这样做。因为，你瞧，我们老年人看到你们年轻人娱乐的时候，就渴望能够参与到你们当中去一同娱乐。不仅如此，如果我看到年轻人头脑清醒并渴望与我们一道研究的话，我会更加渴望自己能够加入他们严肃认真的追求当中去。

---

① 这是与"积极有为"的商业或政治生活相对而言的。

② 显然，爱比克泰德在上课之前，自己先要阅读文章，或者就某篇特定的文章做些特殊的准备。然后在课堂上，他叫一个学生将分派的文章朗读并解释一遍，有点像我们的"背诵"；接着，他自己朗读和解释，以便澄清全文并做最后的总结。

11. 关于亲情

有一个文官前来看望爱比克泰德，爱比克泰德在问了他一些具体事情之后，问他是否有孩子和妻子，那个人回答说，有；爱比克泰德进一步问道：那你对婚姻的体验是什么？——不幸，他说道。爱比克泰德问道：怎么会这样？因为人们结婚生子当然不是为了不幸，而是为了幸福的缘故。——可是就我而言，那人答道，对于我的小孩，我是如此的感到不幸，以致就在最近我小女儿生病，被认为病危的时候，我连守候在她的病床前都无法忍受，而是起身逃走了，直到有人带信给我说她又好了起来。——那你认为自己当时这样做对吗？——我当时那样做是自然而然的，他说道。——但事实上，爱比克泰德说道，你必须首先让我相信你当时那样做是“自然而然”的，然后我才会使你相信，无论做什么事情，只要和自然一致，就是做得对的。——那个人说道：这就是我们所有的或者至少是大部分父亲的感受方式。我并不否认你的观察，爱比克泰德答道，也不是说没那事，因为我们争论的要点是另外一个：这样做对不对？按你的推理方法，我们将不得不说肿瘤是为了有益于躯体而产生的，而其原因仅仅是因为它们存在；简言之，就是错误也是合乎自然的，而其原因仅仅是因为实际上我们所有的人——至少是大部分人——都会犯错误。所以，你能向我说明你的行为如何是和自然保持一致的吗？——不能，那人说道，但你能向我说明我那样做怎么就与自然不一致，并且做得不对吗？爱比克泰德说道：好吧，假如我们现在探讨的是白色的和黑色的物体，我们应该运用什么标准来对它们进行区分？——视觉，那人说道。——假如是冷的和热的，硬的和软的物体呢，用什么标准？——触觉。——很好，既然我们争论的是与自然相一致的事物和做得对与不对的事物，那你认为我们应该采用什么样的标准呢？——我不知道，那人说道。——一个人不知道区分颜色、气味还有滋味的标准，可能不会给他造成严重伤害，但是一个人不知道什么是好事和坏事，什么是与自然一致和不一致的标准，你还会认为它所造成的只是轻微的伤害吗？——正相反，那正是真正的最大的伤害。——那好，请你告诉我，是不是某些人认为好的和合适的事物，就是被正确地认为如此的事物。能不能认为那些犹太人、叙利亚人、埃及人和罗马人所持的所有关于食物的观点，都是对的？——那怎么可能？——我想这必然是绝对无疑的：如果埃及人的观点是对的，那其他人的观点就是错的；如果犹太人的观点是有根有据的，那其他人的观点就是无根无据的。——是的，当然。——只要有无知，也就缺少知识和缺乏对必不可少的事物进行说明和教育。——对此，那个人表示赞同。——既然你，爱比克泰德说道，对此已经有所认识了，那你将来就不要再研究别的问题了，也就不要再关心别的事情了，而只需要关心当你掌握了什么是和自然相一致的标准之后，如何运用这些标准来对每个特殊事例做出决断。

但眼下①我只能给你如下的帮助，好让你得到你所欲求的东西。在你看来，亲情是不是既与自然相一致，也与美好相一致？——当然。——还有呢？当亲情和自然相一致并且是美好的时候，有没有这种可能：合乎理性的并非是好的。——绝不可能。——那有没有这种可能：合乎理性的就不是与亲情冲突不一致的？——我想，不是的。——否则，当两个事物相互矛盾并且其中一个与自然相一致的时候，另一个必然就会与自然相反，难道不是这样吗？——正是这样，那人说道。——那我们是不是就可以因此而自信地断言，无论什么事物，只要我们发现它在具有亲情的同时也合乎理性，那就是对的和好的。——我赞同，那人说道。——还有呢？我想你不会否认：在孩子生病的时候，

① 此处的思路是："在你掌握这个主题之前，你必须进行大量的学习；但是现在……"云云。

自己离去而将孩子丢下不管，至少是不合乎理性的。但我们还得考虑这样做是否就是有亲情的。——是的，我们得考虑这个。——既然你疼你的孩子，那当你离去，把她丢下不管的时候，你做得对还是错呢？难道她母亲对她没有亲情吗？——正好相反，她有。——那她是应该，还是不应该把孩子丢下不管呢？——不应该。——保姆呢？她爱这个孩子吗？——她爱，那人说道。——她是不是也应该把她丢下不管呢？——绝对不应该。——那学校的老师呢？他不爱这个孩子吗？——他爱。那他是不是也应该走掉并丢下她不管，从而使得她由于你们这些她的父母和那些照管她的人的伟大的亲情而变得孤苦伶仃、无依无靠呢？或是让她在那些既不爱她也不关心她的人的臂弯里死掉呢？——绝不！——如果一个人由于自己的亲情的缘故而认为某一行为只适合于自己，而不允许和他有同样多的亲情的其他人同样这么做，这岂不是既无情，也不公平吗？——是荒谬。——那好，如果得病的是你，你愿意你的亲戚，包括你的孩子和妻子，用这样一种方式，就是把你丢下不管的方式，来表达他们对你的亲情吗？——绝对不愿意。——那你愿意他们用过度的亲情来爱你吗？就因为这个，你总是被一个人丢在病中，无人问候？或者正因如此，你宁愿被你的仇敌所爱——如果可能——而被他们把你一个人丢下不管？如果这就是你祈愿的东西，那留给我们的结论只能是一个，就是你的行为，最终，还根本算不上是一种有亲情的行为。

那么，是不是根本就没有什么驱使和引诱你把你的孩子丢下不管的动机呢？可这如何可能？这个动机应该类似于迫使有个在罗马玩跑马的人在他所下注的马跑来的时候，将他的头蒙起来的那个动机。——如果他所下注的马出乎意料地赢了的话，那周围的人将不得不把浸了水的海绵覆在其身上，好让他从昏厥中苏醒过来！这是什么动机？或许，现在对此做一个科学的解释还不是时候；但这已足以让我们相信，如果哲学家所说的话是可靠的话，那我们就不应该再在我们之外的地方去寻找动机，在所有的事例当中我们做一件事情或不做一件事情的原因，我们说或不说一些事情的原因，我们欢欣鼓舞或垂头丧气的原因，我们避免或追求一些事情的原因，全都是一个相同的事物——这个事物也恰好就是我和你行动的原因；也就是你来看我，坐在这儿，进行倾听的原因，也就是我说了上面这些事情的原因。那它到底是什么呢？除了我想如此做之外，还能是别的东西吗？——不能。——假如我们早就打算要做某件别的事情，那除了我们想这样做之外，我们还能做什么别的吗？毫无疑问，就阿基里斯（Achilles）而言，他之所以要悲伤，原因就是因为他想悲伤，而不是因为帕特罗克卢斯（Patroclus）之死（因为对别人来说，当他们的志同道合者死的时候，他们是不会这样做的）。就你那几天的情形而言，你逃走的原因仅仅是因为你想那样做；在别的时候，如果你和她待在一起，其理由也仅仅是因为你想和她待在一起。现在你想回罗马去，因为你想这么做；如果你改变了主意，想到某个别的事情，你就不会走了。总之，决定我们做还是不做每件事情的原因，既不是死亡，也不是流放和艰辛以及诸如此类的事情，而仅仅是我们的观点和我们的意志的决断。

就这一点而言，我说服你了没有？——你说服我了，那人说道。——因为在每个事例当中，其原因都是这样的：同样地，结果也是如此。那好，从今天起，无论我们什么时候做错任何事情，我们都要把原因归之于引导我们这样做的意志决断，而不是其他。我们将努力以比消灭和铲除我们身上的肿瘤和脓疮更加认真的态度，去消灭和铲除产生在我们身上的肿瘤和脓疮的原因。我们将以同样的方式宣布，我们各种善行的原因也都是这同一个事物。我们将不再把任何对我们来说是不幸遭遇的原因归咎为奴隶、邻居、妻子或者孩子。因为我们已经被说服：除非我们断定事物是如此这般之外①，否则我们将不会做出与之相应的行为。我们自己而不是我们自己之外的事物，乃是我们决断去赞成或者

① 比如像“好”和快乐。

反对某事的主人。——正是这样，那人说道。——因此从今天起，我们将要对其本性和状态进行研究和审视的事物将不再是我们的农场、我们的奴隶，也不是我们的马匹和我们的狗，而仅仅是我们的意志决断。——希望如此，那人说道。——你应该明白，如果你要是真的想对你自己的意志决断进行检验的话，你就必须经常去学校——尽管所有的人都嘲笑这种动物。可你我都知道要做到这一点绝非一时一日之功。

12. 关于知足

关于众神，有些人说，神根本就不存在；而另外一些人则说，神的确存在，但是无所作为，无所偏好，并不预知；而第三种人则认为神不仅存在，而且还进行预知，只不过它只对重要的和天国的事物才进行预知，而绝不对地上的事物进行预知；而第四种人则认为，神也对地上的事物和人类的事务进行预知，只不过他总是以概括的方式，而不是对单个的个人进行特别的预知罢了；而第五种人——奥德赛和苏格拉底属于这类人——则称：

即使我的一举一动，也无法瞒过您！①

既然如此，我们首先要对所有这些陈述逐个进行一番研讨，以确定其是否真实合理。如果众神不存在，追随众神如何可能成为一个终极目的？如果他们确实存在，却不关心任何事情，这种观点又如何会真实合理？如果他们确实存在，而且进行关怀，但神却不和人沟通来往，是的，以宙斯的名义，我个人就没有得到过任何信息——这种观点又如何还会真实合理？因此，一个美好高贵的人，在他使自己的意志服从宇宙

① 荷马：《伊利亚特》第Ⅹ卷。

整体的管理者之前——就好像一个好的公民在服从国家法律之前——必定要对所有的情况都做一番调研。一个正在接受教育的人，应该抱着这样一个目的去获得他所接受的教育，即："我如何能够在每件事情上都追随众神？我如何能够对众神的管理表示满意？以及我如何能够变得自由？"因为能够使所有的事物都按照自己的自由意志发生，无人可以对其进行压制的人，就是自由的人。那是不是说自由就是疯狂？绝不是！因为疯狂和自由彼此不相容。"可我想的是无论在什么情况下，我都能拥有在我看来是最好的东西，而不管它到底是什么。"那你一定是疯了，你忘乎所以了。难道你不知道自由是一种崇高而宝贵之物吗？对我来说，随意地去欲求在我不经意间看来好像是最好的事情的发生，不仅是向不高贵，而且甚至是向最高的羞耻的危险靠近。在书写时，我们应该怎么做？我是不是可以由着自己的意愿去写"Dio"的名字呢？不，我被教育要努力按照其应该书写的样子去书写。那对于音乐，我们又该怎么办？完全一样。总而言之，在凡是涉及技艺或科学的地方，我们该怎么办？完全一样。可是如果任何知识都只是为了迎合每个人的一时兴起的念头的话，那这些知识都将毫无用处。难道恰恰唯有在所有事物当中最重要也是最高尚的自由上面，我反倒可以进行随意的欲求？绝对不是。相反，教育恰恰就在于让人虚心按照每个事物所发生的样子来进行正确的欲求。那它们是如何发生的呢？按照他（神）已经命定好了的那样。他已经命定了冬夏、多寡、善恶和诸如此类相反相成的事物的存在，为的是整体的和谐，此外，他还赋予我们每个人一个躯干和四肢，以及财产和同伴。

因此，要想关注这种命定，我们就必须接受教育，目的不是为了改变事物的构成，——因为我们并没有被赐予这样一种能力，而且它也不会因此而变得更好，——而是为了在看到我们周围的事物本来的样子和它们的本性之后，我们能够就我们自己来说，使我们的意志和所发生的事情和谐一致。因为，瞧，我们能脱离人类吗？那怎么可能？如果他们和我们联系在一起，我们能改变他们吗？谁给过我们这个能力？那么，留下来的选择是什么？或者说我们所能找到的和他们共处的方法是什么呢？有种方法是，当他们按照看起来是对他们最好的方式进行活动时，我们却依然可以使自己保持在与自然相一致的情境中。但是你缺乏耐心、脾气暴躁，如果你是独自一个人，你把这叫作孤独；如果是和众人在一起，你又将其称为阴谋家和强盗，你甚至还对自己的父母、孩子、兄弟和邻居吹毛求疵。然而，当你一个人独处的时候，你应该将其称之为安宁和自由，而且应该把自己看作仿佛是众神一样；当你和许多人在一起的时候，你不应该将其称作一群暴众，或是一种喧闹和一件令人厌恶的事情，而是应该把它看作一次盛宴和一个节日。这样，你就能够心满意足地接受所有的事物了。

那这些不能接受现存事物的人会遇到什么惩罚呢？这些人将依然故我。一个人脾气暴躁是不是因为他是独自一人的缘故？那就让他孤独下去吧！他是否对其父母脾气暴躁？那就让他做一个逆子而悲伤吧！他是不是对他的孩子脾气暴躁？那就让他做一个坏爸爸吧！“把他投入监狱。”哪一种监狱？就是他现在待着的地方，因为他在那儿违背了自己的意志。人在哪儿违背了他的意志，哪儿就是他的监狱。正如苏格拉底并不在监狱中一样，因为他是自愿待在那儿的。“哎哟，我的腿为啥要瘸呢！”奴隶啊，你是不是会就因为一条卑微的腿而谴责整个宇宙呢？难道你不愿意把它作为一个送给整体的免费礼物？难道你不愿意将其放弃吗？难道你就不能欣然地让它听从于它的给予者吗？你是不是因宙斯的命定而愤怒暴躁？这些命定是由宙斯和命运女神共同规划和命定的，他们共同纺织了你的生命之线。难道你不知道和整体相比，你是多么渺小的一部分吗？我说的是肉体；因为说到理性，你既不比众神低，也不比他们少。理性的伟大既不是由长度，也不是由高度来决定的，而是由它的意志决断来决定的。既然如此，难道你不愿意把对你来说是好（善）的东西放置在这样一个地方吗？——在那里你和众神是平等的。

"我是一个可怜的人，因为我有这样的爹妈!" 噢，那你是否可以被允许走上前去做出选择说："让某某男人和某某女人此时此刻进行交媾，然后我就会出生吗?" 你不会被允许这样做的。你的父母必须先于你而存在，然后你才能按照你出生的那样出生。那是什么样的父母呢？就是他们是什么样就是什么样的那种。然后呢？既然他们是这样，那对你是不是就没有任何补救了呢？这么说吧，假如你不知道自己拥有视觉能力的目的是什么，如果有人把某种色彩带到你眼前，而你却闭上双眼，那你将是不幸的和不可救药的。而另一方面，既然你对每一个可能发生在你身上的事情能用心灵的伟大和品格的高贵来加以运用，而你却对此一无所知，难道不是更加不幸和可悲吗？当和你所拥有的视觉能力相称的事物来到你面前的时候，你原本应该睁大眼睛，认真辨析，可恰恰就在这个时候，你却把这个能力给赶跑了。难道你不应该更加感谢众神？因为他们使你高于所有他们没有让你控制的事物之上，并只让你对自己控制之下的事物负责吗？众神并没有要你为你的父母负责，众神也没有要你对你的兄弟负责，众神也没有要你对你的肉体、财产，还有生死负责。众神给你的责任是什么呢？只有一件在你控制之下的事情——对于正确地运用表象负责。既然如此，那你为什么还要让自己在那些不要自己负责的东西上流连忘返呢？真是庸人自扰。

13. 怎样做才能使每件事情都合乎众神之意

有人问爱比克泰德，怎样用餐才有可能合乎众神之意。爱比克泰德答道，如果能够举止得体、神态端庄、有礼有节地用餐，难道这不就是合乎众神之意吗？如果你要了热水，但仆人却没有理睬你；或者假如他确实听到了你的吩咐，但拿来的却是温水；或者假如你在屋子里连他的人影都找不到，而你却能强压怒火不发作，难道这不就是合乎众神之意吗？——可谁受得了像这个仆人一样的人啊？——奴隶啊，难道你连自己的兄弟都忍受不了吗？他的祖先是宙斯，他和你一样，也是在自然播种时从同一粒种子中诞生的儿子。只不过你被安置在一个高于他的位置上，你马上就称王称霸起来了？难道你忘了你是谁？你统治的又是谁？他们是你的同族；从本性上说，他们是你的兄弟，是宙斯的苗裔！——可我有他们的卖身契，而他们却没有我的。——但是你知不知道，你这是在把自己的目光转向何处？是转向尘世，是朝向绝境，是盯着我们可鄙的法律、死亡的法则，而不是看着众神之法。

14. 神俯察万民

有人问爱比克泰德，如何才能使一个人相信他所做的每件事情都逃不过神的眼睛？爱比克泰德答道，难道你认为万事万物不是一个被联结在一起的整体吗？我认为是，那人说道。那好，可你难道会认为世上的事物不会感受到天上的事物的影响①吗？我认为会，那人答道。——因为否则的话，一切怎么会做到如此秩序井然，就像神命安排过一样呢？他让植物开花，植物就开花，让它们抽芽，它们就抽芽，让它们结果，它们就结果，让它们成熟，它们就成熟；而且让它们落果落叶，自我收拢，复归宁静休憩，它们就（落果落叶，自我收拢，）复归宁静休憩。再者，当月亮盈亏、太阳升落的时候，我们能看到地面上发生着如此巨大的，而且是朝着自己的对立面所进行的转变；如果不是神命，这又是怎么发生的呢？植物和我们的肉体同整个宇宙是不是非常紧密地联结在一起？它们是不是都内在地受到其深刻的影响？难道我们的灵魂不更是如此吗？如果我们的灵魂和神（宙斯）联结在一起，而且结合在一起，作为其存在的一部分，难道他会察觉不到我们的每个动作作为他自己的

① 这就是著名的 συμπάθεια 法则，即宇宙是一个物质整体，在这样一个整体当中，每一部分的经验必定都会影响到所有其他的部分。这个学说特别盛行于斯多亚派中。古代民间的交感巫术中这种观念也十分盛行。

一个动作即和他联结在一起的一个身体的动作吗？然而尽管如此，你却拥有思考自然的安排和神圣的事物当中各个不同事物的能力，以及思考人类事务的能力；还有在感官和理智两方面同时被成千上万的事物所感动的能力；你可以赞成某些事物，同时又反对另外一些事物，或者悬置自己对它们的判断；在你自己的灵魂内部，你看守着如此多的来自纷繁多样事物的表象，正因为受到了这些表象的感动，你的心思才落在了和早先形成的相一致的观念上，结果你就这样从成千上万的事物当中一个接一个地获得并保持了各种各样的技艺和记忆。你尚且能做那么多事情，难道神不能俯察万物，并与之同在，而且与它们进行某种沟通交往吗？太阳可以将宇宙的大部分照亮，而只将一块不会比地球所投下的阴影更大的空间留在黑暗当中；然而，创造太阳的是神（宙斯），推动其旋转的也是神，同整体相比，太阳只不过是神①的很小的一部分，难道神会对万事万物无法察觉吗？

然而，那人说道，我无法一下子理解所有的这些东西。——可有谁说你拥有和宙斯一样的能力呢？然而，神还是给每个人安排了一个特有的“护灵”作为保护者，并且把每个人分别托付给它们；这个保护者是永远不会睡觉，不会上当受骗的。因为假如神要对我们每个人都进行托付的话，他还能把我们托付给什么比这个更好、更谨慎的保护者吗？所以，当你关上门，使里面变得一片漆黑的时候，请记住，永远不要说自己是独自一个人，因为你并非独自一个人；是的，神也在里面，你自己的护灵也在里面。为了了解你在做什么，他们需要什么样的光吗？是的，对这个神，你也应该发誓效忠，就像恺撒的士兵对恺撒所做的那样。尽管他们都是为了钱而被雇佣来的，但是他们却发誓要将恺撒的安全看得高于一切。而你被看作配得上接受这么多和这么巨大的祝福，难道你不愿意发誓，或者说发誓之后不愿意遵守誓言吗？你会发什么样的

---

① 克吕西玻将宇宙——太阳只是其中的一部分——等同于神。

誓？无论在什么情况下，永不违逆，永不控诉，永不对神所赋予的东西吹毛求疵，凡遇到不可不为之事或不可不受之苦，永不逆志反叛。恺撒的士兵的誓言如何能和我们的誓言相提并论？那些人发誓永远不会把旁人的荣誉看得比恺撒的高；而我们则发誓要使我们的荣誉高于其他一切事物。

15. 哲学承诺什么

有人向爱比克泰德请教：他如何才能说服他的兄弟不再生他的气。爱比克泰德答道，哲学并不向人承诺帮他获得任何外在财物。否则，它将不得不承担起不在其正当范围之内的事物。因为就像木头是木匠的材料，青铜是雕刻家的材料一样，每个人自己的生活就是他自己生活技艺的材料①。——那我弟弟的生活呢？——他的生活当然也就是他自己生活技艺的材料。至于你自己的生活技艺的材料，你认为应当归之于诸如农田、健康和美誉这些外在的领域。可是，对于这些事物当中的任何一个，哲学都不予以承诺，它只承诺："无论在什么情况下，我都将使主导原则②保持在和自然一致的状态。"——是谁的主导原则？——"就是我所是的那个人的主导原则。"——那我如何才能够使我的兄弟不再对我发怒呢？——把他带到我这儿来吧，我会告诉他的。但是关于"他"的愤怒的问题，我对"你"却无可奉告。

当请教爱比克泰德的人表示：我想知道的是，就算我的兄弟拒绝和我和解，我如何能够依然做到和自然相一致。爱比克泰德答道：伟大的事物是不可能一蹴而就的：哪怕是一串葡萄或者一个无花果。如果你现在对我说："我要一个无花果。"那我将答复你："那需要时间。"首先

① 也可以翻译成主题、题材（subject-matter）。——中译者注

② "主导原则"（governing principle）是斯多亚派对人的灵魂、理性的说法。

得让树开花，然后才能结出果实，最后还得等果子成熟。既然连一棵无花果树的果实都无法立刻成熟，那你还会奢望在这么短的时间内，如此轻而易举地获得一个人的精神果实吗？别抱什么指望了，我已经告诉你了。

16. 关于神之天意

人们对其他动物表示惊奇：自然已经为它们准备好了一切，提供了它们躯体所需要的东西——不仅吃的和喝的，还有躺卧用的草垫，而且它们不需要鞋、床单和衣服，而我们却需要这些东西。但是这并没有什么好大惊小怪的，因为动物并非是为了自己的缘故而生的，而是为了服务而生的。所以，如果它们被造出来还需要那么多东西，那它们就没有任何好处了。想想看，假如我们不仅要为我们自己操心，而且还要为我们的羊和驴操心，操心如何给它们穿衣穿鞋，以及找吃的、找喝的，那将对我们意味着什么；正如一群已经全副武装，整装待命，站在他们将军面前的士兵，如果他们的军团长不得不来来回回地为其军团的士兵整装穿鞋的话，那将是件多么令人吃惊的事情；因此，动物是为服务而生，准备着为人所使用的，所以，自然使得动物一切就绪，配给完备，不需要任何进一步的照料。这样，就是一个小孩子都能用一根木棍驱赶一个羊群。

但事实是，起初，我们并没有因为神赐予我们这些动物——这些我们不必像照料自己那样照料它们的动物——而对神表示感谢，反而为着自身的缘故而不断地抱怨神！然而，以宙斯和众神的名义，自然的一个礼物就足以使虔诚可敬、懂得感恩的人感知到神的天意安排。不必跟我说什么伟大的事情了，就拿牛奶产自青草，奶酪出自牛奶这个简单的事实来说吧，是谁创造或者设计了这些事物？“没有人”。有人说。呵，人类的无知和无耻是何其的深啊！

来，让我们先把自然的主要作品放在一边，单就她顺手所做的一些事情做一番考量吧。有什么比下巴上的胡子更没用的东西吗？嗯，那又怎样？难道自然没有用一种可能是最妥帖的方式使用过这些胡子吗？难道她没有用这些胡子区别过男人和女人吗？难道我们每个人的天性不是隔着老远就高声喊道“我是男的；把我当作男人接近我，和我说话吧；别问什么别的，就看这个标志”吗？再者，就女人而言，正如自然在其声音里混入了某种比较柔软的音调一样，自然也将胡子从其下巴上拿掉了。而你却说，不是这样；与此正好相反，人这种动物本应该不带任何区别特征，我们每个人都应该用言语来声称：“我是男的。”不。这个标志是多么的美观、妥帖和尊贵啊！比起公鸡的鸡冠来，它不知道要美观多少；比起狮子的鬃毛来，它不知道要高贵多少！因此，我们应该保留神已经赋予我们的这些标志，而不应该将其丢到一边：我们不应该把以这种方式区分开的性别混淆起来。

神的天意安排只有这些吗？不，用什么样的语言可以充分地表达对所有这些赐予所应得的赞美，或是对其有深切的体认呢？如果我们尚未丧失头脑的话，那么除了歌颂和称赞神明、详述其恩德之外，我们还能公开地或在私下里做其他事情吗？难道我们不应该在刨地、耕耘、吃饭的时候，吟唱对神的赞美诗吗？“伟大属于神，他为我们提供了各种工具，这些工具能耕种土地。伟大属于神，他赋予了我们一双手、吞咽的能力和肚肠，以及在不知不觉长大的能力和熟睡时依然能够呼吸的能力。”这就是我们每时每刻都应该吟唱的内容；而首先要吟唱的最庄严和最神圣的赞美诗则是，神赋予了我们理解这些事物和遵从理性之路的能力。那又怎样？既然你们大部分人已经变得盲目无知，难道不应该有个人为你们履行这个职责，代表你们的所有人吟唱对神的赞美诗吗？啊，我这样一个老瘸子，除了吟唱对神（宙斯）的赞美诗之外，还能做什么？如果我真的是一只夜莺，我将像一只夜莺似的歌唱；如果我是一只天鹅，我将像一只天鹅似的歌唱。然而事实上我是一个理性的存在，因此我必须吟唱对神的赞美诗。这是我的职责；我将履行它，而且只要我被安排在履行这个职责上，我就不会抛弃它；我劝你们和我一道唱这同一首歌吧。

17. 必不可少的推理技艺

既然理性可以分析和完善任何其他事物，那么理性本身不应该不可分析。我们应该依靠什么来对其进行分析呢？显然，或者是依靠理性本身，或者是依靠其他事物。无疑地，后者或者是理性，或者是某种比理性更加高的东西（但是这是不可能的）；如果是理性，那谁又将分析这个理性呢？因为，如果这个理性能够自己分析自己，那我们开始时的理性同样也能够自己分析自己。如果我们的每一步都要诉诸其他事物的话，那么我们的分析过程将会没完没了，永无宁息。①

“是的”，有人说，“然而，比逻辑研究②更为紧迫的需要是（对我们的意志决断的）治疗等事情。”你愿意就此听些别的东西吗？很好，请听。假如你对我说“我不知道你的论证是真还是假”，或者假如我用了一些具有多重含义的术语，而你却对我说“请区别一下”，则我将不再容忍你，而是告诉你：“不，我们有更为紧迫的需要。”我想这就是为什么斯多亚派哲学家们将逻辑放在首要位置的原因；正如我们在测量谷物时，首先要检验测量标准一样。如果我们不首先确定什么是“模乇”（modius），③ 什么是磅秤，我们将如何能够称量东西？因此，就目前我们所探讨的领域而言，如果我们忽略了对判断其他事物的标准的彻底认识和理智性把握——用这些标准我们可以彻底地认识这些事物——那我们还能够获得对世界的其他事物的理智的把握和彻底的认识吗？我们如何可能做到这一点？“你说的没错”，

① 因此，理性只能依靠它本身来分析。

② 此处的论证过程被高度精简了。但整个段落的意思还是很清楚的。

③ “模乇”是一种罗马计量单位。

有人对我们说道，“可模丢是用木头做成的，它不能结果实”。的确如此，可我们能够称量谷物正是全凭了这个东西。“逻辑也不能结果实。”关于这个话题，我们将稍后予以辨别；然而只要对此表示承认，就足以证明逻辑的能力了：辨析和检查其他事物——正如某人所说的，对其进行称量。是谁说的呢？仅仅是克吕西玻、芝诺和克里安提斯吗？难道安提司底尼斯（Antisthenes）没有说吗？而这又是谁写的：“教育从检查术语开始？”难道苏格拉底[1]没有说过同样的话吗？色诺芬写道，苏格拉底总是从检查术语开始。他对于每一个术语都要问一问：“这是什么意思？”

那你所取得的重大而令人称羡的成就难道仅仅是对克吕西玻的理解和解释的能力吗？谁说的？那你所取得的令人称羡的成就是什么？对自然之意志的理解。很好；你能靠自己将其全部理解吗？如果这是真的，你还需要什么？因为如果“所有的人犯错都不是出于本意”[2]这句话是真的，而且你还懂得这个道理，那你做的总是对的，也当属必然。然而宙斯啊，请你帮帮我吧，因为对于自然的意志我并不能理解。那谁能理解呢？人们说克吕西玻可以。于是我踏上旅程，准备去了解一下这个自然的阐释者对自然的意志所做的阐释是什么。起初我并不能理解他所说的，于是我去找了一个可以解释克吕西玻的人来。“请看，想一想，这段是什么意思”，那个解释者说道：“就当它是拉丁文一样。”[3] 就这个解释者而言，有什么让他值得骄傲的地方吗？哦，就算是克吕西玻本人，如果他仅仅阐释了自然意志，却没有身体力行地遵从的话，他也没有什么可以骄傲的地方；至于他的解释者可以骄傲的地方，那就更是少之又少了！因为我们是因为克吕西玻本人

---

① 色诺芬:《远征记》IV，6。

② 这是苏格拉底的著名格言。在柏拉图的《普罗泰戈拉篇》345D 中表述为：“没有人自愿犯错。”

③ 爱比克泰德似乎把自己比作一个他的罗马学生。如果将克吕西玻的解释翻译成拉丁文，这个学生将更容易理解它。

的缘故而需要他，（我们需要他）只是为了能够使我们遵从自然。同样的，我们之所以需要献祭占卜者，也不会因为占卜者的自身的缘故，而仅仅是因为我们想以他为手段来理解前途和众神给我们的征兆；我们也不是为了动物内脏自身的缘故而需要动物内脏，（我们需要它们）只是因为它们能提供征兆。我们敬慕的不是乌鸦或这一类的鸟，而是神，因为神通过这些鸟显示他的神迹。

正因如此，所以我去拜访了一个既是阐释者又是占卜者的人，并对他说："请为我检验一下这些动物的内脏，然后告诉我它们显示了怎样的征兆？"那人将内脏拿来，并铺展开来，然后解释道：哦，朋友，你生来就拥有一种不受任何阻碍和压制的自由意志。在内脏的此处，这一点清晰可见。我首先要向你证明的是你的"赞同区"。有谁能阻止你对真理的赞同吗？绝对没有。有谁能逼迫你接受虚假的东西吗？绝对没有。你是否看到在这个区域里面，你拥有不受任何阻碍、压制和阻挠的自由意志？那么，在欲求和回避的那个区里，会不一样吗？除了用另一个冲动之外，还能用什么来克制冲动呢？一个欲求和回避除了用另一个欲求和回避来克服之外，还能用别的什么吗？"可是"，有人说："如果有人令我面对死亡的恐惧的话，那一定能驱使我。""不，不是你所面对的事物在逼你，而是你断定对你来说，去做这种事情要比去死更好这一事实在驱使你。再说一遍，是你自己的意志决断在驱使你，也就是说，是自由意志在驱使自由意志。因为如果神是这样构造的：他自己存在的那部分——他把这部分已经从他自己身上取来，赋予了我们——如果屈从于来自神自身的或者什么别的阻碍或压制的话，那他就不再是神，也不再会像他所应该的那样照顾我们了。这就是我在动物内脏里所发现的东西。"占卜者说道："这些都是神赐给你的征兆。如果你愿意，你就是自由的；如果你愿意，你就不会再谴责或者抱怨任何人；每个事物将不仅和你自己的意志一致，而且同时将和神的意志保持一致。"我去访问这个占卜者——换言之，这个哲学家——就是为了这个预言的缘故，与其说我因为他的解释而对他表示惊羡，倒不如说我对他所给我的解释表示惊羡。

18. 我们不应该和误入歧途的人生气

如果哲学家们①所说的这句话是真的，即所有人的思想和行动都来源于一个地方，即感受（feeling）——比如在赞同时，你会有“这个事物是这样的”感受，在不赞成的时候，有“这个事物不是这样的”感受。是的，以宙斯的名义，在悬置判断时，你有“这事是不确定的”感受，而就对某物的冲动而言，也是如此，我们或者是感受此事对我有益，或是感到我们判断某物对我有益，而我却欲求另一物，是不可能的；同样地，也不可能在判断某物是相宜的，但是却会被迫去追求他物。如果所有的这些都是真的话，那我们为什么还要生大众的气呢？——有人说：“他们都是贼和强盗。”——你说的“贼和强盗”是什么意思？他们只不过是在善与恶的问题上误入歧途罢了。既然如此，我们是应该生他们的气还是应该对其表示同情呢？只要给他们指出他们的错误，你就会发现他们纠正自己错误的速度是何其的快。可是，如果他们并没有睁开眼睛，那他们就不会有任何比他们那些意见性的东西更高明的东西。

那难道这个强盗和这个通奸者不该杀吗？你问。绝对不应该，你还不如这样问：“难道这样一个人不该杀吗：他对于最重要的东西总是错误百出，谬误不断，盲目不见——确切地说不是对于黑白的辨别，而是对于好坏善恶的判断？”如果你这么说，你就应该意识到你所做的是一个多么不仁道的论断，这就好像你在说：“难道这个瞎子，或这个聋子

---

① 不清楚这里所说的哲学家是什么样的人，但是有关感受（πάθos）是一种判断（κρίσιs）或观念（δoξα）的说法在斯多亚派哲学中是很普遍的。

不该杀吗?”如果说把最重要的东西丧失掉是降临到一个人头上的最大的伤害，而一个人最重要的东西莫过于他的正确的自由意志，那么当他被剥夺的正好是这个正确的自由意志时，则你还有什么理由生他的气吗?哦，朋友，如果你在面对他人的不幸命运时一定要以与自然相悖的反应加以感受的话，那就请你同情他，但是不要憎恨他；请你放弃生气和憎恨的情绪吧；也请不要使用那些声讨不息的大众所使用的言辞：“哦，这群该死的可恶的傻瓜!”很好；可你是怎么突然一下子变得聪明起来，以至于要为傻瓜而生气的呢?我们为什么要生气?因为我们爱慕这些家伙所抢走的财物。因此，请你注意，不要再爱慕你的衣着，那样你就不会因为那个偷了你衣服的人而生气；也不要再爱慕你妻子的美貌，那样你就不会因为她的通奸者而生气。要知道一个窃贼和一个通奸者在属于你自己的事物当中不占有任何地位，他们只在别人的事物中和你所不能控制的事物中才占有一席之地。如果你能放弃这些东西，视之为无物，则你还有何理由因为某某而生气吗?然而，只要你爱慕这些东西，你就生自己的气吧，不要对我方才所提到的那些人生气。因为请你想想：你有好衣服，而你的邻居却没有；你有一扇窗户，而且想透过它把自己的好衣服炫耀一番。而他（窃贼）却不知道人的真正的好在哪里，只是幻想着真正的好就在于拥有好衣服，你的幻想与他的一模一样。既然如此，难道他不应该来把你的好衣服拿走吗?哦，如果你向贪吃的人炫耀一张饼，然后自己把它狼吞虎咽地给吃了，这难道不是在引诱他来进行抢夺吗?请别再挑逗他了，也别再开什么窗户，炫耀什么衣服了。

前几天，在我身上也发生了一件与此相类似的事情。在我的“家神”神像边，放着一盏铁制的油灯。那天，我一听到窗口有动静，就往楼下跑。可是发现油灯已经被偷走了。我想，那个偷灯的人来偷灯，不会是由于非理性的动机的驱使。结果呢?明天，我说道，你将会看到一盏陶制的灯。事实上，一个人所能丢的东西只能是他曾经占有过的东西。“我的外套丢了。”是的，因为你曾经拥有过一件外套。“我头有点疼。”而你的角却不会疼（因为你没有角），难道不是吗？那你为什么会气咻咻的呢？因为我们丢失的和头疼的只是我们所占有的东西。

“可是暴君将用锁链锁住——”什么？你的腿。“砍断——”什么？你的脖子。那他既不能锁住也不能砍断的是什么？是你的自由意志。这就是为什么古人要给我们如下训谕的原因：“认识你自己。”接着呢？哦，除了众神，我们都应该从小事练起，然后不断地向更重大的事情迈进。“我头疼。”哦，请别说：“唉呀呀！”“我耳朵疼。”请别说：“唉呀呀！”我并不是想说不允许呻吟，而只是想说不要在你所存在的内心呻吟。如果你的奴隶给你拿绷带的时候慢腾腾的，请不要大声吼叫，扭曲着脸说：“所有的人都在恨我。”哦，像你这样的人，谁会不恨？你今后应该将自己的信心建立在这些原则之上，挺直腰身，自由自在，而不是像一个运动员一样把信心建立在身量的大小之上；因为你之所以不可征服，与一头驴的不可征服，道理不是一样的。

那么，谁是不可征服的人呢？他应该是一个在他的自由意志之外没有什么可以让他惶恐不安的人。我将对所有的情形逐一地进行思考，正如我对一个运动员所做的那样。这个人已经赢得了第一轮比赛。那么，第二轮他将会做什么呢？万一是焦烘烘的热天呢？在奥林匹亚运动会上，他将有何表现？这个思路就是我们正在思考的那个事例（谁是不可征服的人）的思路。如果你在一个人走的路上，放了一块银币，他连看都不会看。可是如果你放的是一个少女呢，那将会怎样？设或还是在黑暗中呢，那会怎样？如果你在他的路上丢的是一种名誉呢？辱骂？赞美？或者死亡呢，又会怎样？所有的这些事物，他都能征服。万一要是焦烘烘的热天呢，也就是说，万一他喝醉了呢？万一他发疯呢？睡着了呢？谁能通过所有的这些考验，谁就是我所说的不可征服的运动员。

19. 应当如何应对专制者？

如果一个人身居某个高位，或者尽管他没有，但至少他却认为是如此；又如果他没有受过教育的话，那他将因此而不可避免地变得不可一世。举个例子，暴君叫嚣道："世界唯我最强大。"很好，可是你能为我做什么？你能确保我的欲求不受任何阻碍地获得吗？你如何能办得到？你自己有这种能力吗？你能确保我免于遭遇我想避免的东西吗？你自己有这种能力吗？你有万无一失的抉择能力吗？在何种情形之下，你可以宣称自己拥有其中的一份？当你在一艘船上的时候，你是相信自己呢，还是相信技艺娴熟的舵手呢？在一辆马车上呢，除了相信技艺熟练的车夫，你还能相信谁？别的技艺呢？一模一样。那你的能力到底是什么？"受到所有人的瞩目。"① 是啊，我也关注我的小盘子，并且清洗它，擦揩它，此外由于我有一个油瓶的缘故，我还在墙上钉了个挂钩。那又怎样？是不是说这些东西就比我高，比我好呢？不，它们只不过是为我提供了某种服务而已；而我关注它们，也不过为此。再有，难道我不关注我的驴吗？不为它清洗蹄子，梳理皮毛吗？难道你不知道每个人都关注他自己，而他们关注你就像关注他的驴一样吗？有谁曾经像关注一个人似的关注过你？请你将他指给我。谁愿意变得和你一样？又有谁会像追随苏格拉底似的热烈地追随你？"然而，我可以把你的头砍掉。"说得好！我本该记得我应当像我关注热病和霍乱一样关注你，而且给你建个祭坛，就像在罗马有一个为"热病之神"而建的祭坛一样。

使大众感到不安和手足无措的是什么？是暴君和他的卫队吗？这怎么可能？不，决不！本质上自由的事物，绝不可能被任何事物所困扰或

---

① 整个段落以 θεραπεύω 的各种意义为基础，进行转义，这个词的意义包括"服务、注目、陪护、关注，求爱和奉承"等。

阻挠，除非是它本身。然而一个人自己的判断却可以使自己感到不安。当一个暴君对一个人说“我将把你的腿锁上”时，一个将自己的腿看得很重的人的回答是：“不要啊，可怜可怜我吧”；而一个把他的自由意志看得很重的人的回答则是：“如果这样做对你看似更为有利的话，那就请锁吧。”“难道你不在乎？”“是的，我不在乎。”“我要向你证明我是你的主人。”“你如何会是我的主人？宙斯已经让我获得了自由。或许你真的认为宙斯会让他自己的儿子成为一个奴隶？不过，你倒是我全无生气的肉体的主人，拿去吧。”“你的意思是，当你接近我的时候，你不会关注我？”“是的，我只关注我自身。然而，如果你希望我说我也关注你，那我将告诉你我也会这样做的，只不过是像关注我的水罐一样地关注你。”

这不仅仅是自爱；这是人这种动物的本性；他所做的每件事情都是为了他自身。哦，即使是太阳做每件事情也是为了它自身的缘故，甚至就连宙斯也是如此。但当宙斯想做“雨水携带者”、“果实馈赠者”和“人类与众神之父”时，你将亲眼看到，除非他能证明他自己对共同利益有所裨益，否则他无法做到这一切，或者说赢得这些称号。一般说来，既然宙斯已经如此构建人类的这种理性动物本质，那么，除非人对共同利益作出某种贡献，要不然他就不能获得属于他自己的任何利益。这样一来，一个人为了自身的缘故而做任何事情，就不会再被认为是反社会了。你盼望什么？盼望一个人应该无视他自身和他自己的利益吗？果真如此的话，那如何才能有一个对所有的事物来说都是共同的行动准则，即各自为自己获得满足需要的东西？

那又怎样？当人们对不在其自由意志范围之内的东西抱有各种荒谬的观点，并将其视为好坏善恶的时候，对他们来说，关注暴君将是绝对不可避免的。没错，但愿仅仅就是暴君，而不是连其侍从一起予以关注。然而，当恺撒安排一个人掌管夜壶的时候，他如何能够一下子变得聪明起来？我们怎么能毫不犹豫地说：“腓力肖（Felicio）跟我讲话的时候是多么的睿智啊？”我想如果他不再负责打扫［皇家］卫生，则你可能又会认为他是个蠢货！埃帕弗罗第图斯（Epaphroditus）曾经有个修鞋匠，因为觉得他没用，就给卖了；后来碰巧有一个机会，这个人被恺撒的一个管家买去了，于是他就成了恺撒的修鞋匠。你真应该看看埃帕弗罗第图斯对他是多么尊敬啊！“我的好人腓力肖，你好吗？我为你祈祷。”他常常这样说。如果有人问我们：“你家主人[①]在做什么呢？”他将被告知：“正在和腓力肖商讨这事或者那事呢。”哦，难道他没有曾经因为腓力肖没用而把他卖掉吗？那是谁突然把腓力肖变成了一个聪明人的？这就是所谓的“敬重其他事物，而不是敬重自由意志之内的事物”的意思。

“他荣获了保民官的职位。”有人说道。所有见到他的人，都送上他们的祝贺：这个人亲吻他的眼睛，而另一个人则亲吻他的脖子，他的奴隶则亲吻他的手。他回家，则发现灯已经点亮。他登上朱庇特神殿并贡献牺牲。可是，有谁曾经为拥有过正确的欲求，或者合乎自然地进行选择而献祭谢恩？因为我们总是为我们认为是“好”的事物而感谢众神。

今天有个人和我讨论担任奥古斯都（Augustus）的祭司的职位的事。我对他说：“朋友，别干这事了，你将徒劳无益。”“可是”，他说：“那些起草契约的人将会刻上我的名字。”“你是不是真的盼望在这些契约被朗读的时候，你都能在场，并且说‘那就是他们所写的我的名字’？就算不管谁来朗读契约，也不管是什么时候，你都能马上到场，可是假如你死了呢，那将怎么办？”“我死后，我的名字将留着。”“镌刻在石头上，你的名字会在你死后留着。可是啊，除了在尼戈坡里斯[②]，那么还有人会

---

① 埃帕弗罗第图斯曾经是爱比克泰德当奴隶时的主人。

② 这是爱比克泰德晚年执教过的一座城市。显然当前的争论被认为是在那里发生的。希腊和罗马的公文不是像现代那样由一个公证人来进行公证，而是包括了许多证人、相关文职官员，以及监察官员等人的名字。奥古斯都的神职人员经常被邀请在正式公文上签名，这是很自然的事。

记得你?”“然而，我会戴上一顶金制的桂冠的。”“如果你真的欲求一顶桂冠的话，那就请拿一顶玫瑰编的桂冠戴上吧；因为这样你看起来会更高雅些。”

20. 理性能力如何思考它自己

每一种技艺和能力都将某些事物当作它进行思考的特殊对象。当这种技艺或能力本身和它所思考的对象属于同一类别的时候，这种技艺或能力就必然适合于进行自我思考；而当其不属于同一类别的时候，就不能进行自我思考。例如，皮革制作和皮革有关，但是皮革技艺本身全然不同于皮革质料，因此，皮革技艺不能进行自我思考。再比如，语法技艺和书面语言有关，但语法技艺自身并不是书面语言，对吧？当然不是。正因如此，所以语法技艺也不能进行自我思考。那么，我们从自然那里接受理性的目的是什么呢？为了正确地运用表象。理性本身是什么？是某种由某些外部表象所构成的事物。因此，理性可以进行自我思考是很自然的事。再者，我们被赋予智慧以进行思考的是什么？好（善）的事物，坏（恶）的事物，和不好也不坏（非善非恶）的事物。那智慧本身是什么？一种好。愚蠢呢？一种坏。那你是不是也因此而明白了智慧本身必然能够对它自身和其对立面进行思考呢？所以说，哲学家首要的和最重要的任务就是检验各种表象，对其做出区分，并且不使用任何未经检验过的表象。① 就铸币而言——我们大家的利益似乎与此都有些关系——你们都知道我们是如何发明了一种技艺，而检测者又用多少种方法来对其进行检验——看、摸、嗅，最后是听；他将一块迪纳里厄斯（denarius）② 往地下一抛，然后聆听其声音，他不会满意于一

---

① 即只把行为建立在已被检验为真实可信的印象上。

② 一种古罗马银币。——中译者注

次试验所发出的声音，而是要反复不断地听，结果是就像一个音乐家似的，他抓住了迪纳里厄斯的调子。同样的，在我们认为是否出错乃是至关重要的事情的地方，我们就会花大力气辨析那些会使我们走入歧途的事物；可是说到我们的主导原则，可怜的人啊，我们总是打哈欠，昏昏欲睡，错误地接受任何一种外部表象；因为我们在这里所遭受的损失并没有引起我们的注意。

因此，当你真的想了解你对善与恶是多么的不用心，而对那些无关紧要的事物又是多么的带劲，并且注意观察你对眼瞎是怎么感受的，而在另一方面对精神的盲目又是怎么不同地感受的，你就会发现，你离自己对善与恶本应该有的感受是多么的远。“是的，可这需要大量的准备和大量艰苦的工作，而且还要学习很多东西。”哦，那又怎样？你是不是指望稍微努力一下，就可以获得最好的技艺？而且，哲学家们的主要教义总是十分简洁的。如果你想了解，你只要读读芝诺是怎么说的，你就会明白。“追随众神是人的目的，善的本质是正确地运用外部表象。”在芝诺的这个陈述中，有什么很长的东西吗？如果你问：“那什么是神，什么是外部表象呢？个体的本质是什么？整体的本质又是什么？”则你的表述就长了。如果伊壁鸠鲁来，他会说“好”应该在肉体里，接着就是很长的解释，而你也肯定会被告知我们身上的主要能力是什么，我们的实体、我们的本质是什么。可是，既然蜗牛的“好”不可能在蜗牛壳里，那人的“好”可能会在他的肉体里吗？就拿你自己来说吧，伊壁鸠鲁，你自己所拥有的更具支配力的能力是什么？在你内心进行考虑和决策，并且对所有事物进行逐一检验，而且在检验过肉体本身之后断定其为主要事物的那个事物是什么？你为什么要点亮一盏灯，为了我们的利益而宵衣旰食，并写下大量的书？是为了让我们不至于迷失真理吗？我们是谁？对于你来说，我们又是什么？如此这般，论证就会变得长长的了。

21. 论那些想受人仰慕的人

当一个人在生活中有个适合于他的岗位的时候，他就丝毫不会垂涎于任何不在其岗位范围之内的东西。朋友，你想遇到什么样的事情？说到我自己嘛，如果我能合乎自然地运用欲求和回避，按照我的本性使用选择和拒绝，同样地使用意志和赞同的话，那我就满足了。——那你为什么还要在我们面前转悠，仿佛是在吞口水①似的呢？——“我总是希望碰见我的人都能仰慕我，当他们追随我的时候，都能大声地说：‘哦，伟大的哲学家！’”——你希望受到他们仰慕的这些人都是些什么样的人？难道不是些你经常所说的愚狂的人吗？那又怎样？你愿意被愚狂的人所仰慕吗？

22. 关于我们的“把握性概念”

对所有的人来说，“把握性概念”都是相同的，此“把握性概念”不会同彼“把握性概念”相矛盾。因为我们中间有谁不认为好是有益的，是某种应该被选择的事物，是在每种情况下都应该寻求和追求的东西？我们中间有谁不认为正义是美且相宜的？那矛盾会在什么时候出现呢？在我们把“把握性概念”运用到特殊事例的时候。当有人说“他行为高贵，勇敢”时，另一个人却说：“不，他不过是没脑子而已。”因此就出现了矛盾。犹太人、叙利亚人、埃及人和罗马人彼此之间的矛盾，不是圣洁（holiness）是否应该被置于其他任何事情之前，并在不论什么情况下都应该对其进行追求这一问题所引起的矛盾，而是吃猪肉的特殊行为是圣洁还是不圣洁这一问题所引起

① 指一个刻板和具有自高自大神态的人的口水。

的矛盾。你会发现这也是引发阿伽门农（Agamemnon）和阿基里斯（Achilles）之间矛盾的原因。嗯，召他们到我们面前来吧。阿伽门农，你认为做事不应当正当和高贵吗？“当然应该。”阿基里斯呢？难道你不赞同应该去做那高贵的事吗？“我吗？我可是特别赞同这个原则的。”那好，就请把你们的“把握性概念”运用到特殊事例上去吧。于是矛盾就由此开始了。一个说：“我不该把克里西斯（Chryseis）送还给她父亲。”而另一个却说：“你当然应该。”毫无疑问，他们中间有一个人错误地运用了“一个人应该做什么”的把握性概念。接着，其中的一个人又说道：“那好，如果我送还克里西斯确属应该，那我从你们当中某个人那儿拿走他所赢得的奖品，自然也应该是理所当然的。”而另一个却说道：“那你是想带走我所心爱的女人喽？”“是的，是你心爱的女人”，第一个人答道，“为什么我应该是唯一的那个——？”“那我又为什么该是唯一的那个什么也没有的人？”于是，矛盾就起来了。①

那么，接受教育意味着什么呢？意味着学会如何把自然的“把握性概念”运用到特殊事例上去，意味着把每一个自然的“把握性概念”都能合乎自然地运用到另一个特殊事例上去，从而进一步对我们所能控制的事物和不能控制的事物做出区分。我们所能控制的是自由意志和自由意志的所有行为；不能控制的是肉体、肉体的各个部分、财产、父母、兄弟、孩子和国家。一句话，就是所有和我们发生联系的事物。那我们将把“好”置于何处呢？我们将在哪类事物中运用它呢？是在我们控制的事物中吗？——什么，难道健康不是一个好东西？一个棒身体以及一种好生活难道不好吗？难道连孩子、父母或者

① 典出荷马史诗《伊利亚特》第一卷的开首。希腊联军领袖阿伽门农抢走太阳神的祭司的女儿克里西斯，招致太阳神报复，希腊军队大败。众人要求阿伽门农归还克里西斯，恼羞成怒的阿伽门农于是抢走大将阿基里斯的战利品——一位女奴。结果阿基里斯怒而不出战。

国家都不算“好”吗？——如果你否认这些，谁受得了你？因此，还是让我们把“好”的名称用到这些东西之上吧。可是如果一个人身遭创伤，不能得到好的事物，那对他来说，他还可能会幸福吗？——不可能。——还可能和他的各种相联系的东西保持适当的关系吗？这怎么可能？因为寻求自身利益是我的本性。所以，假如拥有一个农场符合我的利益，那把它从我的邻居那儿夺来，也就符合我的利益；如果拥有一件斗篷符合我的利益，那把它从浴室里偷走，同样也即符合我的利益。这就是战争、暴乱、苛政和阴谋的根源。再者，我怎么还能履行我对宙斯的职责呢？因为如果我身遭创伤、身处不幸，他都不留意于我。我们听人说过：“如果他不能帮助我们，那我和他还有何相干？”还有，“如果他愿意让我身处现在的境遇，那我和他还有何相干”？于是我开始憎恨他。我们为什么要就像给恶魔建庙塑像那样给众神建庙雕像——就像对热病之神那样给宙斯建庙雕像呢①？宙斯还能继续是“救主”、“雨水携带者”和“果实馈赠者”吗？然而事实是，如果我们将好的本质置于这个范围里的某处，所有的这些事物都会随之而来的。

那我们应该做什么呢？——对于真正想以哲学家的方式进行思考和正在经历思想痛苦的人来说，这是一个需要进行探讨的话题。这样的人会对自己说道：“我现在不明白什么是好，什么是坏；难道我疯了吗？”是的，可是如果我将好置于意志能控制的某个地方，所有的人都会嘲笑我的。一个手上戴着许多金戒指的白发老者将走上前来，摇摇头说：“听我说，我的孩子，一个人当然应该像哲学家那样进行思考，但是一个人也应该有脑子吧；所有这一切都是毫无意义的胡话。你从哲学家那儿学了三段论，但你比哲学家更了解自己应该做什么。”那么，朋友，你为什么还要指责我呢，假如我知道自己应该做什么的话？我该对这个

① 一个罗马的“热病之神”祭坛。参看 I，19。

奴隶说点什么好呢？如果我缄口不言，这个家伙肯定会暴跳如雷。因此，我不得不说道："请你原谅我，就像你原谅你爱的人一样；我不是我自己的主人；我一定是疯了。"

23. 对伊壁鸠鲁的回答

就连伊壁鸠鲁也懂得在本质上我们是社会的存在，只是一旦他将我们的"好"置于我们披着的躯壳，那他就无法再进一步说出任何与此相左的东西来了。因为接下去，他会特别强调坚持这样一个原则，就是我们既不应该爱慕，也不应该接受任何和"好"的本质相分离的事物；他这样做是对的。但是，如果我们对我们自己的孩子的爱不再是一种自然的情感的话，那我们如何还能算是社会的存在？你为什么要劝阻智慧的人生养孩子？你为什么要担心悲伤会因为孩子们的缘故而降临到他的头上？什么，悲伤曾经因为他的家奴——"老鼠"① 的缘故降临到他的头上过吗？哦，如果他的小"老鼠"在家里又哭又闹，和他有什么关系？更何况他还懂得，小孩子一出生，不爱他或者不照顾他就不再是在我们的能力范围之内的事了。出于同样的原因，伊壁鸠鲁认为有头脑的人不能从政；因为他知道从政的人不得不做什么——当然，如果你想在人群中像一只苍蝇在一堆苍蝇里似的生活，那么还有什么能够阻碍你的？尽管事实是他明白这一点，可他还是胆敢说道："让我们别生养孩子。"然而，羊是不会遗弃它自己的儿女的，狼也不会，难道人反而要遗弃他的儿女？你想要我们做什么？你想让我们和羊一样愚蠢吗？可就连它们也不会遗弃自己的儿女。你想让我们和狼一样凶残吗？可就连它们也不会遗弃自己的儿女。好了，当一个人看到他的孩子跌在地上哭的时候，他还会听从你

① 显然，这里的意思是指 Mys（"老鼠"），这是一个伊壁鸠鲁最喜欢的奴隶的名字。

的劝告？哦，依我看来，你的父母，即使早已料到你会说这样一番话，也未曾将你遗弃！

24. 我们应该如何和困难作斗争？

面对困难，方能显出一个人的本性。因此，当困难降临的时候，请记住那是神如同一个体育教练一样，在安排你和一个身体粗壮的年轻人进行比赛呢。为了什么？有人说，你可能会因此而成为一个奥林匹亚的胜利者；但要想做到这一点，你就必须付出汗水。然而在我看来，只要你愿意像一个运动员利用年轻人来摔跤似的来利用这个困难，那么就没有谁会比你获得比这还要好的困难。现在我们打算把你作为一名侦察员派往罗马，对那里的情况进行秘密侦察。① 但是没有谁会愿意派一个懦夫去作侦察员，这样的人哪怕是听到点风吹草动，或在什么地方看到点阴影，就会惊恐万分地跑回来报告说："敌人已经逼近我们了。"现在也是如此，如果你跑来告诉我们说："罗马的情形很吓人；恐怖的死亡，恐怖的流放，恐怖的诽谤和恐怖的贫困。逃吧，各位，敌人已经逼近我们了！"那么我们将对你说："滚，对你自己预言去吧！我们所犯的一个错误就在于派了像你这样的一个人去作侦察员。"

在你之前，第欧根尼（Diogenes）也曾经被作为一个侦察员派了出去，可他带给我们的却是另一个截然不同的报告。他说道："死亡并非一种坏事，因为死并非是一件不光彩的事。"他又说道："名誉是愚狂的人所制造的喧哗。"这个侦察员为我们所做的这个关于什么是艰苦、欢乐和贫困的报告，是一个多么好的报告啊！"赤条条的比穿上任何猩红色的长袍都好；睡在赤裸裸的大地上"，他说道："就好比睡在最柔

① 当时哲学家们已经被图密善（Domitian）皇帝驱逐出了罗马，这个年轻人之所以被从尼戈坡里斯派往罗马，其目的是为了获知在那里发生的可能对哲学事业有益的东西。

软的睡椅上。”他把他的勇气、平静、自由，最后还有他那闪烁着健康和坚毅的躯体，都作为他每个论断的证据展示在了我们的面前。“附近没有敌人”，他说道：“万籁俱寂。”怎么会这样，第欧根尼？“哦，瞧！”他说道：“我没有被流矢射中，或者说我受伤了吗？我没有逃避任何人，不是吗？”这就是我们所说的合格的侦察员，而你却跑回来向我们喋喋不休地说这说那。难道你还不愿意丢下这种怯懦，走人，去进行更准确的侦察吗？

那我该做什么？——当你下船的时候你会做什么？你不拿舵，也不拿橹，不是吗？那你拿什么？自己的行李、油瓶和小包袱。因此说，如果你知道什么是自己的财产，你就永远不会对别人的东西有所企图。他[①]对你说道：“把你宽大的猩红衣边[②]去掉。”瞧，这是窄边[③]。“照样把它去掉。”瞧，这只是普通的袍子[④]。“照样去掉。”瞧，我已经一丝不挂了。“可你依然招我忌恨。”那就请将我这整个卑微的肉体都拿去好了。对于一个连自己的肉体都能扔给他的人，我还会再有所畏惧吗？他不会把我当成他的继承人而留给我任何东西。那又怎样？我忘了这些东西没有一件是我自己的了吗？那么，我们是如何将这些东西称为“我自己的”呢？只不过就如同我们把客栈里的一张床铺称为“我自己的”那样而已。如果客栈的老板死了，把床铺留给了你，那这些床铺就归你所有了；可是如果他将它们留给了别人，那它们就归那个人所有了，而你就不得不另外去找一张。如果没找到，那你就不得不睡在地上。然而，只有具有大智大勇的人才能睡在地上，打鼾并记得：悲剧只会在富人、国王和暴君中间上演，没有一个穷人——除非他是担任歌队的一员——会扮演悲剧的角色。现在，国王在一派繁华的景象中登

① 这里所指的必定是罗马皇帝图密善，但是爱比克泰德出于谨慎，没有点出其姓名。
② 元老院议员所穿的服装。
③ 骑士所穿的服装。
④ 普通公民所穿的服装。

场了：

> 用花环装点宫殿；[①]

然后，大约在第三幕或第四幕，传来了——

> 唉，西塞隆山，你为何要将我收留？[②]

奴隶啊，你的王冠在哪里？你的王权又在哪里？难道你的卫队就丝毫帮不了你吗？因此，当你接近那些伟大人物中间的任何一个的时候，都请牢记这一点——你正在向一个悲剧人物靠近，不是那位演员，而是俄狄浦斯自己。“可这样的人是很快乐的啊，因为他走路的时候有很多人陪同。”我也可以，走到大众中间，我也会有很多人陪同。总之，要记住门已经打开了。不要变成一个比孩子还要懦弱的人，而是要像他们一样，在事情不能再让自己满意的时候，就说：“我不想玩了。”你也要这么做，在事情对你而言已经到达不能令你满意的地步的时候，就说“我不想玩了”，然后起身离去；但是假如你要留下来，那就请别再哀哭抱怨。

25. 关于相同论题

如果所有这一切都是真的，并且当我们说“人之善（好）和人之恶（坏）都在于自由意志，所有的其他事物都和我们无关”的时候，我们既非犯傻，也非只在演戏，那我们为什么还会感到痛苦和害

---

① 出自一个不知其名的戏剧。

② 出自索福克勒斯的《俄狄浦斯王》，1390。西塞隆山（Cithaeron）是一座山脉，当俄狄浦斯王还是一个婴儿的时候，曾经被遗弃在这座山上待死。

怕呢？对于我们真心热爱的东西，任何人都无权控制；而那些他们有权控制的事物又与我们毫无关系。（既然如此，）我们还有什么好讨论的呢？——“不，请给我以指导。”[①] ——我能给你什么指导？难道宙斯没有给你吗？难道他没有向你指明，是你自己的东西，就不会受到任何阻碍和压制，而不是你的东西，就会受到各种阻碍和压制吗？当你从他那儿来到这个世界上的时候，可曾带来什么指导，或者说一种什么样的指令？千方百计地保护自己的东西，不贪图任何属于别人的东西。你的忠诚属于你自己，你的自尊属于你自己；谁能把这些东西从你身上夺走？除了你，谁能阻止你运用这些东西？可你是怎么做的？在你孜孜以求并非属于自己的东西的时候，你已经把原本属于你自己的东西都丢掉了。既然你已经有了宙斯的提示和指导，那你还想从我这儿得到什么样的指导？是因为我比他伟大，还是因为我比他更值得信赖？如果你能信守这些命令，则你还需要什么别的命令吗？难道他没有把这些指导给你吗？创造你的“把握性的观念”和哲学家的证明吧，创造你已经听到的和你自己说过的，以及读过的和已经实践过的所有东西吧。[②]

这样的命令要信守多久，这个游戏要完好无损地玩到什么时候呢？只要玩得愉快。在农神节上，由抽签来选定一个国王；因为大家决定要玩这个游戏。国王发号施令道：“你喝酒，你调酒，你演唱，你去，你来。”我服从，为的是使自己不成为游戏的破坏者。“可是假设你是在邪恶的困境中呢。”我不会做这样的假设；何况那儿有谁能逼我做这样的假设？再者，我们已经同意上演阿伽门农和阿基里斯的故事。一个已经被分派扮演阿伽门农的人对我说道：“去阿基里斯那儿，把布里塞伊

---

① 即对咨询者在处理这两种不同事物的时候能够给予引导的行为准则。

② 意思似乎是指所有的这些“把握性的观念”、证明等，都能在宙斯的“提示和指导”的基础上获得。

斯（Briseis）[1] 抢来。”那我去。他说：“来。”那我来。因为我们是在假设的前提下行动的。在生活中我们也应该这么办。[2] “让它是晚上。”那它就是晚上。“那又怎样？现在不是白天吗？”不，因为我接受了它是晚上的假定。“让我们假设你在假定现在是晚上。”是这样的。“可是紧接着假定现在确实就是晚上。”那就和先前的假定相矛盾了。眼下的这个事例也是如此。“让我们假定你是不幸的。”是这样的。“那你是不是不幸呢？”是的。“那又怎样？你是否因为命运不济而烦恼呢？”是的。“可是紧接着假定你现在确实处在不幸的困境中”，那就和先前的假定相矛盾了；更何况，那位“他者”[3] 也严禁我做如是想。[4]

那这样的命令我们要服从多久呢？只要有益，意思也就是，只要能确保其适宜得体与和谐一致。有些脾气很坏且言辞刻薄的人会说：“我无法在这个家伙的屋子里吃饭，在那儿我不得不忍受他日复一日地讲他在默西亚（Moesia）[5] 是如何作战的，‘我告诉过你，兄弟，我是如何爬到山顶的，唉，可是我又被重新包围了’。”然而另一个人却会说：“我倒乐意边吃饭边听他唠叨他所乐意唠叨的一切。”对这些评价，你要进行比较；只是不要像一个负担沉重、身心痛苦或自认为身处不幸困境的人那样；因为没有人能强迫你这样。这间屋子里是不是有人在抽烟？如果他喷出来的烟量适中，我会待着；如果太多了，我就会出去。因为一个人应该记住，并牢牢地把握住这一点：门是开着的。然而，有人说道：“别

---

① 荷马史诗《伊利亚特》中阿基里斯的战俘女奴，后由阿伽门农从阿基里斯手中夺走。——中译者注

② 即只要我们所做的假定是合乎理性的，我们就接受我们的假定；同样的，在生活中我们也必须以理性为指导。

③ 指对宙斯的尊称。

④ 论证的过程似乎是：我能假设现在是晚上，并且在某种意义上来说，理性同这个假设是相吻合的；但如果现在真的是白天，那我就不能假设现在真的是晚上，因为这已经不再仅仅是一个假设，而变成了一个虚假陈述。既然我们做假设只是为了“做游戏”，那么如果要对确凿的事实做一个虚假陈述，那就必定要“破坏游戏”了。

⑤ 欧洲东南部的一个古老地区，在多瑙河南部，今保加利亚北部，公元前 29 年被罗马人征服。——中译者注

住在尼戈坡里斯。”那我同意不住在那儿。“别住在雅典。”我也同意不住在那儿。“别住在罗马。”我同样同意不住在那儿。“住在吉亚纳吧。”[①] 则我同意住在那儿。但住在吉亚纳，对我来说就好像是待在那间满是烟雾的屋子里。于是，我动身前往一个没有人会阻止我住下来的地方；那是一个对每个人都开放的住所。[②] 至于那最后的一件内衣，也就是我那卑微的肉体，在它之外谁也无法控制我。这就是为什么德米特里厄斯（Demetrius）对尼禄说“你用死来威胁我，但是自然也在威胁你”的缘故。如果我爱慕我卑微的肉体，那就意味着我放弃了我自己，把自己当成了一个奴隶；同样的，如果我爱慕我微不足道的财产，那就意味着我放弃了我自己，把自己当成了一个奴隶；因为我暴露出了我的软裆，这会害到我自己的。就像一条蛇缩回它的头部时，我会告诉你：“打它想防着的那一点”；所以你应该相信，你的主人会攻击你特别想护着的那一点。如果你把这全都记住了，那你还需要奉承或者害怕谁吗？

然而，我想到元老们坐的座位上去坐。——可你认识到没有，当你这样做的时候，你正在使自己被挤入四面包围的窘境？——那如何才能使我在剧场里获得一个上好的观赏位置呢？——朋友，别当观众，你就不会被人推挤。为什么要自找麻烦呢？要不就等会儿，等演出结束之后，坐在元老们坐过的位置中间，晒晒太阳。总之你要记住：是我们自己在推挤自己，是我们自己在使自己陷入窘境，也就是说，是我们的意志决断在使自己陷入窘境。哦，“挨骂”是什么意思呢？站在一块石头旁边骂这块石头；你会弄出什么结果来？如果一个人像块石头似的聆听咒骂，那对骂人的人来说，能有什么好处？但是，如果骂人的人利用了被骂者的弱点，那他就肯定会有所得。“把他给我扒了。”你为什么要说“他”？抓住他的斗篷，把它扯下来。“我羞辱了你。”希望这样做对你会很有好

① 吉亚纳（Gyara 或 Gyaros），一个远离阿提卡东部，位于爱琴海当中的小岛，是帝国早期的一个流放地。

② 指坟墓。

处！这就是苏格拉底进行的磨炼，也是他为什么总是表情如一的缘故。然而，我们却宁愿练习和实践任何东西，也不愿意练习和实践如何变得自由无碍。“哲学家们讲的全是些自相矛盾的话。”你说。可是难道在别的技艺当中就没有自相矛盾的话了吗？有什么比在一个人的眼睛里穿刺是为了让他能够看得见更加自相矛盾的事？如果一个人对在外科手术方面没经验的人说这话，他难道不是也会嘲笑说话的人？同样的，如果在哲学领域里，对于没有经验的人来说，很多真实的事物如果看上去自相矛盾的话，又有什么好大惊小怪的？

26. 生活的准则是什么

当有个人正在读一段假言论证时，爱比克泰德说道：在做假言论证时，我们必须接受与假设或者前提相吻合的东西，这是支配所有假设的一个法则；但更为重要的是下面这个生活的法则，即我们必须做与自然相吻合的事情。因为，如果我们想在每件事上和在每种情况下都服从和自然相一致的事物，那么显然，我们就应该在一切事情上以此为目的：既不回避与自然相吻合的事物，也不接受与自然相矛盾的事物。所以，哲学家们首先在理论上训练我们——相对而言，这不是很难；然后又进一步，把我们引向更难的事情；因为在理论上，没有什么东西能阻止我们接受我们之所学，但是在生活中，却有许多可以把我们拉到一边的东西。如果一个人说他想从生活开始，那他是可笑的。因为，从更困难的事物开始是不易的。如果父母因为自己的子女学习哲学而大光其火，那我们应该以此来进行辩护：“哦，父亲，我迷路了，我不知道自己的责任是什么，或者说自己的义务是什么。如果这事既不能教，也不能学，那你为什么还要责怪我呢？但是如果可以教，那就请教我吧；如果你不能教，那就请让我去向那些声称自己懂的人学习吧。你是怎么看的？你认为我会心甘情愿地堕落为恶并错失善（好）吗？决不！那我迷路的原因是什么呢？无知。哦，可难道你不愿意我去除掉我自己的无知吗？愤怒可曾教会过谁航海或者音乐的技艺？那么，你认为你的愤怒可以使我学会生活的技艺吗？”

只有以这样的一种精神专注于哲学的人，才能讲出这样一番话来。可是，如果一个人研习假言论证，请教哲学家，仅仅是因为他想在宴会上将有关假言论证的知识卖弄一番的话，那他所做的，除了能博得坐在他身边的某个元老院议员的赞美之外，还能是什么呢？因为在罗马确实有大量的财富，可是尼戈坡里斯的财富与罗马的一比确实是小巫见大巫。因此对一个人来说，在罗马控制自己的外部表象是相当困难的，因为在那儿让人分心的事物太强也太大。我认识这样一个人，他曾经含着眼泪，紧紧地抱住埃帕弗罗第图斯的双膝诉说他的不幸，因为他除了剩下一百五十万塞斯特斯[①]之外，已经一无所有。那么，埃帕弗罗第图斯是怎么做的呢？他是不是会和你们一样取笑他呢？不，他以惊讶的口吻问道：“可怜的人，你怎么竟然能对此无言的？又怎么能将其忍受的？”

有一次，当爱比克泰德把一个正在读假言论证的学生弄得很窘迫时，那个安排这个学生读这一段课文的人就嘲笑这个学生。爱比克泰德转而对那个人说道：“你是在嘲笑你自己。你既没有对这个年轻人进行初步训练，也没有弄清楚他是否能够理解这些论证，而只是把他当作一个读课文的人看待。”爱比克泰德继续说道：“我们为什么要委任你这么一个不能理解关于复杂论证的判断的人来表扬或批判学生的表现呢？如果你这样的人贬低另外一个人，那个人会理睬你吗？如果你称赞另外一个人，那个人会因此而得意吗？因为进行褒贬的人不能在这样微不足道的小事上得出合乎逻辑的结论？哲学的起点就是要了解自己内在的主导原则[②]。因为一旦了解到它是软弱无力的，那么人们就不再会把它运用到重大的事情上去了。但事实是，有些人连一口都咽不下去，却把整

① 古代罗马的货币单位。——中译者注

② 即理性。

本的专著都买了下来，准备海吃一番。结果先是呕吐，消化不良；接着是腹痛、下泻、发高烧。他们原本是应该首先考虑一下自己是否具备必要之能力的。尽管在理论问题上驳斥一个无知的人相当容易；但在生活之事上，却没有一个人愿意受到别人的反驳，何况我们痛恨那些驳斥我们的人。不过，苏格拉底却告诫我们："不要过一种没有经过审查的生活。"①

27. 外部表象有多少种产生形式，以及我们应该做好何种准备加以应对？

外部表象以四种方式对我们产生：或者事物是如此，而它看上去也是如此；或者事物并非如此，而且看上去也并非如此；或者事物是如此，但是看上去却并非如此；或者事物并非如此，但是看上去确实如此。因此，受过教育的人的职责就是要在任何情况下都能够做出正确的判断。无论使我们感到苦恼的是什么，我们都应该调集我们的援军对其进行反击。如果使我们感到苦恼的是皮罗（Pyrrho）和学园派②的诡辩，那就让我们调集我们的援军来对其进行反击；如果困惑来自事物的各种似真性——它诱使我们把某些并非是好的东西认作是好的——那就让我们针对这一点寻找我们的援军；如果困扰我们的是一种习性呢，那就让我们全力以赴去寻找用以反击这种习性的援军。我们能找到什么样的援军呢？啊，是相反的习性。你听到了老百姓的说法："那个可怜的人！他现在死掉了；他的父亲早就殁了，还有他的母亲；啊，他夭折在异乡。"然后再请听听另一方的论证，从那些日常说法中超脱出来；用相反的习性来抵消一种习性。要对付诡辩论，就必须掌握各种逻辑方法，

① 参照柏拉图《申辩》38A。

② 皮罗和柏拉图的"新学园"派都是怀疑论者。

并能熟悉和运用这些方法；至于要对付事物的各种似真性，那就必须确保我们的“把握性的观念”一尘不染，擦得像武器一样亮堂堂的，随用随到。

当把死亡看成一种坏事的时候，我们必须准备好的观点是，避免坏事是我们的义务，而死亡是一种不可避免之事。[①] 因为，我能做什么呢？为了逃避死亡，我能到哪儿去？假如我是萨耳珀冬（Sarpedon），宙斯的儿子，我就可以像他一样高尚地说道：“既然我已离家来参加战争，我当然期望自己也能够赢得勇敢的奖赏，如果不然，那就盼望着能为别人赢得这样的奖赏而提供机会；如果自己不能有所成就，我也不会因为他人的高贵行为而表示嫉妒。”[②] 姑且认为像萨耳珀冬这样的行为超出了我们的能力范围，可是难道其他可供选择的方法也不在我们的能力范围之内吗？[③] 为了逃避死亡，我能到哪儿去？请把那个国家指给我，请把我要找的那群死亡不会降临到他们身上的人指给我；请把能够对抗死亡的魔咒给我看一看。如果所有这些，我一个都没有，那你希望我做什么？[④] 我无法避免死亡。难道我就不能避开对死亡的恐惧，而非得在悲痛和战栗中死去？哀伤的来源只有一个，就是对不可能发生的事情心怀期望。因此，如果我能按照我自己的意愿来改变外部事物的话，我将对其进行改变；如果不能，则我将随时准备把挡我路的人的眼珠子抠出来。因为不能容忍好事之被剥夺和堕入恶境是人类的本性。最后，如果我既不能改变外部环境，也不能把挡我路的人的眼珠子抠出来，那我就坐下来，长吁短叹，谩骂我能谩骂的所有的人——宙斯和其余诸神；因为假如他们不关心我，那他们对我还有何意义呢？“是的”，你

---

① 因此死亡不是恶。

② 参见荷马《伊利亚特》XII。

③ 即假如我们不能像萨耳珀冬一样高贵地行动的话，那么我们至少能够做到合乎理性地思考死亡，而不是将其归入坏事的行列。

④ 此处应当是用伴随着的手势来解释寓意，可能是指向眼睛和嘴巴。

说道："可你那是不敬神。"然而，我会因此而得到比我现在所得到的更糟糕的东西吗？总之，我们必须牢记这一点，就是除非敬神和自利结合在一起，否则任何人都不会敬神。这些难道不是我们应该考虑的当务之急吗？

让皮罗或者学园派的追随者来对我们进行发难吧。然而就我个人而言，我的确没工夫来闲扯这些问题，同样，我也不会为人们所普遍接受的观念去充当辩护士。但如果我有一小块土地的小小诉讼，我也会请别人来替我进行辩护。那我会对什么样的证明表示满意呢？对那个我们正在讨论的问题的证明。对于感觉是如何发生的——是通过整个肉体还是通过身体的某一个特殊部位这个问题，或许我根本就不知道如何才能给出一个合理的答案，因为这两种观点一直困扰着我。但你和我不是同一个人，对于这一点我十分清楚。我是从何得知这一点的呢？当我想吃某个东西的时候，我从来不将食物送到那里，而是送到这里；当我想拿面包的时候，我从来不去抓笤帚，而是直盯盯地朝着面包而去。你们这些否定了感官证明的人什么事也不做？你们中间有谁会在他想去浴室的时候，不去浴室，反而去了磨房？——那又怎样？难道我们不应该尽我们之所能坚持这一点：即维系为人们所普遍接受的观点，并提防企图推翻它的各种论证吗？——谁质疑这个了？不过只有那些有能力和有闲暇的人才能致力于这样的研究；而那些正在战栗、身受困惑、内心破碎的人则应该把他的闲暇用在其他一些事情上。

28. 我们不应该和人生气；什么是人类的小事和大事？

我们之所以赞同某个事物的原因是什么？是因为在我们看来，它是确实如此的事实。因此，对于在我们看来并非如此的事物，我们是不可能对其赞同的。为什么？因为理智的本质是赞同真实的东西，不满于虚假的东西，对无法确定的事物则保留判断。证据是什么？“如果你可以，请感觉一下现在是晚上。”这是不可能的。“请抛弃现在是白天的感觉。”这是不可能的。“那么，请要么感觉星辰在数量上是相等的，要么把这样的感觉抛弃。”这是不可能的。因此，当一个人对一个虚假的东西表示赞同的时候，可以肯定那个人并没肯定一个假的东西的愿望。“因为每个灵魂都不愿意被剥夺真理”①，正如柏拉图所说。只不过在那个人看来，那个假的东西是真的。那么在行为领域，我们可有什么真与假的东西吗？有，这就是义务和与义务相反者、有利和无利、适合和不适合我者，以及任何与此相类似的东西。“既然如此，难道一个人可以认为某物有益于自己，而又不对其进行选择吗？”不可以。《美狄亚》是这么说的：

> 哦，我知道自己将要制造怎样的恐怖；
> 可是激情却压倒了冷静的思考。②

因为沉溺于自己的激情和对丈夫的报复的仇恨中，她认为自己这样做，比保全自己的孩子更为有益。“是的，可是她被误导了。”向她明确地说明这一点，那她就不会这样做了。可是你没有，所以对她来说，除了遵从在自己看似真理的东西之外，还能做什么呢？没有什么了。那你为什么还要迁怒于她呢？是因为这个可怜的女人在最重要的事情上已经误入歧途，由一个人变成了一条毒蛇了吗？如果可能，你为什么不更多地对其表示同情呢？既然我们能同情盲人和瘸子，为什么就不能对那些主导能力变得失明和一瘸一拐的人表示同情呢？

无论是谁，只要清楚地记住：衡量人的每个行为的尺度是他的感官表象（这种表象的形成可能是正确的，也可能是错误的；如果是正确的，

---

① 语出柏拉图《智术师》，228C。

② 欧里庇得斯：《美狄亚》，第 1078—1079 页。

那么形成这种表象的这个人就无可非议；如果是错误的，那么他就要因此而付出代价；因为不可能误入歧途的是一个人，而受到伤害的是另一个人[①]。）——无论是谁只要记住这一点，就不会迁怒于任何人，不会和任何人生气，不会辱骂任何人，不会责难，也不会嫉恨、冒犯任何人。既然如此，是不是就可以由此得出，所有这些重大和可怖的事情都来源于人的感官表象呢？是的，除此之外，别无他物。《伊利亚特》不是别的，只是一个感官表象和一个诗人对各种感官表象的运用而已。对于亚历山大出现的表象是夺得梅内莱厄斯（Menelaus）的妻子，而对于海伦（Helen）出现的表象则是追随亚历山大。假设有一个表象使梅内莱厄斯感到失去海伦这样一个妻子是一种收获的话，那将会发生什么？我们将不仅失去《伊利亚特》，而且还会失去《奥德赛》。[②] ——那么，如此重大的东西取决于一个如此微不足道的小事物喽？——你所说的“如此重大”是什么意思？是战争和党派倾轧，以及无数人的死亡和城市的毁灭吗？这中间可有什么重大的东西？——什么，难道没有吗？——哦，那么，在众多牛羊的死亡当中，在燕子和鹳的巢穴大量被焚烧和毁灭当中，可也有什么重大的东西吗？——这两者之间有什么相似之处吗？——非常相似。在一件事情中是人的肉体毁灭，而在另一件事情中是牛羊的肉体的毁灭。人类的狭小的住所被焚烧，而鹳的巢穴也同样被焚烧。这中间可有什么重大或可怖的东西吗？如果不然，请向我说明，同样作为一个栖息地，一个人的住所和一只鹳的巢穴在哪方面可以相互区别。——一只鹳和一个人之间可有什么相似之处？——你所言何意？就肉体而言，

---

① 即，按照斯多亚派哲学的一个最基本的道德假定，一个人的错误不可能导致另一个人的“痛苦”；换言之，除了由于自己的行为，没有人会受到伤害。这个假定使得斯多亚派将生活的许多不幸看成并非真正的坏事。

② 此处讲的事情是《荷马史诗》的背景故事。据传说，特洛伊王子亚历山大（即帕里斯）在斯巴达做客，受到梅内莱厄斯的盛情招待。但是亚历山大却与梅内莱厄斯的妻子海伦一见钟情，于是拐走海伦回国。这导致希腊联军在梅内莱厄斯的哥哥阿伽门农的率领下出征特洛伊。十年之后，特洛伊被攻陷。亚历山大的哥哥，英勇的赫克托战死。他们的父亲，特洛伊老国王普里安姆目睹家破人亡。——中译者注

非常相似；除了人类狭小的住宅是横梁砖瓦建造，而鹳的巢穴是用树枝泥浆构筑之外。

那么，是不是说一个人和一只鹳之间连一点区别也没有了呢？——绝不是；只不过是就上述诸事而言，两者没有什么不同而已。——那么，人和鹳在什么方面有所不同呢？——找找看，你就会发现人在别的方面不同于鹳。看看在对他所做的事情的理解方面，人类是不是有所不同；再看看在社会活动能力方面，还有在他的忠诚、自尊、坚定，不受错误侵害和智力方面，同样有所不同。再就是人类的大善（好）与大恶（坏）分别在哪里？这就是人和鹳的不同之处；如果这些具有区别意义的因素的每一方面都能够得到妥善的保存、维护和巩固，而且其自尊、忠诚和智力都不被摧毁的话，那人就同样能够得到保存；如果这些品质中的任一品质遭到毁灭或突然被夺走的话，那人就将同样遭受毁灭。重大的事物即存在于此范围之内。当希腊人用他们的战舰猛烈地攻击特洛伊的时候，当他们蹂躏践踏特洛伊的领土的时候，还有当他的兄弟将要死去的时候，亚历山大是否受到了最为严重的重创？绝对不是。因为没有一个人会因为另一个人的行为而遭受毁灭；当时所发生的一切只不过如同鹳的巢穴的毁灭而已。是的，只有当他丧失其自尊、忠诚，当他践踏好客法则的时候，当他举止不当的时候，亚历山大才遭到毁灭。阿基里斯在什么时候遭到毁灭的？是在帕特罗克卢斯（Patroclus）[①]死的时候吗？绝对不是；而是在他自己被激怒的时候，在他为一个卑微的年轻女子哭泣的时候，和在他忘记自己到特洛伊的目的不是为了夺得情人，而是为了作战的时候。这才是对人类的毁灭，对其城市的围攻与彻底毁灭——因为这时他们的正确判断正遭受蹂躏和毁灭。——可是难道当妇女们被驱赶囚禁，孩子们被奴役，男人们被屠杀的时候，所有的这一切不也都是坏事吗？——你从什么地方可以找到提出你这个观点的

① 希腊战士，阿基里斯的挚友，在特洛伊战争中被杀。

正当理由？请让我也知道。——不，相反，你能告诉我你能从什么地方找到说它们不是坏事的正当理由吗？——还是让我们回到我们的标准吧：提出你的“把握性的观念”。

我之所以不对人类的所作所为表示十分的惊讶，就是因为这个缘故。以我们想对重量进行判断为例，我们不会随意地对其进行判断；同样以我们想对何为曲直进行判断为例，我们也不会随意地对其进行判断；总之，凡是在我们乐于知道其真相的事例当中，我们中间没有谁会随意地去做任何事情。然而，在涉及行为对或错、顺境或逆境、成功或失败的首要的和唯一的原因的事例当中，我们却无一例外地都变得随意和冒失起来了。在此，我既没有什么诸如天平之类的东西，也没有什么诸如标准之类的东西，然而却有某种感官表象降临了，于是我当即按其行事。我可能会比阿基里斯或阿伽门农更好吗？他们不是因为按照其感观表象行事而遭受了很多不幸吗？而我也满足于自己的表象。除了感官表象之外，悲剧还有其他的来源吗？欧里庇得斯的《阿特柔斯》的来源是什么？是他的感官表象。索福克勒斯的《俄狄浦斯王》呢？他的感官表象。《腓尼基妇女》呢？他的感官表象。《希波吕托斯》呢？他的感官表象。你认为对此表示关注的会是哪一类人？① 对那些按照自己的每一个感官表象行事的人则又该怎么称呼呢？——一群疯子。——可我们是不是做的和他们有所不同呢？

29. 论坚定

善（好）的本质是某种自由意志，恶的本质也是某种自由意志。那什么是外部事物呢？外部事物是自由意志的材料，通过对它们的处理，自由意志找到适合于自己的善（好）或者恶。那么，自由意志是如何找到善（好）的呢？如果它不爱慕这些材料的话。因为如果对这

① 指对随意的、偶然的感官表象的运用进行合理的控制的人。

些材料的判断是正确的，就能使自由意志成为善（好），反之，如果是歪曲的和扭曲的，就会使自由意志成为恶。这是神命定的法则，他说："汝欲善（好），得诸己。"而你却说："不，要从他人那里找。"请勿如此，只要从自己当中寻找。至于其他，比如当一个暴君威胁我传唤我的时候，则我的回答是："你在威胁谁？"如果他说："我将给你戴上镣铐。"则我回答："他威胁的是我的手和脚。"如果他说："我将砍掉你的头。"则我回答："他威胁的是我的脖子。"如果他说："我将把你投入监牢。"则我回答："他威胁的是我整个卑微的肉体。"如果他用流放来威胁我，我将给他以同样的答复。——那他不是根本就无法威胁你吗？——如果我认为所有的这一切都与我无关，那他的确是无法威胁我；可是如果我对其中的任一种威胁表示害怕的话，那他威胁的人就会是我了。既然如此，那我还会害怕谁吗？这个人会是谁的主人吗？会是在我控制之下的事物的主人吗？可是根本就没有这样的人。那会不会是不在我控制之下的事物的主人呢？可这又与我何干？

这是不是说你们哲学家在教导我们要蔑视国王呢？——绝不是。我们当中可曾有谁教导你去对国王对在他控制之下的事物拥有所有权而表示过怀疑？请把我卑微的肉体、财产、名誉，以及身边的人统统拿去好了。如果我曾游说过谁去要求这些东西，那就请他动真格的，来起诉我吧。"好啊，可是我还想控制你的判断。"谁给你这个权力了？你又如何能拥有征服另一个人判断的能力？"通过对他施加恐吓"，他说道："我将征服他。"看来，你还没认识到判断只能自己征服自己，它不会被其他任何事物所征服；没有什么东西可以征服自由意志，但它却可以自己征服自己。正因如此，所以我们说神的如下法则是非常的好，也非常的公正的："让较好的胜过较差的。"你说："十个人比一个人好。"在什么事上？在给人戴上锁链，杀戮，将人们从他们安居乐业的地方赶走，夺取某人的财产等上。因此说，在十个人比一个人好的那个方面，十个人能胜过一个人。那在哪方面十个人不如一个人呢？如果一个人有正确的判断，而十个人没有。那时呢？他们能在这一点上征服他吗？他们怎么可能？假如将我们放在天平上称分量，难道较重的一端会不使天平倾向它这一边吗？

那是不是可以说，苏格拉底在雅典人的手上因自己过去的所作所为而遭受磨难呢？[①] 奴隶啊，为什么要说“苏格拉底”？应当按照事情真实的情况来说，即：苏格拉底的微不足道的肉体被那些比他强壮的人强行带走了，并投进了监狱，接着是某某人将毒药灌进了他那微不足道的肉体，最后这微不足道的肉体就逐渐地变冷、死去？这对你来说是不是简直不可思议，而且也是极不公正的？你是不是会因此而责难神？苏格拉底是不是没有因此而获得任何补偿呢？对苏格拉底来说，善（好）的本质主要在哪里？我们应该听谁的，是你的，还是苏格拉底本人的？他说什么了？“阿尼图斯（Anytus）和梅莱图斯（Meletus）可以杀我，但却不能伤害我。”[②] 还有，“如果这样做是神所高兴的，那就这样吧”[③]。你能向我证明持有低下判断的人比持有较高水平判断的人强吗？证明不了的，是的，甚至连接近的证明都做不到。因为这是自然和神的法则：“让好的胜过差的。”在哪方面呢？在它是好的那个方面。一个肉体比另一个肉体强壮；两三个人比一个人强；一个窃贼比一个不是窃贼的人强。这就是我为什么丢掉了油灯的缘故，因为在保持清醒方面，窃贼要比我强。但他却为偷这盏油灯而付出了高昂的代价；为了一盏油灯，他变成了一个贼；为了一盏油灯，他丧失了忠信；为了一盏油灯，他变得如野兽一般。可他还以为自己好像赚了一笔似的！

很好；可现在有人抓着我的斗篷，揪住不放，而且还要把我拉到集

---

① 对话者以苏格拉底为例，来证明正义不能以一般衡量判断的方式，也即计票的方式来解决。

② 柏拉图：《申辩》，30C。阿尼图斯和梅莱图斯是到雅典法庭起诉苏格拉底并最终导致苏格拉底被判死刑的。

③ 柏拉图：《克里同》，43D。

市上啊，在那里有人冲我喊道："哲学家，你的判断可曾为你带来什么好处吗？瞧，你马上就要进监狱了；瞧，你马上要被砍头了。"哪一种《哲学入门》应该是我学习的呢？如果有一个比我强壮的人想抓住我斗篷的时候，这种哲学可以使我免于拽扯？或者当有十个人野蛮地想把我推进监狱时能帮助我不进监狱？我是不是其他什么也没有学过呢？我已经学过将每一件发生在自己自由意志范围之外的事情都看成是与己无关的事了。——就以眼下这个例子而言①，你是不是并没有从这个原则上获益？可你为什么要在别的事物上，而不是在你已经学过的原则上去寻找益处呢？——当我坐在监狱里的时候，我说道："冲我喊叫的那个人，既不懂得那是什么意思，也不理解他所说的是什么，他根本没耐心去了解哲学家说些什么，或做些什么。对于这种人，根本不用上心。""不过现在从监狱里出来吧。"如果你不需要我再待在监狱里，那我就出来；如果你还需要我待在那儿，那我就回去。待多久呢？同理性选定我要和自己微不足道的肉体待在一起一样长的时间；当理性不做如此选择的时候，那就请将其拿去好了，并顺祝你身体健康！不过，只是别让我不合理性和怯懦地放弃我的生命，或者随便找一个什么由头，就让我放弃我的生命。再者说，神也不希望如此；因为他需要这样一个宇宙，以及这样一群在地上来来往往的人。可是如果他发出了撤退的信号，就像他对苏格拉底所做的那样，则我将义无反顾地服从，像服从一个将军似的服从他的命令。

那又怎样？我是不是必须把这一切都告诉大众呢？为了什么？难道一个人自己相信这一切还不够吗？举个例子，当孩子们向我们走过来，拍着手说"农神节快乐"的时候，我们可以说"一切都糟透了"吗？绝对不行；而是也应该向他们拍手。因此，同样的，当你不能改变一个

① 爱比克泰德似乎停下来，并有点突兀地讲了一番话；此句与下句的衔接不是十分清楚。

人的观念的时候，你也应该认识到他是一个孩子，应该冲他拍手；如果你不愿意这样做，那就保持沉默好了。

一个人应该记住这一切；并且，当他被传召来面对这样一种困难的时候，他就应该懂得，这是显示我们是否接受过教育的时候到了。因为一个离开学校去面对困难的年轻人，就像一个已经练习过分析三段论的人，假如有人向他提出一个易于解决的问题的时候，他会说："不，倒不如给我提一个复杂精巧的问题，这样我可以从中得到训练。"运动员也不乐于和轻量级的年轻人进行比赛："他举不起我。"有人说道，"那边有一个强健的年轻人。"哦，不。当决定性时刻来临的时候，他肯定会哭着说："我真希望自己当时能够坚持不断地学习。"学什么呢？如果你学这些东西不是为了将其表现在行动中，那你学它们又是为了什么呢？我想坐在这里的你们这些人当中，肯定有人正处在自己灵魂的痛苦当中，并在诉说着："哎，这样的困难怎么就没有像发生在那个人身上似的发生在我身上啊！哎，我原本可以在奥林匹亚运动会上戴上花环的，可现在却不得不坐在一个角落里虚度光阴！什么时候才会有人带给我这样一个比赛的消息啊？"你们都应该做这样的思考。就连在恺撒的角斗士当中，也有人会因为没有人给其表现的机会，或使其同对手交锋而牢骚满腹，而去祈求神，去找他们的头儿，要求单打独斗；可你们中间却没有一个人能表现出这样一种精神，难道不是吗？我想为此乘船到罗马去，到那里看看我所说的运动员在做什么，以及他在完成其任务的时候，进行怎样的锻炼。"我不要这种任务。"他说道。什么，接受一个你想要的任务是你能力范围之内的事吗？你已经被赋予了这样一个肉体，这样的父母，这样的兄弟，这样的国家，和在这个国家里这样的一个位置，而你却走上前来对我说："请给我换换任务？"什么，难道你没拥有能够使你运用这些已经被赋予你的事物的才能吗？你应该说："安排任务是你的事，把它做好是我的事。"可是你没这样说，你说的是："不要向我提出这样的，而要提出那样的假言三段论；不要劝我接受这种结论，而要劝我接受那种结论。”悲剧演员因为面具、厚底靴和长袍是他们的，这样的时刻马上就要到了。朋友，你应该将所有的这一切都看作一种题材和任务。说点什么吧，这样我们就可以知道你是一个悲剧演员，还是一个滑稽演员。因为这两者除了台词之外，所有的其他东西都一样。既然如此，那是不是就可以说，如果有谁把他们的面具和厚底靴拿走，然后又只把他当作一个演员的影子送上舞台的话，这个悲剧演员就从此消失了，或者还在呢？如果他能发声，那他就还在。

在现实生活中也是如此。“担任总督吧。”我便担任它，并且在任职中显示一个受过教育的人是如何行为的。“脱下红带长袍，穿上破旧的衣衫，然后以与这种角色相称的方式上前来。”那又怎样？难道我没有被赋予一种表现良好嗓音的能力吗？“那现在，你打算以一种什么样的角色登上舞台呢？”以一个被神传唤的证人的角色。神说：“你来，为我作证；因为你配得上被我创造出来作为一个证人。那些所有在自由意志范围之外的事物，是不是有好有坏呢？我伤害谁了吗？我是否已将每个人的利益放在除他之外的任何别人的控制之下了呢？”你将为神做怎样的证言？“哦，主啊，我正深受煎熬，身遭不幸；没有人关心我，也没有人给我任何东西，所有的人都在指责我，说我的坏话。”这就是你要作的证言吗？这就是你想用来让神对你的传唤蒙羞出丑的方式吗？为了让你做如此重要的证言，他曾经把这种荣誉赐给了你，并认为你被带到这个世界上是有价值的。

一个对你有统治权的人宣判道：“我判你既不虔诚，也不敬神。”你出了什么事了？“有人判我既不虔诚，也不敬神。”还有别的吗？“没了。”如果这个人对某个假言三段论进行判断，并宣称：“我断定‘如果现在是白天，就一定有光’这个陈述是假的。”那个假言三段论将会怎么样？在这个事例中，被宣判的是谁，被判有罪的又是谁？是假言三段论，还是那个在对假言三段论进行判断过程中已被误导的人？这个有权对你做出宣判的人到底是谁？他知道“不虔诚”或者“不敬神”是什么吗？他思考过这些问题吗？学过吗？在哪儿？是谁教的？如果他断言最低琴弦就是最高琴弦，那么没有一个音乐家会理睬他；同样的，如果他断言从圆心到圆周的各个半径不相等，也没有一个几何学家会理睬他。既然如此，难道一个受过真正教育的人反倒要对一个没有受过教育的人——当其对什么是神圣和不神圣，什么是公正和不公正进行判断的时候——予以关注吗？

一个受过教育的人如果这么做，所造成的不公是多么的严重啊！这就是你在这儿所学到的东西吗？难道你不愿意把同这些事物相关的琐碎争论留给那些不能尽力的侏儒和其他人吗？这样他们就可以坐在角落里，聚敛他们少得可怜的学费，或者因为没人给他们东西而嘟嘟囔囔地进行抱怨了。再者，难道你不愿意自告奋勇，运用你所学到的东西吗？因为现在所缺的不是细枝末节的争论；在斯多亚派哲学家的论著里，这种细枝末节的争论俯拾皆是。那所缺的是什么呢？是运用它们的人，是能够用其行动为论证进行作证的人。这种人也是我有意想让你成为的人，这样，在学校里我们就可以不再使用陈年旧例，而是可以从我们自己的时代中获取某些新的例证。那么，对这些事物进行思考的角色应该由谁来承担呢？由致力于学习的人；因为人是一种爱思考的动物。然而像逃亡奴隶似的进行思考却是一件令人耻辱的事情。人在思考的时候，要心无旁骛，泰然静坐，要时而聆听悲剧演员的演唱，时而聆听琴师的演唱，而不要像那些逃亡奴隶一样；因为他们正在聚精会神地观赏悲剧演员表演的同时，也会举目四望；如果碰巧有人提到了“主人”这个词，那他们就会立即变得坐立不安，心烦意乱起来。对于哲学家来说，用这样一种精神去对自然之作品进行思考是令人不齿的。因为什么是“主人”？一个人并非另一个人的主人，唯有生与死、苦与乐才是他的主人。因此，即使将恺撒带到我面前，如果他还没有这些东西的话，你也会看到我是何等的坚强。可是如果他来的时候随身携带了这些东西——雷鸣和闪电，那么由于害怕这些东西，我除了像一个逃亡的奴隶似的承认自己的主人之外，还能做什么呢？可事实是，只要我能暂时摆脱这些威胁，我就会像一个戏院里看戏的逃亡奴隶那样行动：洗澡，喝酒，唱歌，只不过当我做这一切的时候无时不处在深深的恐惧和痛苦之中。可是如果我能将自己从主人那里解放出来，也就是说，从那些能让主人可怕的事物中解放出来，那我还会有什么主人和麻烦呢？

然后呢？难道我必须向所有的人宣布这个吗？不，但是我必须小心认真地对待那些不以哲学为业的人，并对他们说："这个人向我建议的是他所认为好的事物；因此，我应该原谅他。"因为当苏格拉底准备喝下毒药的时候，他原谅了为他哭泣的狱卒，并且说："他为我们而哭泣是多么善良啊！"然后，他有没有对狱卒说："这就是我们把女人送走的原因？"① 没有，但是，他对他的亲密朋友和那些适宜的听者说了这番话；而对于狱卒，他则像小心认真地对待一个孩子似的对待他。

30. 在困境中，我们应该准备好的帮助是什么？

当你去见某个显赫的重要人物的时候，请记住"另一位"② 正从上面注视着所发生的一切，而且你必须取悦于"他"，而不是那个显赫的重要人物。他在上天问你："在你们学校里，你如何称呼流放、监禁、桎梏、死亡和不名誉？"我把它们称为"无所谓好坏的"。"那你现在怎么称呼它们？有丝毫的变化吗？""没有。""那你有所改变吗？""没有。""那么，请你告诉我，什么样的事物才是'无所谓好坏的'的事物。""就是那些独立于自由意志之外的事物。""再请告诉我由此得出的是什么？""独立于自由意志之外的事物与我无关。""那么，再请告诉我，你认为什么是'好的事物'。""正当的自由意志和正确地运用外

① 两句话出自柏拉图的《菲多》116D、117D，略有改动。
② 即神。

部表象。”“还有，‘终极目的’是什么？”“跟随您。”“即使现在你也这么说吗？”“即使现在我也这么说。”那么，就请进去吧，满怀信心，牢记这一切，你就会明白，作为一个学习过他应该学习的内容的年轻人，当他出现在那些没有学习过的人们面前的时候意味着什么。至于我，以众神的名义发誓，我想你进去后或许会这么认为：“我们为什么要做如此多而且精心的准备，来见那个毫无价值的东西？权力岂非毫无价值？门庭、侍从和武装卫队岂非毫无价值？我听了你这么多的长篇大论，难道就是为了见这个毫无价值的东西？啊，所有的这一切的确都是毫无价值的，而我却一直在为其做着准备，就好像它真的是什么重要的东西似的。”

第二卷

1. 自信和谨慎并不冲突

也许哲学家们的如下论点在某些人看来是自相矛盾的，然而尽管如此，还是让我们尽我们之所能对这个论点是否真实做一番思考吧，这个论点是“不论做什么事情，我们都应该在谨慎的同时拥有自信”。因为谨慎在某种程度上看起来似乎和自信截然相反，而截然相反的事物是绝不可能彼此和谐的。而现在我们所讨论的这个在大多数人看来是自相矛盾的命题似乎意味着：如果我们要求一个人在相同的事物上同时使用谨慎和自信，那么人们就能正当地指责我们把那些不能结合的东西结合在一起。可事实是，这个说法有什么奇怪的呢？因为，如果那个经常被提及和已经被证明的如下说法是正确的，也就是：“善（好）的本质以及恶（坏）的本质都在于对感官表象的运用，而在自由意志范围之外的事物既不属于恶，也不属于善。”那么哲学家们的观点还会有什么自相矛盾之处呢，如果他们说：“哪里有位于自由意志范围之外的事物，就在哪里表现出自信；哪里有位于自由意志范围之内的事物，就在哪里表现出谨慎？”因为如果恶存在于对自由意志的有害的使用当中，那么只有在涉及这种事物的时候，使用谨慎才是正确的；但是如果存在于自由意志范围之外，又不受我们控制的事物是毫无价值的话，那我们就应该在涉及这类事物的时候，运用自信。这样，我们就可以在同一时间，既拥有自信，又拥有谨慎；是的，以宙斯的名义发誓，我们自信是因为我们谨慎。因为我们对真正邪恶的事物谨慎，其结果就是在涉及那些不具有邪恶本质的事物的时候，我们能拥有自信。

然而，我们却如同鹿一般地行动：当牡鹿受到羽毛①的惊吓而奔开逃避的时候，它们掉头跑向了什么地方，为了找到一个安全的避难之所，它们能奔逃到何处？啊，它们跑向了罗网；由于把恐惧的对象和自信的对象混淆在一起，它们就这样走上了不归之路。我们也不例外；我们会在什么情况下表现出恐惧呢？在涉及那些位于自由意志范围之外的事物的时候。我们会在什么情况下，像没有遭遇任何危险似的举止自信呢？在涉及那些位于自由意志范围之内的事物的时候。只要我们能够在位于我们意志范围之外的事物上成功地实现我们的目标，那么无论是上当受骗，还是行为偏激，做事无耻，或者以一种低俗的热情欲求某物，都同我们无关。可是凡是在我们遭遇死亡、流放、艰难，或者耻辱的地方，我们都会表现出逃避的神情和强烈的焦虑。结果，正如那些在他们最为关心的事物上犯错误的人们所表现的一样，我们把我们自然的自信变成了鲁莽草率、孤注一掷、不计后果和厚颜无耻，而将我们自然的谨慎和自尊变成了充满恐怖和惶惑的懦弱与自卑。因为如果一个人准备将自己的谨慎移往自由意志，以及自由意志行为的领域，他就会在欲求谨慎的同时将逃避意志置于自己的控制之下。反之，如果他将自己的谨慎移到那些既不在我们控制之下，也不在自由意志范围之内的事物中的话，——因为他的意志一直想逃避他人控制之下的事物——那么他将必然地陷于恐惧、无常和不安当中。因为可怕的东西不是死亡或者艰难，而是对艰难或者死亡的畏惧。而这也是我们为什么要称赞讲了如下这句

① 驱赶鸟兽的人经常使用一种在上面装饰有羽毛的木棒。他们不断地挥舞这种木棒，驱赶受惊的野鹿穿过林间通道，进入预先设置好的罗网。

话的人的原因，他说：

> 死亡并不可怕，可怕的是死于可耻。

既然如此，将我们的自信转向死亡，而将我们的谨慎转向对死亡的恐惧，就应该都是理所当然的事了。然而，我们的所作所为却恰恰与此相反：在面对死亡的时候，我们逃避，而在构成一个对死亡的判断的时候，则表现出粗心、冷漠和漫不经心。可是苏格拉底说得好，他将所有的这些东西称为不过是“唬人的怪物”①。因为就像是在缺乏经验的小孩子看来，面具是狰狞恐怖的一样，我们所受到的各种事件的侵扰的原因和方式，也正是小孩子受到“唬人的怪物”的侵扰的原因和方式。因为孩子是什么？是无知；是缺少教育。在一个孩子拥有知识的地方，他不会比我们任何人差。什么是死亡？一个唬人的怪物而已。将其翻过来，你就会发现它是个什么东西；瞧，它并不咬人。必须将卑微的肉体和灵魂分开，或者现在，或者日后，就像它们以前彼此分离一样。既然如此，假如现在把灵魂和肉体分开，你为什么还要伤心呢？就算现在不分开，以后也是要分开的。为什么？因为只有这样，宇宙才能够实现周而复始的循环②；宇宙的周而复始既需要现存的事物，也需要已经存在过的事物，还需要将要存在的事物。什么是艰难？一个唬人的怪物而已。把它翻过来，你就会发现它是个什么东西。可怜的肉体遭到粗暴的凌虐，然后又复归于平静。如果你还没有发现艰难的好处，门开着呢；如果你已经发现了它的好处，那么就请忍受吧。因为为了应对各种紧急情况，门必须开着；这样我们就不会有任何麻烦了。

---

① 柏拉图：《菲多》77E；参看《克里同》46C。

② 这是一个盛行于斯多亚派中的观点，即万事万物要相隔很久之后，周而复始地重现。

这些学说会结出怎样的果实呢？确切地说，这个结果必须是一个对那些真正受过教育的人来说，既至为正当又至为妥帖的结果，这就是宁静、自由和无畏。因为在这些事情上，我们不可以相信大众，他们说："只有自由的人才可以接受教育。"而要相信哲学家，他们说："只有受过教育的人才能自由。"——怎么会这样？——在我们这个时代[①]，自由除了是如我们所愿地进行生活的权利之外，还会是什么别的东西吗？"不会。"那么，请告诉我，嗯，朋友，你是否愿意过错误的生活？"我们都不愿意。"是的，没有一个过着错误生活的人是自由的人。那你愿意生活在恐惧、悲哀和动荡中吗？"决不。"是的，没有一个处在恐惧、悲哀或动荡中的人是自由的人；相反，无论是谁，只要他摆脱了悲哀、恐惧和动荡，那他就会同时摆脱奴役。既然如此，我们如何能够再相信你，哦，我最敬爱的立法者？我们是不是只允许自由的人接受教育？因为哲学家们说："我们只能让受过教育的人拥有自由。"也就是说神不允许这样。——当一个人当着执政官的面，让他的奴隶转身的时候，他是不是什么也没有做？[②]——他做了。——什么？——他让他的奴隶在执政官面前转身了。——没有别的了吗？——对了，他还得支付他的奴隶价格百分之五的税金。——那又怎样？难道为他所做的这一切，还不能使他变得自由吗？——在获得心灵的安宁之前，他一点也不比过去更为自由。举个例子，你能让别人转身，难道这就说明你没有主人了吗？难道你没有把金钱、情妇、一个受宠的男孩、一个暴君或者暴君的某个朋友当作你的主人吗？如果没有，那为什么

① 在较长一辈的希腊哲学家生活的时代，"自由"的含义首先是对政治权力的使用；但在爱比克泰德的时代，在罗马的统治之下，"自由"的含义无过于是一种能够在帝国的统治下过一种自己所喜爱的生活的权利。

② 指罗马释奴法中的一部分仪式。下文提到的"百分之五"的税是释奴时必须向国家支付的费用。

当你去面对涉及这些东西的处境时，你会战栗不安呢？

这就是我为什么反复说下面这番话的缘故："实践这些东西，把它们随时准备好：即你应该自信地和谨慎地面对事物的知识——自信地面对位于自由意志范围之外的事物，谨慎地面对位于自由意志范围之内的事物。"——可是我没有读给你听吗？难道你不知道我正在做什么吗？[①] ——你在做什么？无关宏旨的辞章而已！留着这些无关宏旨的辞章吧！倒不如让我看看你是如何进行欲求和回避的，你是不是自己想要什么就能得到什么，或者说从未陷入过自己不想要的事物当中。至于你那些无关宏旨的辞藻，如果你还算明智的话，就请把它们拿到某地涂掉吧。——那又怎样？难道苏格拉底没有进行著述吗？——没错，有谁能和他写的一样多？[②] 但他是怎么写的？由于不能总有人在他身边检验他的判断，或者反过来由他对那个人的判断做出检验，苏格拉底习惯于对自我进行检验和审查，而且他还总以一种实践的方式对某种特殊的初始概念进行严格的检验。这就是一个哲学家所写的东西。至于那些无关宏旨的章句，以及"他说"、"我说"[③] 之类的东西，他都丢给了别人，丢给了愚蠢的人，或那些由于自己生活安逸而感到幸福的人，以及那些由于自己的愚蠢而对逻辑结论不进行任何思考的人。

当关键时刻来临的时候，你是不是打算前去，将自己的文章进行展出，并从中读上一段，自夸说："瞧，我写的对话怎么样？"请别这样，朋友，倒不如这样自夸："瞧，在我欲求的方面，我想要什么就得到什么。瞧，在我回避的方面，我从未陷入过自己所想避免的事物当中。把死亡带来吧，你会明白这一点的；把艰难、监禁、不名誉，还有责难都带来吧。"这才是一个从学校里出来的年轻人所应该进行的恰如其分的

---

① 这应当是一个学生所说的话，他已经将安排给他准备的课文段落读过并且解释过了；或者，是指他已经将自己所写的某篇论文向爱比克泰德朗读过了。

② 这是一节十分奇怪的文字，因为一般认为苏格拉底是述而不作的。

③ 这是对话录中的典型表达，一种哲学中常用的行文方式。

展现。把别的东西都丢给别人吧。不要让任何人从你那儿听到哪怕是和这些事物有关的一个字；如果有谁因为这些事物而夸奖你，不要容忍它；相反，让人把你看成是一个什么也不是、什么也不知道的人。单单只承认自己知道这一点——即如何能够想要什么就要什么，从不陷入自己所想避免的事物当中。让别人去诉讼、解决问题和研究三段论吧。你要实践的是如何去死、如何遭受锁链的束缚、如何遭受折磨和如何遭受流放。请自信地去做这些事情吧，要相信神，是他让你去面对这些事物的，他认为这个差事正适合于你；既然你已经被安排了这个差事，你就应该表现：当一个合乎理性的主导原则被部署来对抗位于自由意志范围之外的势力的时候，它所能获得的成就。这样，我们在前面所说的那个“自相矛盾”就会不再成为不可能的或者自相矛盾了。即，我们应该同时既自信又谨慎：在涉及位于自由意志范围之外的事物的时候，我们要自信；在涉及位于自由意志之内的事物的时候，我们要谨慎。

2. 论平静

想一想，在你准备上法庭的时候，你希望自己保持的是什么，以及希望自己在哪一方面取得成功；因为如果你希望自己保持的是使自由意志的自由处在其自然状态之中的话，那你就会万无一失，百般灵巧，而无任何麻烦。如果你愿意维护那些在我们直接控制之下和在本质上自由的事物，并对这些事物表示满意的话，那你还有什么好担心的？它们的主人是谁？谁又能把它们从你身上夺走？如果你心仪于自尊和高尚，谁又能拦阻你？如果你不想为人所阻，受人逼迫，谁又能逼你欲求在你看来并不值得欲求的事物，回避你认为不应该回避的事物？哦，那又怎样？尽管法官可以对你施之以某些被认为是恐怖的事情；可他如何能够使你尽力去回避你所遭受的一切？因此，一旦你控制了欲求和回避，那你还有什么好担心的？这就是你的开场白，你对你案件的陈述，你的证明，你的胜利，你的结语和你的嘉许。

这也是为什么苏格拉底在答复一个提醒他为自己的审判做好准备的人时说了下面这番话的缘故：“难道你不认为我一生都在为此而做着准备吗？”——“什么样的准备？”——“我保持了”，他说道：“在我控制之下的事物。”——“你是如何做到的？”——“不论是在我的私生活，还是公众生活中，我从来不做任何错事。”然而，如果你想保持的是外部事物，是你微不足道的肉体和少得可怜的财产，以及你小小的名头的话，那我建议你：请从这一刻开始，做好所有可能的准备，并对你的法官和对手的特性进行研究。如果必须紧抱其膝盖，那就将其紧抱；如果必须哀号，那就哀号；如果必须呻吟，那就呻吟。因为一旦使自己所拥有的事物受制于外部事物的话，那你就会从此而变成一个奴隶；千万别让自己左右摇摆不定，一会儿想做个奴隶，一会儿又不愿意；而是要简单明了地要不就这，要不就那；用你全部的心思，要不就做一个自由人，要不就做一个奴隶；要不就接受教育，要不就不要接受教育；要不就做一只雄姿勃勃的斗鸡，要不就做一只无精打采的公鸡；要不就忍受鞭笞直到死，要不就立即屈服。绝不要遭受了许多鞭打之后而又最终屈服！如果这是可耻的，那么从这一刻开始，就请决定这样一个问题：“在什么地方可以找到善（好）与恶（坏）的本质？真理就在那儿。真理和自然存在的地方，也就是谨慎存在的地方；真理存在的地方，也就是自信存在的地方；这也是自然所存在的地方。”

唔，你想想看，如果苏格拉底想保留其身外之财的话，他还会站出来说：“阿尼图斯和梅莱图斯的确可以杀了我，但他们却不能伤害我！”他有这么傻吗？难道他连这么做非但不能导向自己的既定目标，反而会导向其他地方都看不出来吗？为什么添上一句挑衅的话就是不符合理性的呢？正如我的朋友赫拉克利特（Heraclius）① 为在罗德斯的一块不大

① 赫拉克利特是公元前 5 世纪的希腊哲学家。

的土地而进行了一场小小的诉讼时，在指出自己对这块土地拥有所有权的正当性之后，他做了最后陈述："然而，我不会恳求你，也不在乎你将做出怎样的裁决，因为受审的是你，而不是我。"结果，他把自己的案子给办砸了。像这样做，管什么用？你可以不做任何恳求，请别再添这句话"是的，我决不做任何恳求"，除非是你以为这是将审理你案件的法官激怒的时机，就像苏格拉底似的。就你而言，如果你打算做这样一种最后陈词，那你为什么还要千方百计地上到讲台上去呢？为什么还要听从传唤？① 因为如果你想被钉在十字架上处死，那么等着好了，十字架会来的。然而，如果是理性决定你必须听从传唤，决定你要尽自己所能做到言之凿凿，那你就必须按照理性的决定而行事；只是与此同时，要自始至终保持属于你自己的个人本性。

以此看来，这样一种说法也是很可笑的："请给我建议。"我能给你什么建议？不，倒不如说："请让我的心智适应我所要面对的所有事情。"因为前面那句话就好像一个文盲在说："当安排我写某某名字的时候，请告诉我应该写什么。"如果我说"写 Dio"，可是他的老师来了，安排他写的不是"Dio"这个名字，而是"Theo"，那该会怎样？他该写什么？可是假如你练过书写，则不论要求你写什么，你都能使自己有所准备；要是你从来没有练过，那我眼下又能给你什么建议？因为如果环境要求的是某个不同的东西，你将说什么，或者做什么？因此，请牢记这个总的原则，你就不会为一个建议而茫然不知所措。可是，假如你垂涎外部事物，那你就必定会随着你的主人的意志而上下沉浮。谁是你的主人？就是那个有权控制你孜孜以求或者想着回避的任何事物的人。

① 即为了获遣而以这样一种挑衅的方式进行演说是纯粹徒劳的。如果获遣是你所愿望的，那么你根本就不用做什么也会获得你所希望的结局。

3. 答那些向哲学家举荐人的人

下面这个回答，是第欧根尼对一个想从他那儿求得一封举荐信的人所做的精彩回答："你是一个人，"他说道："这一点，他一眼就能看出来。至于你是一个好人还是坏人，如果他掌握了辨别好坏的技艺，那他是会发现的；如果他没掌握这种技艺，那他就不会发现事情的真相，纵使我给他写上千百次的推荐信。"这就像一枚德拉克马（drachma）[①] 请求被推荐给某人进行检验一样。如果这个人是一个银币检验员，则你可以毛遂自荐。同样的，在日常生活中，我们也应该拥有某种如同在检验银币当中所拥有的东西，这样，我们就可以像银币检验员那样说道："你随便把哪一个德拉克马拿来吧，我会对其做出鉴定的。"就三段论而言，我会说："你随便把哪一个三段论拿来吧，我会为你区分哪一个能分析，哪一个不能分析的。"为什么？因为我本人就知道如何分析三段论；并且拥有能对妥善处理好三段论的人做出鉴定所必备的能力。然而在日常生活中我是如何做的呢？有时我把一种东西称之为好，而有时则又将其称之为坏。什么原因呢？是因为那种在三段论中与"真"相反的东西，即，无知和缺乏经验。

4. 答在通奸中曾经被抓的人

当爱比克泰德正在谈论人是生而忠贞的，并且说道如果谁要颠覆它，谁就是在颠覆人类的特有品性的时候，进来一个人，此人以一个学者而闻名，在一次通奸中，他曾经被这个城市的人逮住过。可是，爱比克泰德（并没有停下来，而是）继续说道，如果我们将我们生

① 古希腊的银币名。——中译者注

来就有的忠贞抛弃，成天盘算着如何打我们邻居的妻子的主意，则我们都在干什么？哦，除了堕落和毁灭，还能是什么？堕落和毁灭的是谁呢？是忠贞的人，自尊的人，或虔诚的人。就这些吗？难道我们不同时也是在破坏着睦邻之情、友谊和国家吗？我们将把我们置身于何地？我又将把你当作哪种人看待，嗯？是邻居，还是朋友？是哪一种邻居和朋友？要不就是公民？你又将在哪一方面取信于我？如果你是一只破裂得不成样的器皿，已经不可能派上任何用场，则你将被丢到粪堆上，而且绝对不会再有谁把你从那儿捡起；但是如果你尽管是个人，却不能履行一个人的职责，那我们又将如何处置你？因为如果你连一个朋友的职责都不能坚守，那你还能坚守一个奴隶的职责吗？谁还会相信你？而你也不愿意像无用的器皿、像粪一样被人丢到某个粪堆上去，难道不是吗？尽管如此，你还是会说："没有一个人对我——一个学者——表示关注！"是不是？这很正常，因为你是一个邪恶之徒，无用之人。黄蜂抱怨没有人关注它们，纷纷从它们身边逃开，而且假如有谁能做得到的话，还敲打它们，把它们击落。同样的，你也有这样的一根刺，不管你刺的是谁，你都会使其卷入麻烦和痛苦之中。你还想要我们怎么对待你？已经没什么地方好安置你了。

那又怎样，你说道；难道妇女天生不就是公共财产吗？[①] 我同意。乳猪是被邀客人所共享的东西；可是一份份的乳猪肉早已分发过了；如果像下面这样做能特别中你的意的话，那就请凑上前去，扯走坐在你身边的客人的那一份，暗暗地将其偷走，或者使其溜进自己的手心，一口吞下；要是你连一块肉都扯不下来，那就让自己的手指沾满油脂，然后舔舐它们吧。你真是使自己成为宴会上的一个好伙伴，一个堪与苏格拉底般配的宴会客人！[②] 再比如，难道剧场不是全体公民的公共财产吗？

---

① 这是柏拉图在其《理想国》中提出的一个培养领导人大公无私思想的方式，许多斯多亚派也表示赞同。

② 可能是指柏拉图和色诺芬所著的《会饮》。

他们坐在那儿时，如果像下面这样做能特别中你的意的话，那就请走上前去，将他们中间的一个人从他的座位上扔出去吧。同样的，妇女天生就是公共财产。可是当立法者就像一个宴会的主人一样已经将其分配过之后，你难道不愿意如同其他人一样去寻找属于自己的那一份，而是偷窃和靠别人的另一份来满足自己的贪欲？“可我是一个学者，而且我还懂阿基德姆斯（Archedemus）。”① 很好，你懂阿基德姆斯，但却是一个通奸者，一个不忠不信的人，一只狼或者说一只猿猴，但是，不是一个人。有什么可以拦阻你这么做呢？

5. 慷慨与谨慎如何和谐共处

材料无关紧要②，但对它的运用却并非一件无关紧要的事。既然如此，那一个人应该如何在保持其内心坚定和安宁的同时，既保持谨慎，又保持不鲁莽和不粗心的精神呢？假设他模仿的是那些丢骰子的人。丢骰子的平台无关紧要，骰子也无关紧要；我如何知道将要落下来的是什么呢？只要谨慎而娴熟地运用已经落下来的东西就行，这就是我当前的任务。同样的，生活的首要任务就是区别事物，权衡其彼此之间的轻重，并对自己说：“外部事物不在我的控制之下；但自由意志却在我的控制之下。那我应该到什么地方去寻找善（好）与恶呢？到自己的内心和那些属于自己的事物那里。”至于别人的东西，则永远不使用“善”（好）或者“恶”（坏）、“利益”或者“损害”这样的字眼，或者任何与此相类似的字眼。

然后呢？是不是就可以轻率地运用这些外部事物了呢？绝对不可以。因为那也会是自由意志的一种坏事，因而也是不自然的。必须谨慎地运

---

① 可能是指某个塔尔苏斯的斯多亚派哲学家或是某个评论过亚里士多德《修辞学》的修辞学家。

② 也可以译为“无所谓好坏”。——中译者注

用外部事物，因为对它们的运用并非一件无关紧要的事；不过，与此同时，必须保持内心的坚定和安宁，因为材料本身无关紧要。因为在真正与我们有关的事情中，不会有谁能阻碍或者强制我。获得那些能阻碍或者强制我的事物，是我所不能控制的，也是既非好，也非坏的，但是我对它的运用却是既可以是好的，又可以是坏的，而且这也是在我控制之下的。的确，要把这两种事物——一个是在处理材料时的谨慎；另一个是蔑视材料时的坚定——统一在一起是不容易的，但并非不可能。否则，就不会有幸福。然而，我们的表现却常常像在航行中那样。对我来说，什么是可能的呢？选择舵手、船员、日期和时刻。然后暴风雨来了。哦，很好，还有什么需要我费心的吗？我已经完成了我的职责。事情是别人的了，也就是说是舵手的了。然而，不只是暴风雨，船也在下沉，那我该怎么办？做我能做的，而我所能做的也只有这么一件事，既不带一丝恐惧地随船下沉，不尖声喊叫，也不大声地责难神，而是承认这样一个道理，即凡是出生的事物都会死亡。因为我不是永恒的，而是一个人；是整体的一部分，就像一个时辰是一天的一部分一样。我必须来如一个时辰，去也如一个时辰。对我来说，如何死去，是死于沉溺，还是死于热病，会有什么不同吗？［没什么不同，］因为我必定会以某种方式死去。

你会发现球技娴熟的球员也是这么做的。他们没有一个人担心球是好是坏，而是只关心投球和接球。而竞技状态、技艺、速度和动作的优美都只与此有关。在我连斗篷展开都抓不到球的地方，我投一个，高手就能接一个。可是如果无论接球，还是投球的时候，我们都处于一种慌乱或恐惧的境地，则还会有什么乐趣？而一个人又将如何保持镇定，或确定比赛下一步怎么做？其中的一个选手喊道：“投！”而另一个则喊道：“别投！”还有一个喊道：“别往上投啊！”① 结果这就成了一场闹

① 希腊人打球的方式在于将球在同伴或队友之间进行前传和回传（通常以一种对队友的呼叫进行回应的方式进行），而其对手的任务则是力图将球夺走。

剧，而不再是一场比赛。

因此，从这个意义上说，苏格拉底懂得如何打球。为什么这么说呢？因为他懂得如何在法庭上打比赛。“请告诉我”，他说：“阿尼图斯，你说我不信神，是什么意思？依你之见，什么是‘护灵’[①]？难道他们不是诸神的后裔，或者说是半人半神族，也就是神人交合的后裔吗？”当阿尼图斯对此表示同意之后，苏格拉底继续说道：“那你认为，谁会相信骡子存在，而否认驴的存在呢？”[②] 他这样说的时候，就好像是一个正在打球的人。那他在那个时刻、那个场合下玩的是什么球呢？监禁、流放、饮鸩、同妻子的分离和让自己的孩子变成孤儿，这就是他所玩的东西，可他照样以饱满的竞技状态打球运球。我们也应该这样做，以展现一个球员对比赛应有的谨慎，同时保持对所玩的对象的冷漠，因为它只不过是一个球而已。一个人应该想尽一切办法对外部材料运用技艺，但是不要看重材料，而只需将他在这方面的技艺全部表现出来。织工也是如此，他不生产毛线，而只是在所收到的毛线上淋漓尽致地发挥自己的技艺。“另一个”[③] 给了你食物和财产，但他同样可以将其拿走，是的，还能拿走你那卑微的肉体本身。因此，你接受了材料后，就在其上工作。如果你能成功逃脱、全身而退的话，那碰见你的人都会对你的成功出逃表示祝贺；但是，一个懂得如何观察这类事的人，如果发现你在这件事上表现出了良好的精神状态，他将会称赞你，和你一同欢乐；可是如果他发现你之所以能成功地出逃是因为某种可耻的行为，那他的态度就会全然改变。因为，在一个人的欢乐是合理的地方，那儿的庆祝欢乐也就是合理的。

---

① “守护精灵”，一般被用来指处于较低神位的神。古代不少人相信英雄死后成为精灵；苏格拉底经常说他的行动受到他的“精灵”的指点；我们也翻译为“护灵”。

② 柏拉图：《申辩》26E 。不过，这些问题是由苏格拉底向梅莱图斯而不是向阿尼图斯提出的。

③ 即神。

既然如此，怎么可以说有些外部事物合乎自然，而另一些则与自然相违背呢？这就好像说我们是独立于社会整体而存在一样。[①] 因为我可以断言脚是这样一种东西，即对它本身来说，洁净是自然而然的事情；可是如果你将其看作一只脚，看作一个并非独立存在的事物的话，那么它踩泥泞、踏荆棘，甚至有时为了整个身子计而被砍掉，也都是与其自然本性相宜的；否则，脚将不成其为脚。同样的，我们对我们自己也应该坚持这样一种观点。你是什么？一个人。如果现在你把自己看作一个与他人分离的独立存在者，那么安享终年、富裕健康，当然是再自然不过的事情了。可是，如果你将自己看作一个人，而且是整体的一部分，那么因为整体的缘故，就算让你生病，远航冒险，用度匮乏，必要时提前死去，对你来说也都是相宜的。既然如此，那你为什么还要烦恼呢？难道你不知道一旦与整体分离开来，脚将不成其为脚，而你也一样，一旦与整体分离开来，将不再成其为一个人吗？因为人是什么？是国家的一部分，而国家首先是由诸神和人类所共同组成的，然后才是次级的、作为宇宙共同体的人间影像的共同体。“我一定得接受审判吗？”哦，别的人为什么一定得患热病、出航、死亡和受到惩罚？是的，因为在这样一个身体上，在这样一个万事万物的宇宙里，在那么多同类生物当中，不可能不发生这些事情——某人发生某事，而另外一人则发生另外一些事。因此，既然你已经来了，你的任务就是说你该说的，并按照与事物相宜的方式来安排事物。法官说道：“我判你有罪。”我则回答：“但愿这样做能对你有所裨益。我已经完成了我的职责；现在轮到你了，看你能否完成你自己的职责。”因为判决也是一种冒险，请别忘记这一点。

---

① 即，能够容忍自己是整体的一部分的事物，是自然的；但如果某个事物将自己看成是一个单独的和独立的整体的话，那它就不再是自然的了。

6. 关于无关紧要的事物

假言三段论本身是一个无关紧要的事物，但对它的判断却并非一件无关紧要的事，而或者是一种知识、或者是一种观点、或者是一种幻念。同样的，尽管生活是一件无关紧要的事，但对它的运用却并非一件无关紧要的事。因此，当有人告诉你“这些事物也是无关紧要”的时候，千万不要因此而变得粗心大意；而当他劝你要小心谨慎的时候，也千万不要因此而变得可怜巴巴，为外物所惊。了解一下属于一个人自己的准备和能力是有好处的，这样你就能在自己没有准备过的地方保持沉默，而不恼恨，如果有些人在这些事物上胜于你的话。因为你也可以在三段论上胜过他们；如果他们因此而恼恨，你就可以安慰他们说：“我学过这些东西，而你们没有。”在必须通过实践而获得某种技艺的事当中，同样也是如此；不要去追求那种只有通过练习才能获得的技艺，把它留给那些已经练习过的人吧，而让自己满足于保持坚定好了。

“去，向某某致敬。”“我敬了。”“怎么敬的？”“以一种毫无卑下的气概。”“可是你被关在门外。”“是的，因为我不知道如何从窗户里爬进去；然而，在我发现门已经被关上之后，我所能做的只能是要么离开，要么从窗户里爬进去。”“尽管如此，还是要去对他说。”“我确实这样说了。”“以什么样的方式？”“以一种毫无卑下的气概。”如果你没有得到你所想要的东西，这当然不是你的事，不是吗？是的，是他的事。那为什么要得到别人的东西呢？如果你能始终牢记什么是你自己的，什么是别人的，你就永远不会心神不安了。所以说克吕西玻说得好，他说：“既然未来是不确定的，我总是执着地守护和自然相一致的事物；因为神已经赋予了我选择事物的能力。假如我真的知道我现在生病是命中注定的话，我甚至会自己去找病；脚也是如此，如果它有意识的话，它也会自己去找泥浆走进去。”①

举个例子，谷穗为什么要生长？难道它们不会因此而变干吗？当它们变干之时，不也正是它们被收割之际吗？因为它们不只是为它们自己而生长。既然如此，如果谷穗要是有感觉的话，那它们是不是就应该祈求永远不要被收割呢？然而，对谷穗来说，永远不被收割却是一个诅咒。同样的，我想让你知道，就人而言，永远不死也是一个诅咒，就像谷穗永远不成熟，永远不被收割一样。然而，我们肯定会被收割掉，而且我们也知道我们将要被收割掉；于是，我们愤怒了。因为我们既不知道我们自己是谁，也没有像养马的人研究什么属于马似的研究过属于人类的是什么。然而，就在发动对敌人进攻的那一刻，克里桑塔斯（Chrysantas）却克制住了自己，因为就在那一刻，他听到了收兵的军号声。对克里桑塔斯来说，服从统帅的命令显然要比顺从自己的意愿好的多。可是，即便是必然在召唤我们，我们当中也没有一个人心甘情愿地去服从她，而是宁愿在痛哭呻吟中遭受我们所遭受到的一切，并称之为“环境”。喂，你所说的“环境”是什么意思？如果你将你周围的事物都称之为“环境”的话，那所有的事物就都是“环境”了。而如果你指的是“艰难”的话，那当存在的事物被毁灭之后，还会有什么所谓的艰难吗？毁灭的手段可以是一把剑，一个车轮②，大海，一片瓦，也可以是一个暴君。你担心的是什么？是自己从什么路下到冥府吗？所有的路都是一样的。如果你想听实话的话，那么，暴君送你所上的那条路要相对短些。因为没有一个暴君曾用六个月的时间去割断一个人的喉咙，而一场热病则常常要花费一年以上的时间。然而，所有的这一切只不过是一种喧闹和一种空洞的名称而已。

“在恺撒面前，我冒着生命之险。”然而，难道住在尼戈坡里斯，

---

① 即假如脚的主人认为踏进泥浆是必要的话。参见 II，5。

② 即刑架。

我就不冒险了吗？那儿的地震是如此之多。当你穿越亚得里亚海时，你冒的是什么险？难道你不是在冒自己的生命之险吗？“可我在法庭上，还冒有意见之险呢。”你是说你的意见？为什么这么说？啊，有谁能强迫你去认同违背你自己意志选择的意见？难道你的意思是指别人的意见？如果别人所抱的是错误的意见，那你所冒的又是哪一种险？“可我还冒有被流放的危险呢。”什么叫流放？就是待在别的地方，而不是待在罗马。“是的。”还有呢？“假定我被发配到吉亚纳。”如果这样做对你有益，那你就去；如果没有，那你可换一个地方，那个打算发配你到吉亚纳的人也不得不去的地方，而不管他愿不愿意去。你为什么要上罗马去呢？就好像它是什么伟大的东西似的。它远不能和你所做的准备相提并论；结果有一个聪明的年轻人就会说：“听了这么多的功课，做了这么多的练习，在一个并非名副其实的老头旁边坐了这么长时间，而所得却不如所付出的多，真是不值。”（因此）只要记住对什么是你的和什么不是你的所做的区分就行了。永远不要对不是你的东西提出占有的要求。讲坛和监狱各属一个地方，一个高，而另一个低。然而，你的自由意志却可以在其中的任何一个地方保持一样，条件是如果你想保持一样。当我们也能够在狱中写作赞歌的时候，我们就可以效仿苏格拉底了。但考虑到我们迄今为止的心境，我怀疑我们是否能够忍受别人在狱中对我们说：“你愿意让我对你读赞歌吗？”“为什么要来烦我？难道你不知道我现在身陷困境吗？啊，在这种情况下，我怎么可能——？”什么情况呢？“我就要死了。”然而难道其他的人就可以不朽了吗？

7. 一个人应该如何使用占卜

由于在不该使用占卜的地方使用占卜，结果使得我们中的好多人把许多生活的义务都给忽视了。一个占卜者能看到什么死亡、危险、疾病，或者诸如此类的东西之外的事物吗？就我而言，如果必须为了朋友而冒生命之险，甚至为其去死是自己的一种义务的话，那我还需要使用占卜吗？难道在我内心就没有一个占卜者，他已经告诉我善与恶的真正本质，而且还阐明了两者的征兆是什么？我还有再去使用动物内脏或飞鸟的必要吗？如果他说“这对你有益”时，我为什么要接受呢？啊，他知道什么是有益吗？他知道善（好）是什么吗？他学过动物内脏之征兆，但是他学过善与恶的事物的征兆吗？如果他懂得善（好）恶（坏）的征兆，那他就应该也懂得高尚与卑鄙的事物的征兆，正确和错误的事物的征兆。朋友，请你告诉我这些征兆象征着什么——是生还是死，是贫困还是富裕？至于这些事物对我是否有益，我并不想请教你。你为什么不谈谈你对语法的看法？[①] 你为啥一定要在我们这些凡人全都弄错的，而且彼此冲突的事情上发表你的意见？有一个妇女曾经做过一个精彩的回答，这个妇女在她被流放之后，她想送一船补给到戈拉提亚（Gratilla）去。当时有人对她说：“图密善皇帝要将这船给养没收充公。”她的回答是：“我宁愿让图密善将其没收，也不愿意自己没有送出它。”

那么，是什么在引诱我们如此不断地去使用占卜的呢？是懦弱，是对将要发生的事情的恐惧。这就是为什么我们要奉承占卜者“大师啊，我能继承我父亲的财产吗”的缘故。“让我们看看；并就此事而献上一份牺牲。”“是，大师，就如命运所愿。”然后，如果他说“你将继承财产”时，我们就对他感恩戴德，仿佛我们是从他那儿获得了遗产一般。于是他们就能不断地作弄我们。哦，那该怎样？我们应该在去他们那儿的时候既不心怀欲求，也不心怀憎恶，就像一个徒步旅行的人向碰见他的人打问两条路中间，哪条路可以引他到达目的的时候，不怀抱希望右手的路比左手的路更好些的欲求一样。因为他根本不关心所走的是不是两条路中的哪一条，而是只关心哪条是可以引他到达目的的路。因此，

---

① 即在一个你不懂的主题上发表意见。

我们也应该把神看作一个向导，奔向他。就像使用我们的眼睛一样地去使用他；我们并不要求眼睛向我们优先显示我们看中的某某事物，而是接受那些由眼睛所揭示给我们的事物表象。然而事实是，我们在占卜师面前发抖，抓着他，取悦他，仿佛他是一尊神，乞求他，并且说道："大师啊，可怜可怜吧；让我无恙地摆脱困境吧。"奴隶啊！除了那些对你是"至善"（最好）的事物之外，你还想要什么？还有什么能比得上让神满意的东西对你更为有益？你为什么要尽你所能地去歪曲你的判断，误导你的顾问？

8. 什么是"好"的真正本质？

神是有益的；但"好"[①] 也是有益的。因此，看起来神的本质存在的地方，就是"好"的真正本质被发现的地方。那么，什么是神的真正本质呢？肉体？绝不是！地产？绝不是！名望？绝不是！是理智、知识和健全的理性。因此，在这里，也只有在这里，你才能寻找"好"的真正本质。毫无疑问，你绝对不会在一株植物当中去寻找"好"的真正本质，不是吗？是的。也不会在一个没有理性的动物当中去寻找它，不是吗？是的。既然如此，如果你是要在一个理性生物当中去寻找"好"的真正本质，那你为什么还要在别处而不是在那个理性生物超出非理性事物的地方去寻找它呢？植物根本不会运用外部表象，因此在提及它们的时候，你不会说"好"。运用外部表象的能力是"好"之所必需的。但这就是"好"所要求的全部吗？因为，如果这就是全部，那你就必然会断言好的事物以及幸福和不幸既可以在人身上找到，也可以在别的动物那里找到。但事实上，你不能如此断言，而且确实不应该这么断言。因为不管别的动物运用外部表象的能力再高，它们无论如何也

① "好"也可以翻译为"善"。——中译者注

不会具备理解它们使用外部表象的能力。而且这是有道理的；因为它们生来就是为他人服务的，它们本身反而并不是最重要的。[①] 以驴为例，难道它生来就是为了作为最重要的东西而存在的吗？不。只是因为我们需要一个能驮东西的脊背罢了。但是，以宙斯的名义，我们也需要它能够绕着走；这样，它就又获得了能够运用外部表象的能力；否则，它就不能绕着走了。但也就到此为止。[②] 否则，如果它和人一样获得了理解运用外部表象的能力，那显然它将会不再听命于我们，也不再会为我们干活，而是将一变而成为与我们一样和相等的了。

既然如此，难道你不愿意在那种只有理性生物才有的能力中去寻找“好”的真正本质吗？正因为其他动物缺少这种能力，因此你不对它们用“好”这个词。可是，难道这些植物和动物不也是神的作品吗？是的，但它们不是最重要的，也不是神的一部分。而你是一个最重要的存在；是神的一部分；在你身上有他的一部分。既然如此，那你为什么要无视你自己的高贵出身呢？难道你不知道自己从哪里来吗？难道你不记得在你每次吃饭的时候，那个吃饭的你是谁，你又是在喂养谁吗？在你每次耽于和女人交往时，和她们交往的你是谁？在你每次和社会的交往中，在你每次进行体育锻炼时，在你每次与人交谈时，难道你不知道你喂养的是神，锻炼的也是神？你总是随身携带着神，可是可怜的人啊，你却不知道这一切！你是不是以为我在说某个用金银制作的外在的神？神就在你心中，可你却没有认识到你正在用不洁的判断和肮脏的行为玷污他。哪怕是在神的一尊雕像面前，你都不敢做任何你现在所做的事。可是，当神亲自出现在你心中，听闻这一切时，难道你不为自己有这样的判断和做这样的事而感到羞愧吗？哦，谁不认识自己的本质，谁就会成为神愤怒的对象。

---

① 典型的斯多亚派的人类中心说的观点。

② 即驴在自身能力发展方面到此为止，不能更进一步。

再有，当我们从学校里送一个年轻人走入生活实践时，为什么我们担心他做事会不合乎尺度：吃东西没规矩，和妇女交谈无礼节，穿上破衣烂衫就会自轻自贱，套上华丽衣服就会自高自大吗？此人不知道神就在他身上，也不知道谁和他一道出发。他还讲这样的话：“哦，愿你和我同在。”对此，我们能表示许可吗？难道你没有和神在一起吗？当你与神同在的时候，你还要另外去寻找一个神吗？或者说除此之外，神对你还会有什么别的指令吗？如果你是菲狄亚斯的一尊雕像，[①] 比如是雅典娜像或者宙斯像，那你就应该在记住自己的同时，也记住雕刻你的艺术家。如果你还有理解力，那你就应该力争不做那些与雕刻你的人不相称也和自己不相称的事，争取以一种合宜的姿态出现在众人面前。但是现在，既然宙斯已经创造了你，难道你不愿因此而顾及一下你将怎样展现自己吗？可是在一个艺术家和另一个艺术家之间，或者在一个艺术作品和另一个艺术作品之间有什么不同的东西吗？一个艺术家的什么样的作品会在其内部拥有雕刻技艺所展现出来的各种能力？难道它不就是块石头、青铜、金子或者象牙吗？菲狄亚斯的雅典娜像，当她的手一旦被展开并安放了一尊胜利女神雕像后，她就一直以那种姿态站立着。然而，神的作品却有运动、呼吸、运用外部表象的能力，并有对其做出判断的能力。当你自己就是这个艺术家的作品的时候，你还要去辱没他吗？尤其是，他不仅创造了你，而且把你只交托给你自己，难道这些你都忘记了吗？你是不是还想辱没对你的信托？如果神将一个孤儿托付给你照管，难道你会对神如此无视吗？神已经把你自身托付给了你自己照管，并且说：“除了你，我没有任何人更值得信赖了；请你将这个人为我看管好，不要让自然赋予他的这些特征有丝毫的改变：即谦恭、忠诚、高洁、无畏、宁静与平和。”难道你不会按照他所说的那样去保全

---

① 指在雅典和奥林匹亚用金子和象牙做成的雕像，菲狄亚斯的名声主要在于塑造了这些雕像。

那个人吗？

“然而人们会说：‘这个人的那张高傲脸孔和严肃表情是从哪儿来的？’”嗳，我的仪表还不是哲人应该有的仪表呢！因为我对于我所学的和所赞成的东西还缺乏信心；我对于自己的弱点还心存疑虑。只要让我获得信心，你就会从我的眼睛里看到我本该有的面容和仪表。当雕像造好，打磨好之后，我将把它指给你看。你觉得我指给你看的会是什么？是高傲之色吗？自然不允！奥林匹亚的宙斯难道不是一脸傲慢？不是的，他的凝望的眼神是沉稳而坚定的，这与他下面说的话十分般配：

> 我的话一句不可改，一句不会错。①

我将展现给你的是这些特征：忠诚、谦恭、高贵与平和。“是不是还有不老、不死或不病啊？”不，只是要像神一样地去死，像神一样的去忍受疾病。这就是我所有的能力，也是我所能做的；至于别的，我既没有，也不能做。我将向你显示一下哲学家的筋肉。“你所说的筋肉是什么意思？”永不失败的成功的欲求，避开一切想要避免的东西，恰如其分的追求，考虑周全的目的和仔细斟酌的赞同。这就是你将看到的一切。

9. 我们未能履行一个人的职责，却选择了哲学家的职业

即使仅仅履行一个人的职责，也绝非一件易事。因为人是什么？一个有理性、有道德的动物，有人这样说。首先，用理性因素可以将我们和什么区别开来？野兽。还有呢？羊和诸如此类的东西。请注意，永远不要让自己像个野兽似的行动。如果你真的那样做了，存在于你之内的

① 荷马：《伊利亚特》I，526。

人就会被你毁灭，你就不能完成你的职责。请注意，永远不要让自己像只羊似的行动；如果你真的那样做了，存在于你之内的人也会被你毁灭。那么，我们在什么时候会像只羊似的行动呢？在我们为了口腹之欲而行动的时候，在我们为了性欲而行动的时候，或者当我们行为轻率，举止丑陋，没有经过适当考虑就采取行动的时候，此时我们堕落到了什么样的水平了？羊的水平。毁灭了什么？理性。在我们做起事来表现出好斗、残害、愤怒和粗暴的时候，我们堕落到了什么样的水平了？野兽的水平。只不过事实是，我们中的有些人确实是头个头比较大的野兽，而另外一些人则不过是比较小但却极其狠毒卑鄙的野兽而已，所以我们会说："让头狮子来把我吞掉吧！"① 这些行为就把一个人的职责毁灭掉了。一个复合物在什么时候可以得到保存？在它履行自己职责的时候。因此，救助一个复合物就是要使得组成它的各部分都是真实可靠的。一个分离物在什么时候可以得到保存？在它履行自己职责的时候。长笛、竖琴、马，还有狗在什么时候可以得到保存？（在它履行自己职责的时候。）既然如此，那么如果一个人也以同样的方式得到保存和毁灭，则又有什么好奇怪的呢？与一个人的真正本质相一致的行为可以使每一个个别的人得到增强和保存；对于木匠来说，实现这一点的是木工工作；对于语法学家来说则是语法研究。如果一个人养成了不按语法写作的习惯，那他的语法技艺就必然会被毁灭，最终荡然无存。因此，谦虚的行为保存谦虚的人，而自负的行为则毁灭自负的人；忠诚的行为则保存忠诚的人，而不忠不信的行为则毁灭了他。再有，反面的行为会使得人的反面品格变得更强：无耻让无耻的人变得更加无耻，不忠不信让不忠的人变得更加不忠不信，辱骂让骂人的人变得更加肆无忌惮，愤怒让愤怒的人变得更加愤怒，收入和付出的不均衡让贪心的人变得更加贪心。

这就是为什么哲学家们告诫我们不要仅仅满足于学习，而且还要在

① 指伊索寓言中的名言："让狮子吞掉我，而不是狐狸。"

此基础上进行实践和训练。因为在过去的许多年里，我们已经养成了做和我们所学的东西相反的事情的习惯，并且使用与正确的观念相反的观念。因此，如果我们不能使用正确的观念，我们就只会成为别人观念的解释者。因为此时此地，我们当中有谁不能够就善与恶做一番哲学的论述？谁都会说："在现存的事物当中，有些事物属于善（好），而另外一些则属于恶（坏），还有一些则属于无关紧要；好的事物是指美德和各种具有美德特征的事物；坏的事物则与其相反；而无关紧要的事物则是指财富、健康和名声。"然而，如果我们的演讲被某种非同寻常的喧闹声所打断，或者如果观众中有人在嘲笑我们，我们马上就会变得不安起来。喂，哲学家，你所谈论的那些东西在哪儿啊？你是从哪儿得到的那些你正在说的东西的呀？从你嘴皮子上吧，如此而已。你为什么要玷污那些别人提供的帮助原则？你为什么要对那些我们极度关心的事物任意处理？因为把面包和酒储藏在食品室里是一回事，而吃喝它们则是另一回事。吃喝的东西被消化、分配到身体的各个部分，变成肌肉、肉体、骨骼、血液、姣好的肌肤和舒畅的呼吸。只要你乐意，你可以毫不费力地把你所储藏的东西拿出来和进行展示，但是你却不能从中得到任何好处，除了看上去好像拥有它。你提出的这些原则能比其他思想学派的原则好多少？现在请你坐下，让你论述伊壁鸠鲁哲学，你可能论述的比伊壁鸠鲁本人还要有效果。那你为什么要自称斯多亚派呢，为什么要欺瞒大众，为什么要在你是一个希腊人的时候，扮演一个犹太人的角色呢？① 难道你不明白人们是在何种意义上被分别称为犹太人、叙利亚人或埃及人的吗？举个例子，每当我们看到一个在两种信念之间徘徊的人的时候，我们就会习惯于这样说："他不是一个犹太人，他只是在表演一个犹太人。"然而，一旦当他接受洗礼，采取了一个那种人的精神姿

---

① 看来，爱比克泰德在这里所说的是基督徒，在爱比克泰德所生活的时代，基督徒被人和犹太人相混淆的事情并非罕见。

态，并选择了犹太教时，他就真的成了一个名副其实的犹太人了。我们也可以被假造为名义上是犹太人，而事实上则是其他人。我们的伪装与我们的话并没有保持一致，我们远远没有实践自己所宣扬的原则，也远远没有实践我们骄傲得意的原则，虽然我们看上去好像懂它们似的。结果是，我们连“人”的职责都未能完成，却又承担起了哲学家的职业，一个如此之巨的重担！这就好像一个连十磅重的东西都提不起来的人，却妄想举起埃阿斯（Aias）的石头①一样。

10. 如何通过一个人的身份来揭示一个人的义务

想一想你是谁。首先，你是一个人；也就是说，是一个不具有比自由意志更高权威的能力的人，你让所有的其他事物都从属于自由意志，而自由意志本身不受任何束缚，也不屈服于任何事物。想想看，由于拥有理性能力，你可以与哪些事物分开？你可以和野兽以及羊分开。除此之外，你还是一个世界公民，是世界的一部分，不是命定进行服务的一部分，而是最重要的那一部分；因为你拥有理解神对世界的统治的能力，拥有在由此所产生的结果上进行推理的能力。那么，一个公民的职责是什么？不把任何事物看作一己之私；不在筹划任何事情的时候把自己看作一个独立的整体，而是要像手或脚一样地去行动；因为如果手脚具有了理性的能力，并且理解了自然的构造的话，那它们将永远不会采用别的方式，而总是根据整体的需要来运用选择或欲求。所以，哲学家们说得好，他们说：如果一个美好高贵的人知道将要发生什么样的事情的话，那么这个人肯定会在疾病、死亡和使人残废的过程中向人们提供帮助，因为他懂得这种分配是来自秩序井然的整体的安排，而整体高于局部，国家高于公民。但事实是，我们并不能预先知道将要发生什么样

① 埃阿斯用一块巨大的石头打倒了埃涅阿斯。参见荷马《伊利亚特》VII，264。

的事情，因此，我们的义务就是固守那些在本质上更适合于我们进行选择的事物，因为我们生来就是为此目的的。

其次，你要记住你是一个儿子。这个身份的职责是什么？就是把自己所有的东西都看成是他父亲的东西，在任何事情上都听从他，从不对别人说他的坏话，也不说或做有害于他的事，事事让着他，让他优先，在自己的能力范围内尽可能地帮助他。

再次，你要知道你也是一个兄弟。这个身份的职责是尊重、服从、说话和善，从不在你兄弟那里要求得到超出自己的自由意志之外的任何事物，而是十分乐于将其放弃；这样你就能在处于你的自由意志之内的事物中获得最大的好处。因为你要看看这是什么：以一棵莴苣的代价——如果碰巧——或者一个座位的代价，你就能得到他的亲善，则你从中所获得的好处是何其的多啊！

复次，如果你在某个城市的市镇长老会议里占有一席之地，那么请记住你是一个地方长老；如果你是一个年轻人，那么请记住你是个年轻人；如果你老了，那么请记住你是个老年人；如果你是个父亲，请记住你是个父亲。因为所有这些称呼中的每一个，如果你给予适当的考虑的话，总是指出了与之相对应的行为来。但是，假如你还是说你兄弟的坏话，那我将对你说："你已经忘掉了你是谁，忘了你的称呼是什么。"啊，如果你是一个铁匠而误用了自己的锤子，则你就忘记了自己是一个铁匠；如果你忘记了自己是一个兄弟，而变成了一个敌人，那么，在你自己看来，自己是不是在以无易无？如果你不再是一个人，一个和善的和社会的人，而是变成了一只野兽，一只有害的、危险的和咬人的动物，你难道没有任何损失？什么，必须是丢了点儿钱，才能叫遭受损失吗？难道丢了别的东西就不会给人造成损害吗？如果丧失了使用语言或者音乐的技艺，你会把这种丧失看作一种损害；可如果是要丧失自尊、高贵和温和，你会不会认为这是无关紧要的？不过，那些前面所提到的品质的丧失是由于不在我们意志的权能之内的外部原因造成的，而后面所提到的品质的丧失则是由于我们自身的过错造成的；拥有前面的品质，并不就使人高贵；而将其给丢了，也并不就使人丢脸；但是不拥有后者，或者将其丢了，那就是一种羞耻、一种耻辱和一场灾难。违背自然的欲望的受害者丧失的是什么？人的地位。行为者呢？除了许多其他事物之外，他还和违背自然欲望的受害者一样丧失了人的地位。通奸者丧失的是什么？人的自尊，自我节制，有教养的人的身份，公民的地位，和作为一个邻居的资格。爱生气的人丧失的是什么？其他东西。经常恐惧的人丧失的是什么？其他东西。如果没有损失和损害，没有一个人是恶的。另外，如果你所看到的仅仅是金钱上的损失，那我上面提到的所有的人既没遭受损害，也没遭受损失；而且，如果碰巧，在他们通过上面所说的行为获得金钱的时候，他们甚至还能增加收益。但是请注意，如果你要是把微不足道的金钱当作衡量所有事物的标准的话，那么，按照你的观点，哪怕是一个没了鼻子的人，也没有受到一点儿损害。——“哦，不，他受到损害了。”有人说，“因为他的肉体受到损伤了。”——那么，丧失了全部嗅觉的人是不是没有丢掉任何东西呢？那么，有没有一种叫作“心灵的能力”那样的事物，对一个人来说，拥有它，就意味着获益，而失去它，就意味着损害呢？——你说的能力是什么意思？“难道我们没有一种自然的自尊感吗”？——我们有。——难道一个将这种自尊感毁灭了的人没有遭受任何损失，失去某种东西，丧失某种属于他自己的东西吗？难道我们没有一种自然的忠诚感，友爱感，助人为乐感，和互不干涉感吗？如此，一个让自己在这些事情上遭受损失的人，能被认为是既没有遭受伤害，也没有遭受损失吗？

嗯，那又怎样？难道我不该对损害过我的人报之以损害吗？——首先想一想什么是损害，然后再回忆一下你所听到的哲学家说过的话。因为如果“好”存在于自由意志之中，那么同样的，“坏”也存在于自由意志之中；注意你要说的话是不是这样：“哦，既然某某已经以不公正对待我的方式损害了他自己，那是不是我也要以不公正对待他的方式来损害我自己呢?”为什么我们不能这样清晰地把事情提出来呢?相反,一旦出现了侵害我们肉体或财产的损失,我们就称之为“损害”;然而,难道在我们的自由意志遭到损失的地方,就没有任何伤害了吗?因为上当受骗或做错事的人既没有头痛、眼痛、屁股痛,也没有损失土地。这就是我们所关心的东西,除此之外,别无其他。至于我们是要拥有一种以自尊和诚信为特征的自由意志,还是以无耻和无诚信为特征的自由意志,这是一个我们甚至想都没有想过的问题,充其量只是将其作为一个在课堂上进行琐碎讨论的话题而已。故而,虽然只要我们琐碎的讨论不停止,我们就确实能够取得一些进步;但是除此之外,哪怕是一丁点儿进步都没有。

11. 哲学的开端是什么

对于按照其应有的样子开始从事哲学,并且从正门进入哲学的人来说,哲学的开端是一种意识,一种对于自己在生活的真正重要的事物上的软弱和无能的意识。因为我们来到这个世界上,并非天生就具有直角三角形的概念,或者半分音阶的概念,而是要通过某种系统的教育手段,才能掌握这当中的每个事物的含义。也正因为如此,那些不懂这些东西的人也就不认为自己懂这些东西。然而,在另一方面,来到这个世界上的人,有谁不天生就具备什么是善(好),什么是恶(坏)的观念,以及崇高和卑下,合度和失宜,幸福和不幸的观念,还有什么是相宜和什么是我们命中注定要做某事,以及什么是我们应该做的和什么是我们不应该做的观念?我们全都在使用这些术语,而且还力求使我们关于它们的“把握性的概念”适应于各种特殊的事例。“他做得好,他应该这样,他不应该这样;他很不走运,他很走运;他是一个邪恶的人,他是一个正直的人。”我们当中有谁能忍得住不这么说?又有谁会一直等到领会了其意思之后才去使用这些词语;就像那些对线条或声音一无所知的人只有等到明白了这些术语后才使用它们？其中的理由是，我们来到这个世界上时，“自然”就已经在它赋予我们的这些事物上给予了我们一定数量的教育；我们以此为开端，以后又添加上了我们自己的意见。——哦，以宙斯的名义，就我而言，我难道没有自然赋予的关于什么是高贵和什么是卑下的知识；难道我对这些事物毫无观念吗？——你有的。——难道我没有将其运用到特殊的事例上去吗？——你有的。——那难道是我没有将其恰当地使用？——整个问题就出在这儿，意见也就在这儿开始起作用。因为人们都是从他们所同意的原则出发的，但是由于他们不适当地使用了这些原则，结果就陷入了纷争。因为如果他们能够在拥有共同的原则之外，真正地拥有适当使用原则的能力，那还有什么东西可以妨碍它们成就完美吗？可是现在，既然你认为你也能把你的“把握性的概念”适当地运用于特殊的事例，那么请你告诉我，你是从何处获得这种才能的？——因为我想是这样。——可恰好就在这一点上，别人不认为是这样，而那个人还认为他恰当地使用了原则，难道他不会如是想吗？——他的确会如此想。——那么，你们两个人能在你们持有不同意见的事物上都恰当地运用你们的“把握性的概念”吗？——不能。——那你能向我指出一个位于你们的意见之上的更高的、可以使我们更好地运用我们的“把握性的概念”成为可能的东西吗？疯子会做在他看来是好事之外的别的事吗？这对他来说，不也是一个完美的标准吗？——是的。——因此，到那些比你的意见更高明的事物那儿去吧，并告诉我们它是什么。

看看哲学的开端吧！它是识别人们之间的意见冲突，探寻冲突的起源，谴责纯粹的意见，并对其保持怀疑，开展研究以决定持有的意见是否正确，同时创立一种判断的标准，就像我们为了权衡轻重发明了天平，为了测量事物的曲直创立了木匠准则。——这就是哲学的开端吗？每个人运用得体的事物都是正确的事物吗？而且，相互冲突对立的意见怎么可能都是正确的？因此，不是所有的意见都是正确的。——但是我们的意见就是正确的吗？为什么是我们的，而不是叙利亚人的，埃及人的；为什么是我们的，而不是我自己的，或者某某人的？——没有什么必然如此的理由。——因此，每个人所持的意见对于决断真理并不是一个完美的标准；因为就是在重量和测量当中，我们也不会仅仅满足于外观，而是要发明某种标准来对其进行检测。那么，在眼下的这个例子里，难道就没有一个比意见更高的标准吗？人类最重要的事物无法测定和发现，这怎么可能？——因此，肯定有个标准。——那为什么不去寻找它，发现它，然后当我们找到它之后，就始终不渝地使用它，就像没有它我们甚至连手指都不伸出来？因为，我想这是一种东西，我们发现它之后就可以扫除那些仅仅用意见检测所有事物的人的狂妄；这样，我们就能以人所共知的和辨别清晰的某些原则为起点，在对特殊事例做出判断的时候，使用一种表达清晰的“把握性的概念”的有机系统。

那我们希望审查什么样的主题呢？——快乐。——用标准来检查快乐，将其放入天平之中。“好”是一种我们可以完全信赖和信托的事物吗？——是的。——那我们可以彻底地信赖那些不可靠的事物吗？——不可以。——快乐不包含稳定因素，是吗？——是的。——那么就请把它拿走，丢到天平之外，从“好”的领域赶得远远儿的吧。但是如果你未赋有敏锐的目光，而且对你来说一个天平不够用，那就请再拿一个来。一个人为“好”而欢欣是否合适？——合适。——那么，一个人为目前的快乐而得意合适吗？请千万别说合适；如果你这样说的话，那我将不再把你看成是配得上拥有一架天平的人！

事物就是被这样判断和权衡的，如果我们拥有准备好的标准可以来检测这些事物。哲学的任务就是：审查和建立标准。至于它们变得尽人皆知以后如何使用，则属于美好高贵的人的任务。

12. 关于论证的技艺

一个人在懂得如何使用论证之前应该学习些什么，我们学派的哲学家早已对其做好了规定；然而对如何正确地使用我们所学到的东西，我们还毫无经验。不论在什么条件下，把一个没有受过教育的门外汉交给我们当中任何一个人，与其展开论证，他都将发现他根本无法应对这个门外汉。在稍有进展之后，一旦这个门外汉使其受到挫折，我们的人就会放弃对这个门外汉的努力，继而要么寒碜他，要么对其不屑一顾，并评价道："他不过是个门外汉，对他不可能有任何作为。"然而，真正的向导，无论他什么时候发现一个误入歧途的人，都会引导他重返正途，而不是带着轻蔑的嘲笑或侮辱将其遗弃。你也应该这样向其指明真理，那样，你就会看到他将沿真理而行。当你不能向其指明真理的时候，请不要嘲笑他，而是最好承认自己的无能。

苏格拉底是怎么做的？他经常迫使和他辩论的人成为印证他观点的人，他从不需要另外的证人。这就是为什么他能够说"我不需要任何其他人，而总是满足于让和我辩论的人成为印证我观点的人"和"我不关心别人，而只是关心同我辩论的人的意见"的缘故。[①] 因为苏格拉底总是能够把从概念中得来的结论解释得如此清楚，以致所有的人都能彻底地认识到其中所包含的矛盾而最终放弃争论。"既然如此，则嫉妒别人的人会因为嫉妒而感到欣喜吗？"[②] ——"一点儿也不；他感受到的是痛苦而不是快乐。"（利用术语间的矛盾，苏格拉底已经使和他辩论的另一方进入了论证。）"那好，在你看来，嫉妒是一种因为邪恶的事物而引起的痛苦感吗？可是什么样的嫉妒才是对邪恶的事物的嫉妒

---

① 柏拉图：《高尔吉亚》474A；参见472C。

② 根据色诺芬《远征记》III，9.8和柏拉图《斐莱布》48B。

呢?”(结果，他让他的对手说出了嫉妒是一种因为好的事物而引起的痛苦感。)“很好，那么一个人会为和他毫无关系的事物而感到嫉妒吗?”——“一点儿也不。”于是在对嫉妒的概念做过更为详尽而连贯的论证之后，苏格拉底起身离去；他并没有一开始就说：“请为我界定嫉妒。”然后，当别人如此做了之后，又说：“你所做的是个糟糕的界定，因为界定的术语不符合被界定的事物。”这些全都是理论术语，对于门外汉来说，它们太长，也太沉闷了，很难理解，但是我们却没有因此而放弃这些术语。至于那些门外汉所能理解，并因而能够在他自己外部表象的帮助下拒绝和接受某种建议的术语，我们却根本无法通过使用它们而影响这些人。结果是，由于我们认识到了自己的这种无能，我们自然就不会再做这样的尝试，我的意思是，那些我们当中已经变得十分谨慎的人不会再做这样的尝试。但是大多数轻率的人，如果他们一旦让自己卷入像这样的一类事情当中，他们就不仅会把他们自己弄糊涂，而且还会把别人弄糊涂，最终在骂了对手，自己也挨过骂之后，悻悻然离去。

苏格拉底首要且最具特色的品性是他在论证中从不激动，从不使用辱骂或简慢的词汇，而是忍受别人的辱骂，终止争端。如果你想知道他在这个领域所具有的这种能力有多么伟大，那就请阅读色诺芬的《会饮》吧，然后你就会知道他解决了多少争端。也正因如此，许多诗人都高度地赞扬这样的精神：

> 他很快就机敏地结束了争论，
> 虽然是一个十分重要的争论。[①]

然而，现如今，这项活动已经不再是一个非常安全的活动了，特别

---

① 赫西阿德(Hesiod):《神谱》87。

是在罗马。因为凡是从事这项活动的人，都负有不秘密从事这种活动的义务，而必须到比如某个居于执政官地位的有钱人那里，问这个有钱人："阁下，你能告诉我你把你的马匹托付给谁看管了吗?""当然可以。"那人回答道。"是个随便遇上的人，或者是一个对看马一窍不通的人吗?""没有的事。""还有，你能告诉我你把你的金子、银子或衣服托付给谁了吗?""同样的，我也没把这些东西托付给一个随便遇上的人。""那你是否想过把自己的肉体托付给某个人来照管呢?""啊，当然。""那么，毫无疑问，他也应该是一个在体育训练或医药方面有着特殊技艺的人，是不是?""是的，的确如此。""这些就是你所拥有的最有价值的东西吗?你有没有比所有这些更具价值的别的东西?""你说的到底是什么?""以宙斯的名义，就是那个能够使用所有的别的事物，能够对其进行检验并进行思考的东西。""嗳，你说的是我的灵魂，对吧?""没错，我说的就是这个。""以宙斯的名义，毫无疑问，我认为这是我所拥有的东西中最具价值的东西。""那你能告诉我你用何种方式来照看你的灵魂吗?因为无法想象在这个城市里，像你这样明智和如此受人尊敬的人，会轻率而胡乱地让自己所拥有的最好的东西由于疏忽的缘故而走向毁灭。""当然不会。""但你有没有亲自照看过你的灵魂?你从别人那儿学会如何照管它的方法了吗?或者说你是自己发现了如何照顾它的方法了吗?"接着，危险来了；他会首先对你说："那关你什么事，老兄?你是我的主人吗?"之后，如果你坚持要惹恼他，他就会举起拳头给你一拳。这就是在我落到目前这步田地之前，自己也曾热衷过的事业。

13. 关于焦虑不安

当我看到一个人焦虑不安时，我就会对自己说，这个人想要的能是什么东西呢?因为如果他未曾想要不在他控制范围内的东西的话，那他怎么还会焦虑不安呢？这就是为什么当琴师一个人演唱的时候，他会表现得不慌不忙，而当他一旦进入剧场，就会表现得慌里慌张的缘故，尽管他有优美的嗓音和令人叹为观止的弹琴技艺；因为他想要的不仅仅是演唱得好，而且还想博得掌声，而这已经不再是他所能控制得了的事情了。所以说，一个人只有在他拥有技艺的地方才会表现出自信。把任何一个门外汉带到这个音乐家的面前，他可能连理都不会理他。可是，一旦遇到自己一窍不通，也从未研习过的事情，这个音乐家就会变得惶惶不安起来。我说这话的意思是什么呢？哦，他根本不懂群众是什么，或者说群众的掌声是什么。毫无疑问，这个音乐家肯定学习过如何在琴上弹拨高低琴弦；但什么是群众的赞誉，它在生活中起什么作用，他则是既不知道，也没学过。因此，他必然会紧张发抖、脸色苍白。

当我看到一个人处于畏惧中时，我不能说这个人不是一个琴师，但我也可以说些有关他的别的一些事情，当然不只一件，而是很多。首先，我会把他叫作一个“外来者”：这个人不知道自己在世界的什么地方；尽管他在这儿已经生活了这么长的时间，但对于城市的法律和风俗习惯，自己被允许做什么和不被允许做什么，还是一无所知。不仅如此，他也从未邀请过律师向他讲解和法律一致的用语。可是，如果他不知道应该怎么写遗嘱，或者没有请教过专家，他就会一直不写，他也从不草率地在契约上盖章，或者提供书面担保。尽管没有律师的协助，他却运用欲求和回避，选择和计划，以及目的。我所说的“没有律师的协助”，是什么意思呢？哦，他不知道他想要的并非是允许的，而他想避免的则是无法避免的，他也不知道什么是自己的或什么是别人的。如果他确曾知道，那他就应该从未有过受到阻碍、压制和焦虑不安的感受。可他如何能够？有谁会为并非坏事的东西而感到畏惧？——没有。——那他对虽然是坏事，却是自己能控制的事物感到畏惧吗？——绝对不会。——那么，如果是不好不坏的无关紧要的事物呢？所有与自由意志相关的事物都在我们的控制之下，既没有谁能把它们从我们身上夺走，也没谁能把并非我们想要的东西强加给我们，既然如此，则还有什么好焦虑不安的呢？我们为我们卑微的肉体和微不足道的财产，以及恺撒会怎么想而焦虑不安，却对存在于我们之内的东西毫无焦虑。我们不会为我们没有怀抱一种错误意见而焦虑不安，是不是？——是的，因为它在我的控制之下。——或者为做一个与自然相反的选择而焦虑不安？——是的，也不会为此而焦虑不安。——那么，每当你看到一个脸色苍白的人的时候，就像一个医生从面色上判断说“这个人的脾有病，这个人的肝有病”，你也应该这样说：“这个人的欲求和回避有问题，他的状况不是很好，他在发烧。”因为没有任何别的东西可以改变一个人的面色，使他颤抖，牙齿打战，或者“坐立不安，走来走去”[①]。

芝诺前去见安提贡（Antigonus）时，之所以没有一丝焦虑不安，也是因为这个缘故；因为芝诺看重的东西，安提贡无权染指，而安提贡有权控制的东西，芝诺则毫不关心。然而，当安提贡要见芝诺的时候，他却是焦虑不安的，而这是理所当然的，因为他想取悦芝诺，可这并非是他所能控制的；然而，是芝诺并不想讨好他，正像一个专家不想讨好对他的技艺一无所知的人一样。

我要讨好你吗？这样做，我能得到什么？你知道人判断人的标准是什么？对于了解什么是好人和什么是坏人，一个人如何成为好人或者坏人，你关心过没有？你自己为什么不是一个好人？——他答道：你怎么知道我不是一个好人？——啊，因为没有一个好人会伤心、呻吟或悲叹，也没有一个好人会脸色发白、颤抖或者问：“他将如何接待我？他会不会听我说？”奴隶啊！他会以在他看来合适的方式接待你，听你说。你为什么要关心那些不是你自己的东西呢？如果他没把你所说的话当回事，难道这不是他自己的错吗？——当然是。——对一个人来说，可不可能犯错误的是一个人，而受害的却是另一个人呢？——不可

① 荷马：《伊利亚特》XIII，281。

能。——那你为什么还要对不是自己的东西而焦虑不安呢？——你说的都对，可我仍然担心我该怎么对他说。——什么，难道你没有被赋予自己乐意怎么说就怎么说的特权吗？——有的，可我担心自己会慌乱不安。——当你写 Dio 这个名字的时候，你没有感到过慌乱不安，是不是？——是的，一点儿也没有。——什么原因呢？难道不是因为你练过书写吗？——是的，当然。——还有呢？如果你要读点东西，你将同样不会感到慌乱不安，是不是？——简直一模一样。——什么原因呢？啊，因为每种技艺在其自身的内部都拥有一种力量和信心的元素。你做过演讲没有？在学校里你还练习些什么？——三段论和包含了模糊前提的论证。——为了什么目的？难道不是为了使你自己能够娴熟地运用论证吗？"娴熟地"的意思难道不是合宜地、有把握地、理智地、不犯错误地、毫无阻碍地，除此之外，还有自信地吗？——的确如此。——那好，如果你骑马来到平原上，遇见一个步行的人，你还会焦虑不安吗，假设你受过训练，而别人没有？——不错，你说的都对，可是恺撒却有要我命的权力。——可怜的人啊，那就请你说实话，不要吹牛，不要声称自己是个哲学家，也不要不认自己的主人；一旦让他们借着你的肉体抓住你怕死这一点，你就得尾随任何一个比你强大的人。苏格拉底经常练习不同的谈话，他对僭主①说话，他对审判他的法官说话，他还在监狱里说话。第欧根尼也说过很多话——他对亚历山大谈话，他对菲利普、海盗，对购买他的人谈话……（如此诸事）只有那些对其具有严肃兴趣和勇敢的人才能做到；至于你，则请走开去关心你所关心的事吧，再也不要和它们分开；走进属于你自己的角落，坐下来，编织三段论，并将其提供给别人吧：

在你身上国家未能发现一个真正的领导者。

① 指"三十僭主"。在苏格拉底去世之前不久，他们曾经对雅典进行过短暂的统治。

14. 与纳索的谈话

有一次，一个罗马公民在他儿子的陪伴下进来，听爱比克泰德读了一段课文[①]，爱比克泰德说道：这就是我教学的风格，然后就默不作声了。当这个罗马人提出请求，想知道接下去的事情时，爱比克泰德答道：对于一个没有经验的外行来说，任何技艺方法的讲授都是枯燥乏味的。然而技艺产品本身当初被制造时，它却立即可以显示出它们对于实现一定的目的的用途，而且大多数的技艺产品都具有一定的魅力与吸引力。举个例子，站在一边，看一个鞋匠学习手艺的过程，的确不是件令人愉快的事，可是，鞋是有用的，而看看鞋也不失为一件令人愉快的事。对于碰巧观看的外行来说，教授木匠的过程特别的乏味没劲，但是木匠的产品却显示了他的技艺的用途。你会发现对于音乐而言，尤其如此；当某人上音乐课时，假如你站在旁边，教授的过程会让你认为这是所有事情中最令人不愉快的事情；可是，音乐的效果在外行听起来，却是甜美悦耳的。

就我们自己而言，也是如此，我们将哲学家的工作描述如下：他必须使自己的意志和所发生的事情保持和谐一致，这样，一方面，所有发生的事情就不会违反我们的意志而发生；另一方面，所有没发生的事情就不会在我们想要它发生的时候却不发生。这样做的结果是，对于那些受过这种哲学功课训练的人来说，在欲求方面，他们不会失望，在回避方面，他们不会陷入他们想要避免的事物当中；这样每人的生命就都会是属己的，没有痛苦，没有恐惧，没有纷扰，与此同时，又能够与保持他人的天然的以及习得的关系，也就是与他们保持儿子、父亲、兄弟、公民、妻子、邻居、结伴旅行者，统治者和被统治者的关系。

① 这是爱比克泰德的教学法。

我们把哲学家的成果描述为某种像这样的事物。在此之后，事情就是要找到实现这种成果的途径。那么，我们看到，木匠是通过先学习某种事物而后才成为木匠的，舵手也是通过先学习某种事物而后才成为舵手的。那么，就我们而言，仅仅想要成为一个美好而高贵的人并不够，而是必须要先学习某种事物，难道不是吗？那么，我们就要寻找这种事物是什么。哲学家们说，我们必须要学习的首要之事就是：存在着神，是他供养着宇宙，一个人要对神隐瞒是不可能的，不仅要对他隐瞒行动不可能，而且甚至是要对他隐瞒目的与思想也不可能。其次，我们必须要学习诸神是什么；因为不管我们发现他们的特征是什么，打算取悦与遵从诸神的人都必须尽其所能地模仿他们。如果神性是诚信的，他也必须是诚信的；如果神性是自由的，他也必须是自由的；如果神性是仁慈的，他也必须是仁慈的；如果神性是高尚的，他也必须是高尚的，诸如此类；因此，在他的一言一行中，他都必须模仿神去做。

那么，我应该从哪里开始？——如果你打算着手这项任务，我要说你首先应该知道术语的含义。——那么你是在暗示说我现在不懂术语的含义吗？——你不懂。——那么，我怎么又能够使用它们呢？——你使用它们就像文盲使用书面语言，就像牛马使用外部表象；因为使用是一回事，而懂是另一回事。但是如果你认为你懂得术语，那就随你提出任何一个术语，让我们测试一下我们自己，看看我们是否懂得它。——但是对一个业已颇为年迈的人，而且，如果碰巧还是一个已经经历了三次战役[①]的人，经历一场测试并不是件令人惬意的事情。——我本人也意识到这一点。因为现在你就像一个什么都不需要的人来拜访我。而且谁又能想象你还缺少什么呢？你有钱，有孩子，也许也有妻子，有众多的奴隶；恺撒认识你，你在罗马有很多朋友，你履行了你承担的职责；当

① 根据恺撒的法律，一个有资格进入市政当局元老院的人必须是在骑兵队经受过三次战役的人，或在步兵团经受过六次战役的人，这里所指的可能就是这条规定。

一个人对你有所裨益或有所损毁的时候，你知道如何给予相应的回报；你还缺少什么呢？因此，如果我展示给你看，你所缺少的是对于幸福而言最必需最重要的事物，而且迄今为止你从未把你的精力集中于适合你做的事情上，而且如果我最后[①]加上说：你既不知道神是什么，也不知道人是什么，善是什么，恶是什么——如果我说你对于这些事情无知你或许可以忍受；但是如果我说：你不认识你自己，你怎么可能忍受得了我，忍受和容忍我的质问而待下去？你根本做不到那样，相反，你会怒气冲冲地马上离去。然而我对你造成了什么伤害呢？根本没有，除非镜子通过照出一个丑陋的人的丑陋模样会伤害这个人；除非你以为当医生对病人说他有病时是在侮辱这个病人，“老兄，你认为你什么事情都没有；但是你在发烧，今天什么都不要吃，只能喝水”。但是没有人会说：“这是多么可怕的冒犯啊！”然而，如果你告诉一个人，“你的欲求太狂热，你的回避太卑鄙，你的目的不一致，你的选择与你的自然不协调，你的基本概念混乱而且错误”。他立即退场说：“他侮辱我。”

我们的状态就像那上集市的人。[②] 牛与牲口被牵到那儿待售，大部分的人都在从事买卖，然而，却有少数几个人只是来看看集市，看看它是怎么运转的，看看是谁安排它以及为什么要安排它，他为的是什么目的。我们所居住的这个世界“集市”也是如此；有些人像牲畜一样，只对他们的饲料感兴趣；因为对于你们当中所有操心财产、土地、奴隶、这个或那个公职的人来说，所有这些不是别的，只是饲料！只有为数极少的几个人是因为他们对观看的兴趣来参加集市的。“那么，什么是宇宙”？他们问，“是谁管理它？没有人吗？然而那又怎么可能，即便是一个城市或一个家庭，如果没有人管理或照料它，要维持一段很短的时间也是不可能的，何况这样一座伟大而美丽的建筑，难道它仅通过

① “the colophon”即最后的一笔。这是一个当进入作品的尾声的时候，用于点明主题和其他解释性的材料的词。

② 这是一则毕达哥拉斯的著名比喻。

纯粹的偶然与碰巧就能维持如此有条不紊的秩序吗？因此，肯定有一个管理者。他是怎样的一种存在，他又是怎么管理它的？我们这些被他创造的人是什么？我们是为了什么目的而被创造的？我们真的与他有某种关系与联系吗？还是根本就没有？”这就是为数极少的几个人感兴趣的方面；从那时起，他们仅在这一件事情上花费时间——在他们辞世之前仔细研究这人生“集市”。那么，这有什么结果呢？他们被众人嘲笑，完全就像在真实的集市里仅作壁上观的人会被商人嘲笑一样；是的，如果那些牲畜本身也像我们一样知道发生的是什么事情，它们也会嘲笑那些除饲料之外却对其他事物感到惊奇和赞美的人。

15. 论那些一旦形成判断就固执己见的人

有一些人，当他们听到以下的告诫：一个人应该坚定不移，自由意志天然就是自由的和不受强制的，而任何其他事物则都是易受影响与强制的，是受制于人而非由我们自己掌握的，这些人于是就想当然地以为，只要他们形成了一个判断，他们就应该坚定不移地坚持它。然而要知道，这个判断首先必须得是一个健全的合理的判断。尽管我想体力充盈，但这必须是处于健康的和身强力壮的状态中的躯体的精力充盈；然而，如果你展示给我看的是：你拥有一个疯子的精力，而你还以拥有这种精力而自豪，我会对你说：“老兄，去找个人给你治治吧。这不是精力，而是虚弱。”

以下是另一种错误地听到这些告诫的人心里的反应。例如，我的一位朋友全然无缘无故地下定决心要绝食到死。当他已经绝食到第三天的时候，我了解了这一情况，于是去问发生了什么事情。——我已经决定了，他回答道。——很好，但是你还是要告诉我是什么促使你这样决定的呢？因为如果你的判断是正确的，看，我们都会支持你，我们都准备帮助你离开这个人世；但是如果你的判断是不合理的，那就改变它。——我必须遵守我的决定。——什么？老兄，你要做什么？你要遵守的不是你所有的决定，而只是那些正确的决定。比方说，如果你此刻确信你的决定是正确的，你就不要改变它；如果那决定看上去对你最为适宜，你就遵守它，而且可以说你理应遵守你的决定！难道你不希望使你的开端与基础牢靠？也就是说，你首先要考虑你的决定是合理还是不合理，唯有在你完成此事之后，才由此而继续构建你的决断的大厦与你的坚定的决议。但是如果你打下了一个腐烂的和破碎的基础，在那上面你甚至连一座小小的建筑也构建不起来；而且你构建的上层部分越大越强，这建筑倒塌得就会越来越快。你现在要无缘无故地夺去一个我们的亲密朋友，一个与我们在同一个国家，既在同一个大国[①]又在同一个小国的公民的生命；然后，尽管你在谋杀，在毁灭一个无辜者的性命，你却说你“必须遵守你的决定”！但是，假如你在某个时候产生了要杀我的判断，难道你也必须遵守你的决定吗？

唉，说服那个人是件艰苦的工作，但是如今有一些人根本不可能被说服。我觉得我现在终于懂得了那句我原来不懂的谚语的含义：“一个傻瓜是既不能被说服也不能被制服的。”[②] 但愿我永远不会有一个聪明的傻瓜做朋友![③] 没有比这更难处理的事了。“我已经决定了。”他说！嗯，是的，疯子也是那样决定的，但是他们那错误的决定愈是坚决，他们需要的藜芦[④]就愈多。难道你不要像一个病人那样，去请一位医生吗？“我病了，先生；救救我。请看看我应该做什么；遵从你是我的职责。”现在的情况也是如此。“我不知道我应该要做什么，但是我已经开始认识到了。”那才是他应该说的。可是，别人听到的却是这个：“与我谈论其他任何事情都行，但是在这一点上我已经决定了。”确实

① 按斯多亚派的说法，即指这个宇宙。
② 指既不受理性引导也不受强力影响；既不弯，亦不折。
③ 一个饶舌激辩的固执的人。
④ 在古罗马时代，通常用于治疗精神错乱。

是“其他任何事情”！什么，相对于确信这样一件事——即一个人仅仅是做出决定然后就拒绝改变它是不够的，难道还有什么事情更为重要和更加于你有利吗？这些是疯癫者的精力，而非健康者的精力。“如果你强迫我这样，我宁愿去死。”为了什么，老兄？发生了什么事？“我已经决定了！”对我而言，你没有决定杀死我可真是幸运！可能还有人会说，“我做事情，但是不会拿酬劳”①。为什么要那样？“因为我已经决定了。”确信无疑地，你也完全可能某一天失去理性，那时你又会因为你做的事情而要求酬劳了，你要求酬劳的热情将会和你现在拒绝酬劳的热情同样高，而且你又会说，“我已经决定了”；你全然就像一个患了血露症的躯体，血液的流动一会儿向这个方向，一会儿向那个方向。患了病的心理也是那样；它要朝向哪个方向是不定的，但是当强烈的热情被加在某个倾向上而放任自流的话，那时候邪恶就已经无可救药了。

16. 我们未运用我们对事物的“好”与“坏”之判断

“好”存在于何处？——在自由意志之中。——“坏”存在于何处？——在自由意志之中。——那不好不坏的事物又存在于何处呢？——存在于自由意志领域之外的事物之中。——好，那又如何呢？我们当中有谁在课堂之外还记得这些言论呢？我们当中有谁在他独自一人的时候，以他回答这些问题的方式去对事实做出回应呢？“现在是白天，对吗？”“是的。”“那会怎么样呢？现在是夜晚吗？”“不是。”“那会怎么样呢？现在星辰的数目是偶数吗？”“我说不上来。”当有人向你炫耀钱财的时候，你练习了给出正确的答案——即钱财并不是“好的事物”的答案了吗？你是一直在训练你自己这样给出答案，还是仅仅为了抗辩、诡辩？那么，为什么你要惊异于发现：在你已经进行练习了

① 可能是一些犬儒派针对爱比克泰德的批评责难。

的领域里你会进步，而在你没有进行练习的领域里，你仍然保持原样呢？尽管讲演者知道他已经创作了一篇很好的演说词，已经记住了他所写的内容，而且打算用悦耳的声音去进行讲演，他仍旧焦虑担忧，这是为什么？是因为他并不仅仅满足于讲演术的实践。那么，他想要什么呢？他想受到听众的赞扬。他确实已经为了能实践讲演术的目的而训练他自己，但是他并没有就表扬与责备而训练他自己。因为他什么时候曾经听人说过赞扬是什么，责备是什么，什么是它们各自的本质呢？他什么时候听人说过哪一种赞扬是要去追求的，哪一种责备是要力求避免的呢？他什么时候曾经依照这些原则修过这门训练课程呢？这样，他在他研习了的领域超越所有其他人，而在他没有进行过训练的领域，他与大众不过半斤八两，你还会对此感到惊异吗？他就像一个懂得如何演奏竖琴的琴师，唱得不错，穿着漂亮平滑的长袍，但当他登上舞台的时候，他仍旧战栗发抖；因为前面的事情他都懂，但是他并不知道大众是什么，也不知道大众的嚷叫与嘲笑是什么。而且，他甚至不知道这种焦虑本身是什么，不知道它是某种我们可以控制的事物，还是某种超出我们控制能力之外的事物，不知道他能阻止还是不能阻止它。那就是为什么要是他受到了赞扬，他便趾高气扬地走下舞台；但是如果受到了奚落嘲笑，他那可怜的自负的风袋就被刺穿泄气了。

我们也在经历同类的事情。我们羡慕的是什么？外部事物。我们兢兢业业地忙于什么？外部事物。那么，我们对于自己怎么常常会陷入恐惧与焦虑感到困惑吗？当我们把即将发生的事情认作是邪恶的事情的时候，还有什么其他的事情可能发生？我们只能恐惧，我们只能焦虑。然后我们说："主啊，神啊，我怎样才能逃离这焦虑？"傻瓜，你没有手吗？难道神没有为你配备吗？现在坐下来，祈祷你的鼻涕不要再流吧！你倒不如揩拭你的鼻子而不要去责怪神！那便怎么样呢？在当前的情况下他没有给你任何有帮助的东西吗？他没有给予你忍耐力，他没有给予你宽宏的胸怀，他没有给予你勇气吗？当你具有这些有用的援助的时候，你仍旧要找个人来为你揩拭鼻子吗？但是我们既没有实践也没有操心过这些美德。你难道能指出一个关心他怎样做某事的人来，指出一个不是关心获得某样东西，而是关心他自身的行为的人来？有谁在他漫步之际沉思自己的行为？有谁在他筹划之际关心的是计划本身，而不是关心获得他计划获得的东西？然后如果他获得了它，他就会非常骄傲地说：“是呀，确实，我们做了个多么好的计划啊！我不是告诉过你嘛，老兄，如果我想做任何一样事情，这个计划就不可能有其他的结果？”但是如果这个计划失败了，他就会变得卑贱而可怜，他甚至对于所发生的事情找不到任何解释。我们当中有谁曾经为了这种事情请教过一位预言家呢？我们当中有谁为了获得关于我们行为的启示而在庙堂之中过夜呢？有谁？只要指出一个给我看，让我可以看到他，那个我长久在寻觅的人，那个真正高尚而又有天赋的人；不管他是年轻还是年老，只要把他指出来！

那么，我们为什么还会对于这些事情感到惊奇呢？即，尽管在物质事物上我们的经验非常的丰富，但在我们的行为中，我们每个人却都是卑劣的，不适当的，无价值的，懦弱的，不愿承受辛劳的，完全失败的。因为我们在过去的时间里没有在这些事情上烦心，甚至到如今我们也未曾在这些事情上进行过练习。如果我们害怕的不是死亡或流放，而是恐惧本身，那么我们就应该练习如何去遭遇那些对我们而言显得是坏事的事物。但是事实上，在教室里我们热情如火，滔滔不绝，如果提出了关于这几个话题中的某个小问题，我们都能够推出它的逻辑结果；然而如果谁拉我们进入实际的应用，你就会发现我们成了遇难船只上的可怜的船员。假设我们想到了一些令人烦扰的事情，你就会发现我们一直在练习的是什么，我们是为了什么进行练习的。结果，因为我们缺乏练习，我们总是特意堆积我们的恐惧，使它们变得比它们实际所是的更大。比方说，只要我出海，俯瞰的是深深的海洋，放眼四望，水面汪洋，看不到陆地，我就不知所措了，只是臆想着如果我失事了，我就得吞下这整个浩瀚的海水；但是我就没有想到，其实有三罐水就足够了。那么，是什么烦扰我呢？是这浩瀚的海洋吗？不，是我的判断。还有，当发生地震时，我就臆想着整个城市都要坍倒在我的头上了；咳，难道不是一小块石头就足以打破我的脑袋吗？

那么，是什么事情压在我们的心头，逼得我们失去理智呢？怎么，除了我们的判断之外还有其他东西吗？因为当一个人从此要舍弃他所熟悉的伙伴、地方以及社会关系时，使他烦恼不堪的负担除了一个判断之外，还有什么呢？确实地，当孩子们因为保姆的离去而哭泣时，只要一得到小甜饼，他们便会忘记他们的烦恼。因此你想让我们像孩子们一样吗？不，以宙斯的名义！因为我所主张的是，我们应该以这种方式受到影响：不是受小甜饼的影响，而是受到正确判断的影响。什么是正确的判断呢？就是一个人应该终日训练的事情，他不要致力于不是他自己的东西，不要致力于同伴、地方、室内体操场，而且甚至不要致力于他自己的身体；而应该谨记法律，让它终日不离他的眼前。什么是神的法律呢？守卫他自己的东西，而不要染指不是他自己的东西；利用那被给予他的东西，而不要去渴求那没有被给予他的东西；当某样东西被取走了，要毫不耽搁地欣然地放弃它，且要为了他拥有使用权的那段时间而心存感激——如果你不希望哭着要奶喝、要保姆，所有这些就是你要练习的！因为一个人偏爱的和依靠的是什么东西又有什么要紧呢？如果你为了一个微不足道的健身房，一个微不足道的柱廊，一群年轻人，以及这样过日子的方式而悲哀的话，你又在哪一方面胜过了那因为一位少女而哭泣的人呢？有个人来到这里，因为他将再也喝不到德西（Dirce）的水①而悲伤不已。怎么，马西安水渠（Marcian aqueduct）里面的水比德西的水要差吗？“不是，但是我已经习惯了德西的水了。”那么反过来你也会习惯马西安的水的。然后，如果又习惯于这种水，你又会再次

① 德西的泉水位于底比斯；当时马西安的输水管把好水运送到罗马。

为它悲泣的，还会努力模仿欧里庇得斯的诗的风格写下一行诗句：

愿再访尼禄温泉和马西安的泉水。

看啊，当日常事件落到傻瓜身上时，悲剧是如何发生的！

“那么，我什么时候会再看到雅典和卫城呢？”可怜的人，你难道不满足于你现在每天之所见吗？你要看的有什么东西比太阳、月亮、星辰、地球、海洋还要好，还要伟大呢？如果你真的领会了那统治宇宙的神，走到哪儿都把他装在心中，你还会想念几块小石头与一块漂亮的岩石吗？① 因此，当你即将离开太阳与月亮的时候，你会干什么呢？你会坐下来像小孩子们那样地哭泣吗？你在学校都做了什么？你在学校听到和学到了什么？当你本应该写下如下事实的时候，“我学了一些入门知识，读了一点克吕西玻，但是我甚至还没有迈进哲学家的门槛”，你为什么把自己写成一个“哲学家”？因为在那死得那样高尚、活得那样高尚的苏格拉底曾尽职的事业中我尽了什么职责吗？或者在第欧根尼尽职的事业中我尽了什么职责吗？你能想象这些人会因为他看不到某某男人，或某某女人，或因为不能住在雅典或科林斯，而且，如果非常碰巧的话，因为不能住在苏萨（Susa）或埃克巴塔纳（Ecbatana）而烦恼哭泣吗？怎么，那在他想要离开宴会的时候就可以自由地离开的人，那可以随意地不再继续这个游戏的人，会因为留在那儿而烦扰不堪吗？难道他不是像孩子们那样，唯有他能从中得到快乐时才会留下来吗？确实的，这种人很可能会忍受终生流放或流放到死，如果这是对他的判决的话。

你都那么大了，难道你还不愿意像孩子们那样断奶，日益多吃固体食物，不再哭着喊着要保姆与喝奶吗——那只是老妇人的哀伤啊？“但是如果我离去，我会引得那些老妇人悲伤的。”你引得她们悲伤？

---

① 指卫城的岩石和建筑于其上的大理石神庙。

根本不会，要知道那引得她们悲伤的东西与导致你自己悲伤的东西是同一样东西——即坏的判断。那么，你能干什么？去除那坏的判断；而且，如果她们做得好的话，她们也能够去除她们那坏的判断的；否则，她们就会悲哀，但那也是自作自受。老兄，话说到这个份上，至少现在不顾一切地做点事，追求平静、自由与高尚吧。终于能像个挣脱枷锁的男子汉那样地抬起你的头，大胆地面对着神说："从今以后利用我做你想做的任何事；我与你一条心；我是你的；我不渴望免除任何在你的眼中是善（好）的事物；请朝你愿意的地方引领我；用你想用的衣物缠裹我。你要让我担任公职，还是留在个人生活中；是待在这里还是流放；是贫困还是富裕？我将捍卫你在人前所做的一切；我将展示每件事物真正的本质是什么。"不，你不会；你还是像女孩子们那样待坐在屋里，等候你的保姆来喂你吃喝吧！如果赫拉克勒斯(Heracles)待坐在家中，他会相当于什么？他就会是尤里都斯(Eurytheus)[①] 而不是赫拉克勒斯了。嗨，赫拉克勒斯在他来往走遍全世界的时候，结识了多少相知与好友？不，他没有任何朋友比神更亲。那就是他被认为是神的儿子的原因，而且他确实是神的儿子。因此，也正是遵循了神的意旨，他才到处清除邪恶与非法。但是你不是赫拉克勒斯，你说你不能清除其他人的邪恶，而且，你甚至不是提修斯（Theseus）[②]，不能像他那样能够仅清除阿提卡（Attica）地方的邪恶。那好，你就清除你自身的邪恶吧。就从这里，从你自己的意识里，不是把普鲁克卢斯泰斯（Procrustes）和西隆（Sciron）[③] 扔出去，而是把悲伤、恐惧、欲求、嫉妒、幸灾乐祸扔出去；抛掉你的贪婪、

① 传说中一位怯懦的、不喜离家的国王。他命令赫拉克勒斯进行各种各样的辛苦劳作。

② 据传是雅典第一位国王。

③ 在雅典与麦加拉之间路上滋扰生事的两个著名强盗，提修斯给了他们罪有应得的惩罚。

柔弱与荒淫。你唯有独自面对神，完全地献身于他，将他的命令奉为神圣，你才能抛掉这些东西。但是如果你对任何其他东西有所期望，那你就只能依附在比你强大的事物的后面悲哀叹息；总是在你自身之外寻找宁静，但却永远得不到宁静。因为你到不存在宁静的地方去寻找宁静，却忽视了到宁静所在的地方去寻找它。

17. 我们应该怎样让“事先的理解”[①]适应具体情况

什么是一个实践哲学的人的首要事务呢？打消他自认为有知识的这种判断；因为让一个人学习他认为他知道的东西是不可能的。然而，当我们求助于哲学家们的时候，我们都聒噪着闲聊什么是应该做的，什么是不应该做的，什么是善的，什么是恶的，什么是正当的，什么是不正当的，并且还在这些基础上进行赞扬与指责，批评与申斥，对于正当与不正当的实践进行评判，在它们之间进行区分。但是我们求助于哲学家们的目的是什么？为了学习我们认为不知道的东西。那是什么东西呢？普遍原则。我们当中有些人想学习哲学家们所说的话，他们认为哲学家们所说的话都会是精明机智的；而其他人则因为希望能够从中获益。但是，认为当一个人想学习一件事情的时候，他事实上却将学会另一件事情；或者简而言之，一个人在任何事情上能够不经学习就会取得进步，这样的判断是荒唐的。但是大众与那位演说家色奥旁普斯（Theopompus）有着同样的误解，他曾批评柏拉图想定义每个术语的期望。他说了什么？“我们中就没有人曾在你之前用过‘善’或‘正当’这些词吗？或者，我们难道不理解这些术语各自的含义，而只是在发出一些模糊而空洞的声音？”可是，谁告诉了你，色奥旁普斯，我们不具

① “事先的理解”（a preconceived idea）这个词，我们在前面也翻译成“事先把握的概念”，“把握性概念”。——中译者注

备对于每个术语的自然领会，即，对它没有一个事先的理解呢？但是，在没有把事先的理解系统化以及在没有提出这个问题——哪一个具体的事实应该被归入哪一类“事先的理解”——之前，我们不可能把我们的事先的理解适用于相称的事实。例如，假设你对医生也这么说：“什么，我们当中有谁在希波克拉底出生之前没有使用过‘健康的’和‘患病的’术语呢？或者我们在说这些术语的时候仅仅是发出了空洞的噪音？”我们当然对“健康的”观念有一定的事先的理解，但是我们却不能应用它。这就是人们对一件事情众说纷纭的原因。一个人说，“要禁食”，另一个人说，“要增加营养”；又一个人说，“要放血”，另一个说，“要拔火罐”。原因是什么呢？难道不正是一个人不能适当地把他对“健康的”的事先理解应用于具体情况吗？

同样的，在人生之事中，这种情况也是存在的。我们当中有谁不是在嘴边挂着“好”与“坏”，“有利”与“不利”这些词呢？因为我们当中有谁不是对于这些术语中的每一个都有一种事先的理解呢？很好，但这种事先的理解被放进了一个体系中了吗？它是完整的吗？那就证明它是这样的。“我怎么证明这件事？”把那事先的理解适当地运用到具体事例中去。比如，柏拉图把定义归入“有用的”的事先理解之下，但是你却把它们归入“无用的”的事先理解之下。那么，你们两个人可能都对吗？那怎么可能？不是有人把他对“好”的事先理解应用于财富这个事实，而另一个人却不这样吗？不是又有人把“好”的事先理解应用于快乐这个事实，然而还有人把它应用于健康这个事实吗？确实，总结起来，如果我们所有把这些术语挂在嘴边的人对于各个术语拥有的不仅仅是空洞的知识，而且不需花费任何辛劳就能系统化地安排我们的事先理解的话，那我们彼此之间为什么还会不一致，为什么还会争斗，为什么还会谴责？

而且我又有什么必要提出我们彼此之间的争斗呢？就拿你自己来说吧：如果你适当地运用了你的事先理解，为什么你还会受困扰，为什么你还会受阻碍？让我们暂时略过第二个研究领域①——它涉及我们的选择以及与选择相关的我们的责任。让我们也略过第三个研究领域——它与我们的赞同相关。我把所有这些都赠予你。让我们仅限于关注第一个领域，这个领域已经呈现出你没有适当地运用你的事先理解的一个明显的证据。你这时候欲求的事物是一般而言对你是可能的和特别而言对你是可能的吗？如果是那样的话，你为什么还会有阻碍？你为什么还会受困扰？难道你在这时不是在努力逃脱那不可避免的事情吗？如果是那样的话，你怎么还会陷入麻烦，你为什么还会不幸？为什么在你想望某事的时候它却不发生，而在你不想让它发生的时候，它却发生了？因为这就是麻烦与不幸的最强有力的证据。我向往某些事情，它却不发生；有什么人比我更惨呢？我不想让某事发生，它却发生了；有什么人比我更惨呢？

比方说，美狄亚（Medea）因为她忍受不了这个，竟至于杀死她的孩子。不过她的举动至少在这方面是一个伟大灵魂的举动。因为她对于一个人的愿望不能实现意味着什么有一个正确的概念。“很好，那么”，她说：“在这些情形下我将对那伤害和侮辱我的人实施报复。我从他陷入不幸的境地中能得到什么好处呢？报复怎么进行呢？我杀死我的孩子。但是这样我也会是在惩罚我自己。然而我关心的是什么呢？”这就是一个拥有巨大力量的灵魂的迸发。因为她不知道做我们想做的事情的力量存在于哪里——我们既不能从我们自身之外获得这种力量，也不能通过妨碍与扰乱事物获得这种力量。放弃留住你的丈夫的欲想，那么你所欲想的事物就没有不发生的。放弃无论如何要与他一起生活的欲想，放弃要留在科林斯的欲想，一句话，放弃对所有不是神所想要的东西的欲想。那么谁能阻碍你，谁能逼迫你？没有人，就像没有人阻碍或逼迫神宙斯一样。

---

① 根据爱比克泰德，这三个领域是：欲求，选择，赞同。

当你有像宙斯那样的一位领导者，而后又让你的希望与欲求与他的一致，你为什么还要害怕你会失败？如果你回避贫困，欲求财富，你就会得不到你想要的事物，你会陷入你想要避免的事物。你把回避和欲求放到健康上面，那你就难免不幸。如果你把你的回避和欲求放到公职、荣誉、国家、朋友、孩子，总而言之，放到处于自由意志领域之外的任何事物上面，结果也难免如此。你应该把你的回避和欲求交给主神与其他诸神，交付给他们保管，让他们实施控制；让他们去安排你的回避和欲求——你怎么还会受到困扰？但是如果你显得是一个善嫉妒的和可怜的人的样子，显出遗憾、羡慕、怯懦，没有一天不是在悲叹你自己和诸神中度过，你怎么仍然能说你是受过教育的呢？伙计，你所指的是哪一种教育呢？因为你曾致力于三段论与包含模糊前提的论证吗？如果可能的话，你就不能不学这些东西吗？然后从头开始，意识到迄今为止你甚至还没有触及事物的本质；从今往后，在此基础上再一个个添加随后的——以便使你不希望的事物不会存在，你所希望的事物不会不存在？

只要你给我一个这个领域的选手，一个抱着这个目的来到学校的年轻人，他说："就我而言，我可以放弃任何其他东西；只要我能无拘无束、无忧无虑地自由地生活，能够在面对各种事情时像个自由人那样地挺直我的脖颈，能够作为神的朋友那样仰望天空，能够对可能发生的事情毫无畏惧，我就满足了。"你们当中有谁能为我指出这样一个人，以便我能对他说：年轻人，进到你自己的领域去吧，因为为哲学增光是你的使命，所有这些物，这些书，这些讲演，它们都是你的。然后，当他兢兢业业地通过了第一个研究领域并像一个运动员那样地技艺娴熟时，让他再来找我，对我说："确实，我想变得宁静而无纷扰，不过作为一个敬畏神明的人，作为一个哲学家和一个勤勉的学生，我也想知道我对诸神、对父母、对兄弟、对我的祖国、对陌生人的责任是什么。"现在进入第二个研究领域，这也是你的。"是的，但是我已经研究了这第二个领域。我想要的是不仅在我清醒的时候，而且在我睡着的时候，醉酒的时候，精神失常的时候，我都能坚定不移。”伙计，你是一个神，你拥有的是一个何其伟大的计划！

然而事实却不然。有人说：“我希望知道克吕西玻在他的《论说谎者悖论》[1] 一文中想要说的是什么意思。”如果那就是你的计划，那就走开，你这个可怜虫！知道那个于你有什么好处？你将带着悲伤读完整篇文章，然后你战栗着与别人谈论它。这也是你们的行为方式，我的听众们。你说：“我先为你大声朗读，兄弟，然后你再为我大声朗读？”[2] “老兄，你写得太精彩了。”然后又说，“你有以色诺芬的风格写作的伟大天赋”，“你有以柏拉图的风格写作的伟大天赋”，“你有以安提司底尼斯的风格写作的伟大天赋”。然后，在你们彼此间痴人说梦之后，你还是回到同样的事情上；你拥有的仍然是与以前同样的欲求，同样的回避，你还是以同样的方式做选择、做计划，以同样的方式确定目标，你所祈求的和感兴趣的仍然是同样的事情。其次，你甚至不去寻求什么人来给你指导，如果有人对你说我现在对你说的话，你反而会变得恼怒。而且，你说：“他是一个没有人情味的老家伙；我离开的时候他都没有哭泣，也没有说：‘我担心你要进入的是一个非常艰难的处境，我的孩子；如果你能平安度过，我将为你点燃灯火。’”这就是一个有人情味的人要说的话吗？一个像你这样的人能够平安度过困境是一件极大的幸事，是一件值得燃灯庆祝的幸事！你当然是应该免于死亡与疾病的！

就像我说过的那样，正是这种臆想我们知道某些有用的东西的自负，是我们在学习哲学之前应该抛除的，这就像我们在学习几何学与音乐之前所应该做的那样。否则，即使我们读完了克吕西玻外加安提帕特（Antipater）和阿基德姆斯（Archedemus）的导言与全集，我们也丝毫

---

① “说谎者悖论”的形式是：如果一个人说“我在撒谎”，他是在说谎还是在说真话？如果他是说谎，那么他就是在说真话；如果他是在说真话，他就在撒谎。据说关于这个主题克吕西玻写过六本书。

② 即读他们各自的作品，希望得到彼此的恭维。

没有进步一分。

18. 我们必须怎样与我们的外部表象作斗争

每一种习惯与能力都会被相应的行为所加强巩固，步行的习惯与能力因步行的行为而加强巩固，跑步的习惯与能力因跑步的行为而加强巩固。如果你希望成为一个好的读者，那就要去阅读；如果你希望成为一个好的作者，那就要去写作。如果你连续三十天放弃阅读，而去从事其他的事情，你就知道会发生什么事情了。同样的，如果你躺在床上十天，而后起床试着去走段相当长的路，你就会发现你的腿变得有多么虚弱了。因此，总体上讲，如果你想做某样事情，就要形成做某事的习惯；如果你不想做某样事情，就不要让自己去做它，而是让你自己习惯去做其他的事情。在心灵的事情中，同样的原则也是适用的；当你发怒的时候，你要知道，不仅这种恶已经降临到你身上，而且你已经加强了这种习惯，或者说，你已经在火上浇油了。当你在肉体关系上屈服于某人了，你不要仅仅把这当作一次失败，而且也要考虑到这个事实，即你已经助长了你的无节制，你已经赋予了你的无节制以额外的力量了。因为，由于相应行为的缘故，一些过去没有的习惯与能力就会相应地萌芽，而那些已经存在的习惯与能力则必然会得到加强而变得强大。

这样，就像哲学家们所说的，无疑我们的心灵与品质中的弱点就萌芽了。因为当你怀有对钱的欲望，如果能用理性引导你认识到这是一种坏，这种激情就会停止，我们的主导原则也就会恢复它原有的权威；但是如果你不采取一些补救措施，你的主导原则不转换到它原有的状态，相反的，当它被相应的外部表象再次唤醒后，它便会更加迅速地燃起欲望的熊熊大火。尔后，如果这种事情反复发生的话，下一步便出现心灵的硬化和脆弱，它会加强这种贪婪。因为患病发烧的人在痊愈之后，除非他得到彻底的治疗，否则，他就不会与他在发烧前完全一样了。心灵的情感中也会发生一些类似的事情。一些印记与伤痕会留在心灵之中，除非一个人完全把它抹去，否则下次有人抽打他的旧伤痕的时候，他拥有的就不再是伤痕而是伤口了。因此，如果你不希望成为一个易怒的人，就不要助长你的这种习惯，不要给它提供滋长的土壤。作为第一步，安静下来细数你没有发怒的天数。“我过去是每天都发怒，在这之后每隔一天发一次怒，而后每隔两天，而后每隔三天。”如果你已经有三十天怒气没有发作的话，向神献祭吧。因为这种习惯先是被削弱，而后完全被消除了。“今天我没有悲伤”（然后是第二天，然后是从此之后的两个月或三个月）；“但是当一些能引发悲伤的事情发生的时候，我是警惕着的”。要知道你做得实在是好。

今天当我看到一个英俊的男孩或一个颇有风韵的女人时，我没有对自己说，“一个男人能与她同床该有多好”，和“她的丈夫真是个幸福的家伙”，因为一个人使用丈夫的“幸福”这种措辞也就意味着“幸福也是奸夫的”；我甚至不会想象下一幕场景——这个女人脱光衣服躺在我身边。我拍着自己的头说，做得不错，爱比克泰德，你已经解决了一个复杂的难题，一个比那所谓的“专家悖论”① 的难题更复杂的难题：但是，当这个荡妇不仅愿意，而且还跟我打招呼，召唤我，甚至当她抱住我，偎依着我时，如果我仍然能够离得远远的，能够战胜情欲，这儿解决的难题就比“撒谎者”和“沉默者”② 的难题更加伟大了。一个人只有因为这个才有权自豪，而不是因为他提出过什么“专家”难题。

那么，怎么才能做到这样呢？你要将最终能够自我满足作为你的期望，你要将在神看来是美丽的作为你的期望。要将在你的纯洁的自我与

① 参看 II，19。

② “说谎者悖论”见 II，17。“沉默者”是克吕西玻对悖论的一种极端化的解决方法。当有人问两粒谷子是否成为一堆谷子，然后是三粒，四粒……如此类推，他最终完全停止回答这些问题。

神面前显出是纯洁的作为你的期望。“那么，当一个那一类的外部表象突然降临到你身上时”，柏拉图说[1]，“去做一个赎罪的献祭，作为一个求告者去向能辟邪的神献祭”；只要你退回到“那美好与高贵的友伴中间”，把你自己的行为与他们的行为加以比较，不管你是拿活着的，还是拿已故的作为你的比照，那就足够了。去求助苏格拉底，看苏格拉底一边与阿尔西比亚得斯（Alcibiades）[2] 躺在一起却一边轻视阿尔西比亚得斯的年轻的美貌。你自己想想，苏格拉底赢得了多么大的成就，而他也自知这一点，就像一位奥林匹亚赛的胜利者，他完全可以与赫拉克勒斯比肩而立；向诸神发誓，以至于一个人完全可以满怀敬意地向他致意：“欢迎啊，令人惊奇的人！”因为他在比这些无用的拳击手与摔跤比赛者以及与此类似的角斗士更高明的事情上获得了胜利。如果你让你的外部表象经受这些思想的检验，你就会征服外部表象，就不会陶醉于其中。但是，首先，我恳求你，不要被那表象的鲜活性席卷而去，而应该说：“等我一会儿，哦，表象；你得让我看清你是谁，你是哪一种表象；你要允许我对你检验一下。”在此之后，不要让它通过向你描画紧接着的事情而引领你。否则，它就会占有你，把你带到它想去的任何地方。你应当做的是引入一些美丽而崇高的表象与之对抗，扔掉这个丑恶的表象。一旦你形成了进行这种训练的习惯，你就会发现你锻炼出了多么强有力的肩膀、肌肉与劲道；但是就你现在的情况而言，你所有的只是一些哲学闲扯，此外无他。

那训练自己以对抗那些外部表象的人，才是在锻炼自己的真正选手。顶住，不幸的人；不要被你的表象所冲走！这个战争是伟大的，这个任务是神圣的；这是为了一个王国，自由，宁静，平和而战。要铭记神，要请求他帮助你，做你的保护神，就像航海者们在风暴中求助于狄

---

① 参看柏拉图《法律》IV，854B（稍微有所改动）。

② 柏拉图：《会饮》，218D。

俄斯库里（Dioscuri）一样。因为有什么风暴能比那驱走理性的强大表象激起的风暴更大呢？就风暴本身而言，它除了是一种外部表象还能是什么呢？为了证实这一点，你只要除去对死亡的恐惧，然后再去想象无论多少的疾雷闪电，这时你就会意识到在你的主导原则中的平静有多么伟大，处境有多么美好了。但是，如果你曾经被击败过，你说你不久以后就会胜利的，然后你第二次做的还是同样的事情，你要知道，你最终将会处于那样一个悲惨而松懈的境地，以至于不久以后你甚至都不会注意你做错了，你甚至反而会开始为你的行为的正当性找借口；然后你就会确信赫西阿德（Hesiod）的话是对的了：

> 可怕的噩运必定永远尾随那懒散度日的人。[①]

19. 论那些只在口头上接受哲学家教诲的人

“大师论证”[②] 看起来是在以下这几个原则的基础上提出来的。因为，在这三个命题之间彼此[③]存在着普遍的矛盾：（1）每件过去真实发生的事件都是必然的，（2）一件不可能的事件不会从一件可能的事件中导出，（3）一件现在不是真的且将来也绝不会是真的事件，却是可能的。狄奥多罗斯（Diodrus）因为意识到了矛盾，应用前两个命题的貌似真实性建立了这一原则：没有一件现在既不真将来也不会真的事件是可能的。但是，一个人也可以依靠别的一对命题的可能的组合，主张以下命题，即，（3）有些现在不是真的、将来也绝不会是真的事件是

① 赫西阿德：《工作与时日》413。

② 之所以称为“大师论证”（master argument），是因为这些问题被认为是无法回答的；因为它包含了“可能的”与“必然的”这些问题，换句话说，即偶然与命运，自由意志与决定论的问题。

③ 即，任何两个命题都被认为会与第三个命题发生矛盾。

可能的，及（2）一件不可能的事件不会从一件可能的事件中推导出来；然而他却不会赞同第三个命题即（1）每件过去的事件必然是真的。看起来这就是克里安西斯和他那一派认为的，而安提帕特坚决支持他。但是其他人却会主张其他两个命题，（3）一件现在不真、将来也绝不会真的事物是可能的，以及（1）每件发生在过去的真实事件都是必然的，然后会断言，一件不可能的事件可以从一件可能的事件中导出。[①] 但是，一个人却没有办法主张所有这三个命题，因为它们彼此之间存在矛盾。[②]

那么，如果有人问我："但是你本人主张这三个命题中的哪一对呢？"我会回答他说我不知道；至今我只听到了以下的说法：狄奥多罗斯过去常常主张的是一对命题，潘淘得斯（Panthoides）和他那一派——我相信还有克里安西斯——主张的是另一对命题，而克吕西玻和他的那一群人主张的则又是第三对命题。"那么，你的观点是什么呢？"我不知道，而且我生来不是为了搞这个的——在这个主题上对我自己的外部表象进行测试，把其他人的陈述加以比较，然后形成我自己的判断。因此，我与某位文法家相差无几。当有人问他："谁是赫克托的父亲？"他回答道："普里安姆。""哪些是他的兄弟呢？""亚历山大与德弗伯斯（Deiphobus）。""那谁又是他们的母亲呢？""荷库巴（Hecuba），这是我所听到的别人的说法。""从谁那儿听到的呢？""从荷马那儿"，他说："而且也是从海拉尼库斯（Hellanicus）那儿，我相信；或许还有像海拉尼库斯那样的其他人。"我对"大师论证"的态度也是如此；就它而言我还有什么更多的可说呢？但是如果我是一个虚荣的人，我就会通过历数那些就这个主题写过相关东西的人，令闻者无不称奇，特别是在饭局上。"克吕西玻也曾在他的著作《论可能的事情》的第一卷中就

① 即，否定"（2）一件不可能的事件不会从一件可能的事件中推导出来"。

② 即，每对命题与第三个命题会发生冲突。

这个主题做过精彩的论述。克里安西斯就这个主题专门写过著作，阿基德姆斯也曾写过。安提帕特不仅在他的著作《论可能的事情》中也写过这个论题，而且在他的对‘大师论证’的讨论中写了一篇单独的专题文章。你还没有读这篇文章吗？”“我还没读。”“那就去读吧。”这对他会有什么好处呢？他会变得比他现在还要琐碎与令人厌烦。比方说你吧，你读它有什么收获呢？你在这个主题上形成了什么判断呢？不，你只会告诉我们那些过去并不存在、将来也不会存在的海伦、普里阿摩斯与克里布索岛罢了！①

在历史叙事领域，你把握的只是那些道听途说的陈述，却没有形成任何你自己的判断，那确实无关紧要。但是在行为的问题上，我们从这个缺点中遭受的损失就要比我们在历史叙事上遭受的损失要大得多。“请告知我好的事物和坏的事物。”——你听着：

> 那把我送离特洛伊海岸的风，
> 也把我带到了西科尼亚。②

在事物中有些是好的，其他的是坏的，还有其他一些是不好不坏的。美德及所有分有美德的事物是好的，而邪恶及所有分有邪恶的事物是坏的，那落在这两者之间的事物即财富、健康、生命、死亡、快乐、痛楚，则是不好不坏的。“你从哪里获得那些知识的？”“海拉尼库斯在他的《埃及史》中就是那样说的。”不管这是你说的，还是第欧根尼在他的《伦理学文集》中那样说的，还是克吕西玻说的，或者是克里安西斯说的，那又有什么分别呢？你自己是否检测过这些论点中的任何一个呢？你在这些论点上形成了你自己的判断吗？你让我看看当你在一艘

---

① 即，你不是从你自己的知识与信念中说出来的，而只是复述别人的观点。

② 荷马：《奥德赛》IV，39。此处的胡乱引用表明这些人对于伦理问题采取的是一种荒谬的对待方式。

处于风暴中的船上时，你通常是如何表现的。当风帆破裂时你还记得这些善与恶之间的逻辑区分吗？当你高声尖叫时，某个不合时宜的幽默的船客走上前来对你说："向诸神发誓，我恳求你告诉我，就在不久以前你还在说的是什么。经受船舶失事是一件坏事吗？在那里面有任何坏的成分吗？"你不是会拾起一块木头去打他吗？"你这家伙，我们与你有何相干？我们都要丧生了，你还来说笑！"再者，如果恺撒召唤你去对控告做出答辩，你还会记得这个区分吗？假设在你脸色苍白、战战兢兢地要去的时候，有人走近前来对你说："你为什么在发抖呀，伙计？那个起诉和你有什么相关呢？在宫里的恺撒能够把美德与邪恶赋予那些出现在他面前的人吗？""你为什么也要来取笑我，在我的不幸之上雪上加霜呢？""可是，哲学家，你告诉我，你为什么要发抖？难道不是因为死亡的危险，或牢狱的危险，或皮肉之苦的危险，流放的危险，声名狼藉的危险吗？怎么，还有可能是其他的吗？它真的是一种坏事，或者是任何分有了坏事的事物？那么，你过去通常称这些事物为什么？""我跟你有什么关系，伙计？我自己的坏事对我而言已经足够了。"在这一点上你是对的。因为你自己的坏东西对你而言是足够了——你的下贱，你的怯懦，当你坐在演讲室里时你乐此不疲地自吹自擂。你为什么要为那不是你自己的东西而趾高气扬呢？你为什么要称呼你自己是个斯多亚主义者呢？

在你的行为中那样审视你自己，然后你们就会发现自己属于哪类哲学家了。你们就会发现你们中的大多数人是伊壁鸠鲁主义者，还有一些是逍遥派的，而且都是没有骨气的；因为事实上你在何处展现了这个观点，即认为美德堪与其他所有的事情相媲美，甚而是超过所有其他的事物呢？至于说一个斯多亚主义者，如果你能够的话，指一个出来给我看！他在哪里，或他怎么表现的？不，你所能指给我看的不过是成千的能够复述斯多亚派的微不足道的辩论的人罢了。是的，但是同样是这些人，不是也能丝毫不差地背诵伊壁鸠鲁派的那些微不足道的论证吗？他们不是也能够毫厘不爽地处理逍遥派的那些微不足道的论证吗？那么，谁是一个斯多亚主义者呢？就像我们称一个根据菲迪亚斯的技艺而被塑造的雕像为“菲迪亚斯式的雕像”那样，在这个意义上，请你也展示一个根据他自己所说的学说而被塑造出来的人给我看。你为我指出一个虽病仍然幸福，虽身处危险之中仍然幸福，虽将死仍然幸福，虽被判流放仍然幸福，虽名声扫地仍然幸福的人来。指出他来！向诸神发誓，我将为看到了一个斯多亚主义者而欣欣然！但是你不能为我指出一个完全被那样塑造的人；那么你至少为我指出一个正要变得被如此塑造的人来，一个已经开始有意向那个方向发展的人来；帮我一个忙；不要吝啬于让我这样一个直至今日从未有幸目睹这一风采的老人看一下。你认为你要向我展示的是菲迪亚斯建造的宙斯或雅典娜吗？是一个象牙和金子的造物吗？让你们当中的一个人向我展示一个希望与神同心的人的灵魂，一个从来不怨天尤人的人的灵魂，一个不会得不到他想得到的东西的人的灵魂，一个不会堕入他想要避免的事物的人的灵魂，一个远离了愤怒的人的灵魂，一个免于羡慕与嫉妒的人的灵魂——但是我为什么要转弯抹角呢？这就是一个渴望从人变为神的人，尽管他仍然囚禁于这个微不足道的有死的躯壳中，却依然把他的目标完全放在与宙斯同行上。把他指出来给我看！但是你不能。那么，你们为什么还要伪造你们的自我而后又欺骗所有其他人呢？为什么你们要假借那本不是你们自己的幌子，然后招摇过市，就像那些真正的窃贼与强盗，偷窃了那些绝不属于你们的称号与财富。

现在我是你们的老师，而且你们在我的校园里受教。我的目的就在于把你们变成一件完美的作品，确保你们免受抑制、强迫与阻碍，让你们自由、顺利、幸福，让你们在每件大大小小的事情上都信赖神；而你们在这里的目的就是学习与实践所有这些事情。那么，如果就你们而言你们有了一种正确的目的，而就我而言，我除了有种正确的目的之外，还有了一种正确的准备，那你们为什么还不去完成这项工作？现在缺少的是什么？当我看到一个工匠有现成的材料在手边，我就期待有完成了的产品。那么，在这里既有工匠，也有材料；我们还缺乏什么呢？难道这事情不可教吗？可以。那么，这事不在我们控制之下吗？不，在这个世界上唯有这样东西在我们的控制之下。财富不在我们的控制之下，健康、名声也不在我们的控制之下，一句话，除了对外部表象的正确运用之处，任何其他事物都不在我们的控制之下。唯独这件事情本性上是可以确保免于受强制与阻碍的。那么，你们为什么没有完成这项工作？告诉我原因。因为原因要么在我，要么在你们，要么在于事物的本性。此事本身是可能的，而且它也是在我们控制之下的唯一事物。因此，错误要么在我，要么在你们，或者，更接近事实的是，在你们与我两方面。下一步怎么办？你们愿意我们现在开始引入我描述过的那种目的吗？我们让过去的都过去吧。相信我的话，只要让我们现在开始，你们就会知道了。

20. 反伊壁鸠鲁主义者与学园派[①]

真实自明的命题肯定必然是那种甚至连否认它们的人也得使用它们的命题；而且一个人可能会认为，如果一个命题是自明的，它的最强有力的证据就在于这样一个事实——甚至连那否认这个命题的人也发现他们自己不得不使用它。比方说，如果有人要否认这样一个命题，即“存在一个真的全称判断”，很清楚他必定要断言它的反面，说：“真的全称判断不存在。”奴隶啊，但是你这个命题也是不正确的。因为这个断言不是等于说：如果一个陈述是全称的，它也是不正确的吗？又，如果一个人走上前说，“我要让你知道没有事物是可知的，相反，万事万

① 爱比克泰德在此批评的是新柏拉图学园派或“中学园派”哲学家们的怀疑论立场。参看本书 I，5。

物都是不确定的”；或者如果有另外一个人说，“当我说一个人根本不应该相信另一个人的时候；你应该相信我，这对你是有好处的”，或者又有另外某个人说，“伙计，向我学习，要知道学习任何事情都是不可能的；是我告诉你学习任何事情都是不可能的，而且如果你愿意，我可以向你证明”，在这些人与——谁呢？——与那些自称为“学园派”的人之间有什么区别呢？“哦，老兄”，学园派的人说，“你要赞同这个陈述，即‘没有人会赞同任何陈述’；当我们说‘没有人能相信任何人’时，你要相信我们。”

伊壁鸠鲁主义者也是如此，当他希望废除人们彼此之间的自然的伙伴关系时，他同时在利用的却正是他要消灭的原则。因为他说的是什么呢？“不要被蒙骗，人啊，也不要被引入歧途，不要判断失误；在理性生物彼此之间并没有自然的伙伴关系；相信我。那些说与此相悖的话的人是想欺骗你，想用错误的道理引你误入歧途。”那么，你为什么要操心？就让我们被蒙骗吧。如果我们其他所有的人都被说服了，认为我们彼此之间确实天然就有伙伴关系，我们应该尽一切可能去守卫它，你就会过得更差吗？相反，你的处境会更加的好与安全。伙计，你为什么要为我们担心呢，你为什么要通宵不寐，明灯长点，你为何要一大早起床，你为什么要写那样连篇累牍的大作？是为了防止我们中的这个或那个人被蒙骗着相信诸神在为我们操心，或者是为了防止我们中的这个或那个人会以为“好”的本质不同于快乐吗？因为如果真的是这样，你不如走开，到床上去睡吧，去过那蠕虫的生活，那是你认为你自己值得过的生活；吃喝拉撒性交打鼾去吧。其他人关于这些事情会怎么想，或者他们的判断是好是坏，有什么要你操心的呢？因为你与我们有什么关系？嗨，你因为绵羊自愿被我们修剪毛发，挤奶，最后甚至于被我们屠宰切割，所以你就对绵羊有兴趣吗？如果人们能够被斯多亚主义者吸引蛊惑到麻痹状态，以至于自愿被你和你们那些人修剪与挤奶，难道这不是一件值得向往的事吗？难道这不是某种你本应只对你们伊壁鸠鲁主义者说而对外界却守口如瓶的观点吗？你岂不是应该特别花力气说服他们，说服所有的人，说我们生来本性上就有一种伙伴感，自我控制是一件善事，等等，这样一来，所有的东西才能为你保留享有。或者，我们应该与一些人保持这种伙伴关系，而不与另外一些人保持伙伴关系？那么，我们应该与谁保持这种伙伴关系呢？是与那些回报给我们以伙伴关系的人保持伙伴关系，还是与那些违背伙伴关系的人保持伙伴关系呢？而且，与你们这些创建了那样的学说的伊壁鸠鲁主义者相比，又有谁还能是对伙伴关系的更大的违背者呢？

那么，是什么唤醒了伊壁鸠鲁者们并且迫使他们写下这些呢？除了那在人类中最强大的事物——本性，还能是什么其他的东西呢？是本性吸引一个人去实践她的意志，尽管此人呻吟着，迟疑着。“因为”，她说：“既然你持有这些反社会的观点，把它们写下来，并把它们托付给其他人，你因为它们而夜不能寐，而且事实上倡导对你自己的学说的否定。”我们会说奥瑞斯提斯因被复仇三女神追赶而从睡梦中醒来吗？然而那围攻伊壁鸠鲁主义者的复仇三女神与复仇者们不是更加的凶狠吗？他们把他从睡梦中唤醒，让他得不到休息，迫使他宣告他自己的悲惨，就像疯狂与酒迫使伽里（Galli）所做的那样。[①]如此强大而不可战胜的事物就是人的本性。因为一棵葡萄树怎么能够被改变得不像一棵葡萄树那样生长，而像一棵橄榄树那样生长？或者一棵橄榄树怎么能够不像一棵橄榄树那样生长，而像一棵葡萄树那样生长？这是不可能的，也是不可想象的。同样，一个人也不可能完全丢掉人的情感；那些切去他们的性器官的人也不可能切除那真正重要的东西——他们的性欲。伊壁鸠鲁主义者也是如此：他根绝了那标志人之为人的所有事情，根绝了一个人作为一家之主，一个公民，一位朋友的角色，但是他却不能成功地根绝人的欲望，因为这是他无法做

① 西贝尔的祭司们在疯狂的状态下弄残自己的肢体。

到的；就像懒散随便的学园派们[①]，即使他们竭尽全力地去做，他们也不能丢弃或蒙蔽他们自己的感官知觉。

哦，这是怎样的不幸啊！一个人已经从自然那儿获得了发现真理的措施与标准，他却不继续努力以便在此之上加上一些东西，去努力发展出另外一些原则以弥补其不足，反之，他做的却恰恰是另外的事情：竭力去取走与破坏他所拥有的发现真理的全部能力。你说什么，哲学家？你对虔敬与神圣怎么看？"如果你愿意，我将向你证明它是善的。"你一定要证明它，以便我们的公民能够洗心革面，能够尊奉神，并最终对于具有无上重要性的事物不再漠不关心。"那么，你有证据吗？"我有，多谢老天。"那么，既然你对于所有这些心满意足，你也要听听事情的反面：诸神并不存在，而且即使他们确实存在，他们也不会为人类操心，而且我们与他们也没有任何关系，因此大众所谈论的虔敬与神圣只是骗子与智者们的谎言，或者，我发誓，只是立法者们为了威吓与压制作恶者们的谎言。"做得不错，哲学家！你为我们的公民做了好事，你挽回了我们的那些已经开始轻视神圣事物的年轻人。"那便会怎么样呢？难道所有这些还不能使你满足？现在再来学学正义怎样是件无关紧要之事，敬畏怎样是件荒唐之事，一位父亲怎样什么都不是，一个儿子怎样什么都不是。"做得不错，哲学家！加油干；说服那些年轻人，这样我们就会有更多的人会像你那样地言谈与感觉。正是依照像这样的一些原则，我们的管理完善的国家才发展得这样伟大！正是像这样的一些原则使得斯巴达成为它那时候的那个样子！这些就是莱库格斯（Lycurgus）通过他的立法与教育系统灌输进斯巴达人心中的信念，即奴隶的身份既无所谓卑贱也无所谓高贵，而自由也不是高贵甚于卑贱！那些死难于温泉关的人就是因为这些有关奴役

① 即，不愿把事情推导至它的逻辑结论。

与自由的判断而死！雅典人不就是因为这些原则而将他们的城邦拱手相送吗[①]？然后那些持那套说辞的人却结婚生子，履行公民的职责，他们自己也被委任为祭司与预言家！做谁的祭司与预言家呢？做那并不存在的众神的祭司与预言家！然后他们自己也去请教阿波罗神庙的女祭司——为的是能够听到这些谎言，而后把这些神谕解释与其他众人听！哦，这是怎样的一种恬不知耻与瞒天大谎啊！

伙计，你要做什么？[②] 你每日都在反驳你自己，难道你不愿意放弃你这些索然无味的尝试吗？当你进食的时候，你的手伸往哪里？是伸到你的嘴里面去，还是伸到你的眼睛里面去？当你要沐浴的时候，你会走进哪里？你什么时候曾经把罐子称作盘子，或者把勺子称作炙叉？如果我是这些人中某一位的奴隶，即使我每日不得不受其狠狠的鞭打，我也肯定会折磨他的。"小子，在洗澡水里面放点油。"我肯定会往里面放上点儿鱼子酱，然后在我走的时候，我会把这水淋到他头上。"这是什么意思？""我有一种不能把这与橄榄油区分开来的外部表象；确实的，它与橄榄油完全相像。我以你的命运起誓。""喂，把粥给我。"我会把配菜拌上醋与鱼子酱拿来给他。"我要的不是稀粥吗？""是的，主人，这就是稀粥。""这不是醋与鱼子酱吗？""这怎么会，这就是稀粥。""你拿去闻闻，你拿去尝尝。""啊，如果感觉欺骗了我们，你又怎么能够知道？"如果我有三四个共事的奴隶与我的判断一致，我肯定会让他气炸胸膛，自己去上吊，要么就改变观点。但是事实上，那些人不过是戏弄我们；他们应用着所有的自然天赋，然而在理论上他们却要取消它们。

这些人可真是懂得感恩，可敬可佩啊；且不说别的，他们至少每天还要吃面包，然而他们却能无耻地说："我们不知道是否存在得墨

① 雅典人在与波斯人的战争中两次放弃他们的城邦（一次是在公元前480年，又一次在公元前479年），而不是将它拱手相送给波斯人。

② 这里突然转向质疑学园派者。

忒耳（Demeter），或者存在珀尔塞福涅，或者存在普路托（Pluto）。”① 更不必提及尽管他们享受着日夜更替，四季变换，斗转星移，沧海桑田，享受着人们的通力协作，却一丁点儿也不为这些事情中的任何一件所感动，而只是寻找机会吐出他们那微不足道的所谓“问题”，在以那种方式消化了他们的食物之后，他们便去沐浴洗澡了。然而，至于他们要说的是什么，或者他们要谈论的是什么，与谁谈论，他们的听众从他们所谈论的事情中会有些什么收益，对于所有这些他们却未曾有过一刻关心。我非常害怕一个有着高尚灵魂的年轻人可能会听到这些言论而受它们影响，或者，已经受到了它们的影响，从而可能会丧失掉他所拥有的所有的高贵胚芽；我非常害怕我们会给了通奸者厚颜无耻地对待他们的行为的理由；我非常害怕一些盗用公款者会拥有一个基于这些理论之上的虚伪抗辩；我非常害怕有个疏忽他自己父母的人会从这些理论中获得进一步冒犯他父母的理由。

那么，在你看来何谓善或恶，卑贱或高贵？这个还是那个？那又怎么样呢？再去反驳这些人中的任何一个，与他们讲道理，或听听他们的道理，或努力去改变他们，这一切又有什么用呢？以宙斯的名义起誓，一个人宁愿去改变一个卑贱的堕落者，也不愿去改变那些又聋又瞎的人！

21. 谈前后不一致

人们对于他们的有些错误是乐于承认的，而对于另外一些错误则不然。没有人会承认他是愚蠢的或没头脑的，然而，你会听到所有人都这样说：“我真希望我所拥有的好运与我的见识一样的多。”但是他们却

① 得墨忒耳与珀尔塞福涅代表农业和“谷神”。普路托作为黑暗大地的化身，植物因它得以生长。

乐于承认他们胆小，然后说："我是有点胆小，我承认；不过通常你会发现我并不是个傻瓜。"一个人不会乐意承认他是个不能自制的人，他也根本不会承认他是个不公正的人，他从不会承认他是个易嫉妒的和爱管闲事的人；但是大部分人会承认他们富有同情心。这是什么原因呢？主要原因在于：在关涉善恶的事物上，他们思维混乱且不愿承认他们的错误；除此之外，不同的人尚受不同动机的影响，一般而言，他们决不会承认任何他们认为有失体面的事情；比方说，胆小在他们看来是慎重性情的标志，而怜悯也是如此，但是他们认为愚蠢则完全是一个奴隶的品性；他们也决不会自认冒犯过社会。就大多数种类的错误而言，人们之所以一般会承认他们有错，其中的首要原因在于：他们认为在这些错误之中有一种无意识的成分，比方说，就像在胆小与怜悯里面那样。而且，即便有人勉强地承认他是不能自制的，他还会加上说他是处于热爱之中，企望因此作为一个无意识的行为得到宽恕。但是，他们根本不会把不公正认作是无意识的。在他们看来，嫉妒里面也有一种无意识的成分，因此这也是人们勉强会承认的一种错误。

我们就处于这样的人之中——他们如此昏聩糊涂，既不知道他们在说"恶"时意味着什么，也不知他们身上有什么恶的品性，或是否有一种恶的品性，或者，如果他们身上真的有恶的品性，他们又不知自己是怎样开始沾染上它的，或他们怎样才能根绝它——当我们处于这些人之中时，我想我们是否真的应该反省一下我们自己，每个人都应扪心自问："我可能也是这些人中的一员吗？我对自己抱有怎样的自负呢？我自己的品行又如何呢？就我而言我的行为像个明智的人的行为吗？像个能够自我控制的人的行为吗？我曾说过我已经被教育得能够面对任何降临到我身上的事情吗？我意识得到我自己一无所知吗？这对于一个一无所知的人来说是合适的。我是像一个乞求神谕的人那样来求教于我的老师，并准备着遵守他的教诲吗？或者，我也像个拖着鼻涕的孩童，来到学校只是为了学习哲学史，为了理解我以前不理解的课本知识，而后如果有机会，我就把它们解释给其他人听？”伙计，在家中你常常责罚你的奴隶，你把你的家庭闹得天翻地覆，你扰乱了你的邻人的安宁；而现在你神情严肃，像个哲学家似的来到我这里，就是要坐在那里对我的关于读过的文本做出的解释及应用评头论足，当然，也对我胡乱的任何的一时判断加以评论吗？你满怀嫉妒，谦恭万分地来到我这里，因为家中没有送给你任何东西①；当别人在演讲的时候，你自己坐在那儿，世上其他事情你什么都不想，你只是想着你与你父亲的关系如何，或你的兄弟与父亲的关系如何！你想：“我家里的人会说我什么呢？这时他们认为我会在学业上取得进步，他们在说‘当他回家的时候，他会什么都知道的！’我想，我确实曾经想在我回家之前学到全部的东西，但是那需要极其辛苦的劳作，而又没有人送我任何东西，在尼哥波利斯他们澡堂的设备又极差，我的住宿条件也不好，而这里的学校也不怎么样。”

然后人们说：“没有人能从上学获得任何益处。”嘿，有谁到学校来——有谁，我重复一遍——是想要得到疗治的呢？有谁是想要让他的判断得到净化的呢？有谁是想要弄清楚他所需要的判断是什么呢？那么，如果你从你的学校带回家去的判断恰恰是你从家中带来的，你为什么要惊奇呢？因为你到这里来不是想要把原来的判断搁置一边，或想要纠正它们，或想要获得其他的判断以替换它们。根本不是，也不是任何与之类似的事情。至少你应该朝这方面看——你是否得到了你来这儿想得到的东西。你想能够口若悬河地谈论哲学原理。嘿，你不是正在变成一个十足的闲聊者吗？这些微不足道的哲学原理不是为你提供了炫耀的素材吗？你不是解决了三段论及包含歧义前提的辩论吗？你不是检查了“撒谎者”② 三段论与假言三段论中的假设吗？那么，如果你得到了你来这儿想得到的东西，你为什么还要恼怒？“是的，但是如果我的孩子

---

① 很明显这个学生依靠他的家庭提供生活来源。

② 见本书Ⅱ，17 及注释。

或我的兄弟去世，或我自己的生命必须要终结，我必得遭受折磨，我学得的那些东西于我何用呢？”但是你到这儿来真的是为了这个吗？你坐在我的身旁真的是为了这个吗？你真的曾经为了这个目的挑灯夜战，工作到深夜吗？或者当你出去到走廊漫步之时，你曾经把一些外部表象，而不是一个三段论，摆在你自己的面前，与你的同学们一起检验它们吗？你何时曾经那样做过？然后你说，“原则是没有用的”。对于谁而言是没用的呢？是对于那些没有正确运用它们的人。例如，眼膏对于那在适当的时候正确地使用它们的人而言不是没有用的，膏药不是没有用的，哑铃也不是没有用的；而是它们对于一些人无用，而另一方面，它们对于其他人却是有用的。如果你现在问我：“我们的三段论有用吗？”我会告诉你，它们是有用的；而且，如果你愿意，我还会向你展示它们怎样会有用。“那么，它们确实于我有益吗？”伙计，你并不是问它们于你是否有用，而是问它们总体上而言是否有用，对吗？假使那患了腹泻的人问我醋是否有用；我会告诉他醋是有用的。“那么，那对我有用吗？”我会说：“没有用。你首先要想法子止泻，让那小溃疡愈合。”伙计，你也是一样。首先要让你的小溃疡愈合，止住你的腹泻，心灵宁静，全神贯注地来到学校；然后你就会知道理智具有什么力量了。

22. 谈友谊

一个人感兴趣的所有事物无疑都是他所爱的。人们会对坏的事物感兴趣吗？根本不会。那么，他们会对在任何方面都与他们无关的事物感兴趣吗？不会，他们也不会对这些事物感兴趣。因此，剩下的就是，人们只对好的事物感兴趣。如果他们对这些事物感兴趣，他们就爱它们。那么，任何人有了关于好的事物的知识，他也就会知道如何去爱它们；但是当一个人不能够把好的事物从坏的事物中区分出来，而且也不能把那不好不坏的事物从好的或坏的事物中区分出来时，他又怎么能够采取下一步行动，怎么能够有能力去爱呢？因此，爱的能力专属于明智的人。

怎么会那样呢？有人说，因为我本人就笨得很，然而我却爱我的孩子。——向诸神发誓，我对你感到惊奇；在一开始你就承认了你是愚笨的。你笨是因为你缺少某样东西；那你缺少的是什么呢？你不能使用你的感觉吗？你不能在外部表象间做出区分吗？你不能为你的身体提供合适的营养吗？你不能给你的身体以衣物与容身之所吗？那你怎么会承认你是愚笨的呢？以宙斯的名义，那是因为你经常为你的外部表象所迷惑与困扰，被它们的易使人信服的特征所征服；你一度曾经认为这些事物是好的，然后，当你重新考虑这些事物时，尽管这是些完全相同的事物，你又会认为它们是坏的，而后你又会认为它们是不好不坏的。一句话，你受痛苦、恐惧、嫉妒、骚动与变化的支配；那就是你愚笨的原因，就像你承认你所是的那样。难道在爱的方面你不也是易变的吗？对于财富，快乐，以及一句话，物质事物，你不是一会儿认为它们是好的，一会儿又认为它们是坏的吗？你不是一会儿认为同样的一些人是好的，而另一会儿又认为他们是坏的，你不是一会儿对他们友善，而另一会儿又对他们充满敌意吗？你不是一会儿表扬他们，而另一会儿又谴责他们吗？——是的，我确实是受这些情感的支配。——那便会怎么样呢？你认为一个常受某人欺骗的人可能成为某人的朋友吗？——当然不会。——那选择朋友三心二意的人会对他所选择的朋友有善意吗？——不，他也不会。——那么，那现在谴责某人而后又去赞美那个人的人会对那个人有善意吗？——不，他也不会。——那什么时候会呢？你从没看过群狗彼此摇尾玩耍吗？以至于你会说："没什么比它们之间的关系更加友善的了。"但是为了看清它们之间的友谊等于什么，你只要扔块肉到它们中间，你就会发现了。同样的，只要在你自己与你的儿子之间搁上一小块土地，你就会发现你的儿子有多希望能够埋掉你，越快越好，而你又是多么迫切地祈求你的儿子早死。然后你又会改变你的判断说："我养了个怎样的儿子呀！一直以来他都在准备着送我进坟墓。"在你们中间放上个漂亮的女人，老的和年轻的都会爱上她；或者，放上点荣誉也是如此。如果你不得不把命搭上时，你就会说出阿德门图斯（Admentus）的父亲说的话了：

> 你因为能看到黎明的曙光而欣喜不已：你不认为你的父亲也是如此吗？①

你以为当他的孩子还在孩提时，他不爱他自己的孩子吗？你认为当他的孩子发烧时他不痛苦吗？你认为他没有反复地说"要是我能代她发烧该有多好"？然后，当考验来到并降临到他的头上，你看看他说的是什么话！难道厄特俄克勒斯（Eteocles）与波吕尼刻斯（Polyneices）不是生自同一个母亲和同一个父亲吗？难道他们不是一起长大，一起居住，一起玩耍，一起安睡，彼此之间多次亲吻吗？以至于我想如果任何人曾经看到过他们，他肯定会因为那些哲学家关于友谊的悖论而嘲笑他们了。但是，一旦把个王位放在他们中间，就像把一块肉放在群狗中一样，看看他们说的是什么：

> 厄特俄克勒斯：你想站在城墙前面的哪个位置？
> 波吕尼刻斯：你为什么要问我这个？
> 厄特俄克勒斯：我要站在那里与你对阵，杀你。
> 波吕尼刻斯：我的愿望也是如此！②

他们说出的祈祷词也是这个味道。③

---

① 欧里庇得斯：《阿尔刻提斯》，691。阿德门图斯一直责怪他的父亲不愿意代他去死。
② 欧里庇得斯：《腓尼基妇女》621。
③ 欧里庇得斯：《腓尼基妇女》1365 及 1373；这两个人都祈祷能够杀死自己的兄弟。

这是个普遍原则——你不要受蒙蔽——每个生灵对待任何事物都不如对待他自己的利益那样热衷。那么，在他看来阻碍他的利益的任何事物，不管他是兄弟，还是父亲、孩子或情人，他都会憎恨、指责和诅咒它。因为他的本性就是爱自己的利益甚于一切；而可能阻碍他的利益的就是他的父亲、兄弟、亲属、国家与神。比方说，当我们认为诸神阻碍了我们获得利益时，我们甚至会辱骂他们，把他们的铸像掷于地上，焚烧他们的庙宇，就像当亚历山大的爱人死去的时候，亚历山大命令焚烧埃斯科拉庇俄斯（Asclepius）① 的庙宇一样。因此，如果一个人把他的利益和正义、高尚的事物、国家、父母、朋友拢在一起放在天平的同一边，那么所有这些都能得以保全；但是如果他把他的利益放在天平的一边，把朋友、国家、亲属与正义放在天平的另一边，所有的后者都会遭到舍弃，因为它们都不如他的利益那么重要。因为只要是在一个人能说是“我”和“我的”的地方，那个地方就必定是他所倾向的一边；如果它们②处于肉体之中，那支配力量必定存在于肉体之中；如果它们处于自由意志之中，那支配力量必定存在于自由意志之中；如果它们处于外部事物之中，支配力量必定存在于外部事物之中。因此，如果“我”处于我的自由意志所在之处，那时，也唯有在那时，我才会是我所应是的那个朋友、儿子与父亲。因为只有那时这才会是我的利益——即把保持我的忠诚、我的自尊、我的忍耐、我的克制、我的合作，保持我与其他人的联系当作我的利益。但是如果我把属于我的事物放在天平的一边，而把那些可敬的事物置于天平的另一边，那么伊壁鸠鲁的那个论断就会是强有力的了，他在那个论断里面声称：“所谓高尚的事物或者什么都不是，或者至多只是被人们所看重的东西。”

---

① 医药与康复之神。

② 即，一个人认为与他本人利益相同一的东西。

正是由于对这个普遍原则的无知，雅典人才会与古代斯巴达人发生争执，底比斯人与他们二者都发生争执，大王[①]与希腊发生争执，马其顿人与他们二者都发生争执，在我们的时代罗马人与盖塔伊（Getae）发生争执，而在比所有这些都早的时候，在特洛伊发生的事情也是因为这个原因。亚历山大是梅内莱厄斯的客人，如果有任何人看到了他们彼此之间的友好相待时，他肯定不会相信任何说他们不是朋友的话的人。但是一旦在他们中间插入了一点点美食，一个美丽的女人，于是为了赢得美人归，就立即爆发了一场战争。所以现在，当你看到朋友、兄弟看起来是一条心时，你不要立即断言他们之间的友谊，即使他们发誓他们彼此绝不分离，你也不要这样做。坏人的主导原则是不可信的；他是没有保障的，无法判断的，他一会儿是这个外部表象的牺牲品，一会儿又是另外一个外部表象的牺牲品。而且，你不要去做大部分人都做的那种探询：去询问两个人是否同胞，或者是否一起长大，是否有同样的老师；而应该去询问这个，而且只应该询问这个：他们把他们的利益置于何处——是置于他们自身之外，还是置于他们的自由意志之中？如果是置于他们自身之外，不要称他们是朋友，你也不要称他们是忠诚的、坚定的、勇敢的或自由的；而且，甚至不要把他们称作人，如果你是明智的话。因为使他们彼此伤害（即辱骂）的那种判断绝非人类的判断，他们来到荒芜之地（即来到市场）就像野兽来到大山之中，在法庭上他们干的是强盗的行径；使得他们成为放荡之人、通奸者、腐败者的判断不会是人类的判断，任何使人们犯下其他彼此伤害的众多罪行的判断也不是人类的判断；仅仅是因为一个判断，而且就是这个判断——因为他们把他们自己与属于他们自己的事物归入那在自由意志领域之外的事物中去。但是如果你听到这些人断言：他们诚心实意地相信好的事物就存在于自由意志所在之处，就存在于正确运用外部表象之处，那么你就

① The Great King，即波斯王。

不需再去费心管他们是否父子、兄弟、或者是否老同学或老伙伴；相反，尽管关于他们你所知道的仅仅是这个，你就可以大胆地声称他们是“朋友”，就像你声称他们是“忠诚的”与“正直的”一样。因为不到那存有忠诚、尊重、可敬事物的所在去寻找友谊，还能到其他什么地方找到友谊吗？

“但是这么多年以来他一直关爱我，难道他不爱我吗？”奴隶啊，你又怎么知道他关爱你不是像他用海绵擦抹他的鞋子那样，不是像他用马梳刷拭他的马儿那样？你又怎么知道，当你丧失了你的用途，就像一些器具丧失了用途那样，他不会抛弃你，就像抛弃一个破碎的盘子？“但是她是我的妻子，我们这么多年一直生活在一起。”但是尤里菲勒（Eriphyle）与安非阿劳斯（Amphiaraus）在一起生活了多少年？而且，她为他生了孩子，还生了许多。但是一条项链介入了他们之间。一条项链意味着什么呢？意味着一个人对于项链这类东西的判断。那就是残忍的元素，那就是切开爱的联结的物什，那就是不让一个女人成为一个妻子、不让一个母亲继续做一个母亲的东西。所以，你们所有那些急于成为某人朋友的人，或那些急于想让别人成为你的朋友的人，你们要根除这些判断，痛恨这些判断，从灵魂中消除这些判断。当这件事情做完之后，首先，一个人就不会总是责备自己，不会总是自我斗争，不会悔恨折磨自己；其次，他在与他的伙伴相处时，对于那与他自己类似的人他就会总是诚实率直，而对待那与他不同的人，他则会忍让、温和、亲切、谅解，就像对待一个在最重要的事情上无知或犯错误的人那样；他对待任何人都不会粗暴，因为他清楚地知道柏拉图的那句名言，即“每个灵魂都是不情愿地丧失真理的”①。但是如果你做不到这一点，你可以做朋友们做的所有其他的事情——一起喝酒，住同一个帐篷里，乘同一艘船航行——而且你们还可能是同胞兄弟；是呀，可蛇也可能如

---

① 参看本书 I，28。

此！但是它们却决不会成为朋友，你也同样不会，只要你仍然保留这些残忍可恶的判断。

23. 谈表达能力

所有人在读用更加清晰的字符写成的书时都会感到更容易与更快乐。因此所有的人也会在聆听那以适当的、引人入胜的语言表达出来的演讲时感到更容易听懂。因此，我们绝不能说没有“表达能力”这回事，因为这么说是既不虔敬又懦弱的。说他是个不虔敬的人，是因为一个人由此便贬低了神赠予他的能力，这就仿佛一个人在否认视觉能力的有用性，听觉能力的有用性，或说话能力本身的有用性一样。难道神赋予你眼睛是徒劳无益的吗？他把那样强大和巧妙设计的灵魂①置于眼睛之中，它能伸展到那样遥远的距离，能塑造被它所看到的事物的外形，这也是徒劳无益的吗？有哪位使者能像眼睛那样快捷专注呢？难道神把居于眼睛和对象之间的大气制造得那样活泼与紧绷②，以至于视力穿过它就与穿过一些绷紧的介质相仿，这也是徒劳无益的吗？神创造了光，没有光则所有其他事物都是无用的，难道神此举也是徒劳无益的吗？

伙计，你不要得到了这些禀赋却不领情，更不要疏忽了那更好的事物，而要为视觉能力，听觉能力，是的，以宙斯的名义，还要为生命本身，为有助于生命的事物，为干果，为美酒，为橄榄油，而向神感恩；同时你还要记住神给了你一样比所有这些事物更好的事物——即那使用它们、对它们进行判断、估计每样事物价值的能力。因为就

---

① 在斯多亚哲学中，视觉灵魂把中心意识与眼睛的瞳孔相连，视觉由这个灵魂作用于外部物体而引起，而不是由对光线的被动接收所引起。

② 即坚固的、绷紧的、有弹性的介质，以便对视觉灵魂的作用感觉灵敏，而不是像泥土或灰泥那样呆滞和容易变形。

所有这些能力中的每一样而言，谁在显示其价值呢？[1] 是每样能力自身吗？难道你曾听过视觉能力关于自身说过什么吗？或者听觉能力关于自身说过什么？不，它们是被指派着为那利用外部表象的能力服务的，就像仆人与奴隶对于主人那样。如果你问，每样事物的价值是什么，你会问哪个呢？谁会回答你呢？那么，任何其他的能力又怎么能够超过这种能力——它既能把其他的能力当作它的仆从，它本身又能对这些事物中的每一个做出评价与宣判？因为它们中的哪一个知道它是什么、它的价值是什么呢？它们中的哪一个知道一个人应该在什么时候使用它，不应该在什么时候使用它？是什么能力使得眼睛睁开与闭上，把眼睛从它们应该转开的事物上面转开，并把它们指向其他的事物呢？是视觉能力吗？不，是自由意志能力。人们是利用什么能力变得有求知欲和好刨根问底，而且，不为流言所动呢？是听觉能力吗？不，这恰恰是自由意志能力。那么，当这种能力看到所有围绕在它周围的其他能力都是盲的与聋的，除了被指派着去做的帮助行为之外一无所见，而唯独只有它能够洞悉与概览一切，不仅能够洞悉与概览所有其他的一切能力，判定它们每一样的价值，而且能够洞悉与概览自身，那么，除了它自身之外，它可能会宣称任何其他的能力是至高无上的吗？睁开的眼睛除了能看之外还能干什么？但至于它是否应该看别人的妻子及它应该怎么看，是什么能力告诉它呢？是自由意志能力。一个人是应该相信别人告诉他的事情，还是不应该相信，又，如果他相信，他是应该为它所动，还是不应该，是什么能力能够告诉它的呢？难道这不是自由意志能力吗？那么，如果这种谈话能力与语言修饰能力确实是一种特别的能力，在就某些主题做出讲演的时候，这种能力除了对语词做出修饰与组织外，就像理发师对头发所做的事情那样，它还能干什么其他事情呢？但是，说话是否比保持沉默更

① 有关这个一般主题，见本书 I，1。

好，是以这种方式说，还是以那种方式说，这样说是合适还是不合适，说的合适场合及每次谈话的用途——所有这些除了自由意志能力之外还有什么其他能力能够告诉我们呢？那么，你要这种能力挺身而出进行自我谴责吗？

“怎么”，一个反对者说，“假如事实可以是这个样子，则提供服务的事物就有可能比它们服务的对象更加优越——那么马优越于驾者，狗优越于猎户，乐器优越于弹奏者，仆从优越于国王便是可能的啦？”[①] 嘿，是什么能力在以这种方式使用其他能力的服务呢？是自由意志能力。是什么能力照管着每样事物呢？是自由意志能力。是什么能力会毁灭整个人呢？人有的饿死，有的吊死，有的跳崖而死。这也是自由意志能力。那么，在人之中有什么能力比这种能力更为强大吗？然而那易受阻碍的事物怎么能够比那不受阻碍的事物更为强大呢？是什么事物本性上能够阻碍视觉能力呢？自由意志与在它领域之外的事物都能够做到这一点。同样的，它们能阻碍视觉能力，也能阻碍谈话能力。然而是什么能力在本性上能够阻碍自由意志能力呢？这就不是任何在自由意志能力领域之外的事物，而只有自由意志自身——当它变得堕落的时候。因为这个原因，唯有自由意志能力才能成恶，或成善。

因此，既然自由意志能力是那样一种伟大的能力，它凌驾于任何其他事物之上，假设这种能力对我们说：肉体是所有事物中最好的，不，即使肉体本身称自身是最好的，一个人也不会容忍那样一个判断。但是，伊壁鸠鲁，是谁在做出那样的一个宣称？谁写作了《论目的》，或《物理学》，或《论准则》[②]？是谁让你长那样长的胡子？[③] 是谁在他临

---

① 这一段在原文中非常模糊，很可能在这句话之前遗漏了一些令反对者的问题显得更为可信的东西；那样的话，剩下的部分就会是爱比克泰德的回答。这句话下面的整个段落可能来自于别的地方。

② 这些是伊壁鸠鲁的作品，其中第一部讨论伦理学，第三部讨论认识论，“准则”是判断的准则或尺度。

③ 即，担任一个哲学家的角色，参看本书 I，29。

终之际写道“我正在度过我的最后的然而却是快乐的一天”[①]？是肉体还是自由意志？嗨，你这不是在承认你拥有高于肉体的某样东西，而且你又不荒唐吗？你真的是那样的又聋又瞎吗？

啊，那便会怎么样呢？一个人应该轻视他的其他能力吗？远远不是！一个人应该说除了自由意志能力之外，其他的能力就没有用途与优点吗？远远不是！那是不理智的，是对神的不敬与忘恩负义。不，一个人只要把每件事物的真正价值赋予它们就行了。因为一头驴子也有一些用途，只是其用途不如一头公牛多罢了；狗也有用途，只是其用途不如一个奴隶多罢了；奴隶也有用途，只是其用途不如你的公民伙伴多罢了；你的公民伙伴也有用途，只是不如地方长官多罢了。然而我们不能因为一些事物更加优越，就轻视其他事物具备的用途。演讲能力也有一定的价值，只是它的能力不如自由意志能力的价值那样大。因此，当我这样说的时候，不要认为我是叫你忽视讲演能力，正如我没有叫你忽视眼睛，或耳朵，或手，或脚，或服装，或鞋子一样。但是，如果你问我：“那么，在所有事物中什么是最高的呢？”我说什么呢？说讲演能力吗？我不能这么说；我只能说是自由意志能力——当它成为一个正当的自由意志的时候。因为正是它不仅使用了讲演能力而且使用了所有其他的不论大小的能力；当一个人把自由意志能力摆正的时候他就会变好，没摆正的时候他就会变坏；正是由于自由意志能力，我们才有不幸与幸运，彼此责备或彼此欣悦；一句话，正是这种道德能力，当它受忽视时就产生了悲惨，而当它受重视时则产生了幸福。

但是，取消演讲能力与说事实上没有这种能力的行为，不仅是对这种能力的赋予者的不领情，而且也是懦夫之为。因为在我看来，那样一个人是害怕，如果真的存在这种能力，我们可能就不能够轻视它

① 参看伊壁鸠鲁的临终致友人信。

了。那些人也就是那些断言在美与丑之间没有区分的人。什么！一个人看到瑟赛蒂兹[1]与看到阿基里斯后的感受可能相同吗？或者看到海伦与看到一些普通的女人后的感受可能相同吗？但是这些就是那些愚蠢粗笨之人的观念，他们不知各种事物的本性，却恐怕如果一个人注意到了此处所讨论的能力的优越性，他就会立即因之席卷而去，然后被击败。不，重要的事情在于：让每人留有他自身的相应能力，并留有观察这种能力的价值的相应能力，而后去寻求什么是所有事物中最高的，然后在每件事物中去追求它，对它充满热情，把所有其他的事物当作只具有次要的价值加以对待，同时也不忽略这些其他的事物。因为我们也必须照料我们的眼睛，然而不是把它当作最高的事物，而是为了那最高的事物照料它们；因为这最高的事物只有在有理性地使用眼睛去选择这样的事物而不是另一样事物时，它才能达到其自然的完美。

那么，通常会发生什么呢？人们就像一个回自己家乡途中的旅人所做的那样；他在一个极好的旅馆逗留下来，然后，因为这个旅馆中了他的意，他就在那儿住了下来。伙计，你忘了你的目的了；你的目的地不是这里，你只是经过这里。“但是这是个不错的旅馆。”还有多少不错的旅馆，有多少不错的草地——然而它们仅仅是为了经过之用。而你的目的却是其他的事物，你是为了回到你的家乡，为了解除你的亲属的恐惧，为了尽你自己作为公民的职责，为了结婚养子，为了担任那照例的公职。因为在我看来，你来到这个世界上不是为了选择精致异常的住所，而是为了在你出生与担任公民的地方生活和从事你的事业。同样，这也发生在我们正在讨论的事物之中。因为一个人必须通过像你在这儿所接受的那样的教育和言谈才能臻至完美，他必须纯化他自己的自由意志，纠正使用外部表象的能力；然而，因为施教必定是要借助于一定的

① 荷马史诗：《伊利亚特》中的一名希腊士兵，喜欢抱怨骂人，形象卑贱委琐。

原则，使用一种独特的风格，而且这些原则的形式要有一定的变化且能令人难忘；有些人就被所有这些事物所吸引而停留在他们所在的地方；有人为风格所吸引，另一个被三段论所吸引，再一个又被带模糊前提的论断所吸引，还有一个又被其他一些这类的“旅馆”所吸引，他们就停在那儿朽坏，仿佛他们陷入塞壬[①]之中。

伙计，你的目的是使得你自己能够与自然一致地使用你所遭遇的外部表象，在你要致力获取的事物方面，你的欲求不会落空，在回避方面，你不至于落入你要避免的事物，永不遭受不幸，也绝不会有坏运气；你自由，无阻碍，无束缚，服从宙斯的统治，遵循他的统治，对他的统治心满意足，不埋怨任何人，不指责任何人，能够全心全意地说出这样的诗句，它开篇写道：

你引领我前行吧，哦，宙斯，哦，命运。[②]

然后，你尽管怀有这个目的，却因为一些微不足道的风格技艺或某些原则中了你的意，你就要待在你所在的地方，并且选择在那儿居住下来，忘记了你在家中的事务，还说“这儿挺好”？嘿，谁说这不好呢？但它只像是一个过道，一个“旅馆”。因为一个人即使像德摩斯梯尼[③]那样辩才滔滔，又有什么能够让他免于不快乐呢？即使一个人像克吕西玻那样能够分析三段论，又有什么能让他完全免于悲惨，免于悲伤，免于嫉妒——一句话，免于受干扰与可怜呢？绝对没有。所以，你可以看

---

① 半人半鸟的海妖，常用歌声诱惑过路的航海者而使航船触礁毁灭。

② 这是克里安西斯的诗，后三句诗是：
引领我到那很久以前就指定给我的目的地，
我将跟随你毫不迟疑；即使我的意志脆弱畏缩，
我还是要跟随你。

③ 希腊演说家，他的成名主要基于勉励雅典公民起来反抗马其顿国王腓力二世的一系列演讲。

清这些都是没有价值的“旅馆”，而你的目的却是其他的东西。当我对某些人那样说的时候，他们认为我是在贬低修辞学与一般原则的学习。然而我贬低的不是这个，而只是贬低那种无休止地把心思都花在这些事物上面的习惯，贬低那种把他们的希望置于这些事物之中的习惯。如果一个人因为提出这个观点而损害了听众的话，也把我当作那些损害听众的人之一吧。但是当我看清了一样东西是至高无上的时候，我就不能言不由衷来取悦你们。

24. 答某个被他认为是没有价值的人

有人对他说：我经常到你这儿来，希望能听到你的教诲，而你却从未给过我答案。现在，如果可能的话，我恳求你能对我说些什么。他回答道：你是否以为，就像在所有其他事物中都有一种技艺一样，在讲演中也有一种技艺，有这种技艺的人就会富有技巧地讲话，而那不具备这种技艺的人则会没有技巧地讲话呢？——我确实这样以为。——那么，那通过讲演既能有益于自己也能造福于他人的人，就是富有技巧地讲话的人，而那通过讲演只能带来伤害而不是益处的人就是在讲演技艺方面没有技巧的人吧？你会发现在同样的讲演中，有些人受到伤害而其他人获益。那么，所有那些听讲演的人都能从他们听到的东西中获益，或者，你发现的乃是，他们其中有些人获益而其他人却受到伤害？——是的，他们也是如此，他说。——那么在倾听中也是如此，即所有那些在倾听方面有技巧的人都能获益，而所有那些没有技巧的人则会受到伤害，不是吗？——他表示赞同。——因此，就像在讲演中有一种技巧一样，在听讲演中也有一种技巧，对吗？——看起来是那样。——但是，如果你愿意，请也从这个角度来看待这件事情：你认为弹奏出悦耳的乐曲是谁的职责呢？——音乐家。——很好，在你看来，制作出一个好的雕像是谁的职责呢？——雕刻家。——在你看来，要有技巧地观看一座雕像是不需要任何技艺的吗？——这也需要技艺。——那么，如果按照应该的方式那样讲演是一个有讲演技巧的人的职责，你难道没有看到：要从听讲演中让自己获益也是那具有倾听技巧的人的职责吧？现在，如果你愿意，让我们暂时先不考虑完美与利益，因为我们两个人离那种事情都还很远；但是，我认为这却是每个人都会承认的，即那打算去聆听哲学家教诲的人至少需要在听的方面有一定数量的实践。难道不是这样吗？

那么，我要对你说些什么呢？告诉我，你能听的是什么？关于好与坏的事物吗？什么事物的好与坏呢？你的意思是一匹马的好与坏吗？——不。——那好，是一头牛的好与坏吗？——不是。——那是什么呢？是人的好与坏吗？——是的。——那我们是否知道一个人是什么，他的本性是什么，人的概念是什么？在这些事情方面我们是否有一点能够倾听的心态呢？而且，你有“本性”是什么的概念吗，或者在我讲话的时候，你是否多少能够理解我？但是我会为你证明吗？我怎么能够？因为你真的理解什么是“证明”，或事情是如何被证明的，或者是以什么方式被证明的吗？或者，你真的理解什么事物看上去像是证明，但却不是证明？你知道这些吗？比方说，什么是对的，或什么是错的；什么是继某物而来的，什么与某物相矛盾，或不一致，或不和谐？但是我要使你对哲学发生兴趣吗？在你尚不知“矛盾”本身为何物的时候，我怎样才能把那大众观点中的矛盾摆在你的面前？正是那些观点使得他们对于好与坏，有利与不利的事物众说纷纭。那么，你指给我看，我通过与你讨论能获得什么。唤起我与你讨论的渴望吧。绵羊只有在合它胃口的草放在它的面前时才会有食欲，然而，如果你把一块石头或一块面包放在它的面前，它就不会有去吃的兴致；同样，有些时候，当有合适的听众出现，而且当他本人激发了我们的时候，我们对于讲演也就会有自然的渴望。但是当那在我们身边的自命的听众就像一块石头或一根草一样，他又怎么能激起一个人胸中的激情？葡萄树会对农夫说“照料我”吗？不，葡萄树只有通过它的表现表明了农夫通过照料它会获益，那样才能吸引农夫投入他的关心。谁不会被那漂亮而机警的孩子吸引而加入他们的游戏，与他们一同四肢着地地爬着，与他们一起像小孩般地说话？但是谁会渴望与一头驴子玩耍，或者与它一起嘶叫呢？因为尽管它可能也小，它仍然不过是头小驴子。

那么，你没有任何事情对我说？——只有一样事情我能对你说——即如果有这么一个人，他不知道他是谁，他生来是为了什么，他存在于其中的这个世界是哪一种世界，他与谁分享这个世界；他不知道好的事物是什么，坏的事物是什么，高尚的事物是什么，卑贱的事物是什么；不能够理解理性或证明，或不能够理解什么是真的，什么是假的，不能把它们相互区分出来；他既不能与自然一致地显示欲求，也不能显示回避、选择和目的；他不会赞同，不会反对，也不会悬置判断——那样一个人，他又聋又瞎地到处走动，还以为他自己是个人物；而其实他什么也不是。怎么！你认为这是某种新鲜事吗？自人类开始存在起，事情不都一直是这样的吗，即，人类的每一种错误与不幸不都一直是因为这种无知吗？阿伽门农与阿基里斯为什么争吵？不就是因为他们不知道什么事情是有利的，不知道什么事情是不利的吗？不是因为他们其中一位说把克里安西斯归还给她的父亲是有利的，而另一位却说那是不利的吗？他们其中一位不是说他应该获得某个其他人的战利品，而另一个说他不应该获得吗？这使得他们忘记了他们是谁，他们来这儿的目的是什么，难道这不是真的吗？嗬，好啦，伙计，你来的目的是什么？是为了得到情人还是为了战斗？“战斗。”和谁战斗？是特洛伊人还是希腊人？“特洛伊人。”那好，你是要抛弃赫克托，拔剑朝向你自己的王吗？就你而言，哦，最杰出的人，你要抛弃你作为一个王者的职责吗？

那掌管国家与责任重大的人。①

你要因为一个微不足道的少女而与你盟军中最强大的勇士进行战斗吗？那样一个勇士是你在各方面都应该敬重与保护的呀。你要落在一个十分敬重角斗士的高雅的大祭司的水平之下吗？② 你看清了对于什么是有利的事情的无知会导致哪种事情吗？

“但是我富有。”那么，你并不比阿伽门农富有，对吗？“但是我英俊。”那么，你并不比阿基里斯英俊，对吗？ “但是我还有一头好头发。”阿基里斯不是也有一头更好的金黄色的头发吗？他难道没有把它梳理打扮得精美雅致？“但是我强壮。”那么，你不能举起赫克托与埃阿斯举起的那样大的石头，对吗？“但是我还有高贵的出身。”你的母亲不是一位女神，对吗？或者你的父亲是宙斯的子孙？那么，当他坐着为一位少女流泪时，所有这些对他有什么好处呢？③ “但是我是一个雄辩家。”难道他不是吗？你没有注意到他怎么样对付奥德赛与弗尼克斯这二位希腊最有技巧的雄辩家，他又是怎么样让他们哑口无言的吗？④

这就是我所要对你说的，而且即使是这个我也无心对你说。——为什么会这样呢？——因为你没有激起我的兴致。因为在你之中有什么可以让我看到并激发我的兴致的东西呢，就像马的专家们在他们看到良种马时被激发起的兴致那样？是你那微不足道的身体吗？但是你赋予它的形状却使它丑陋不堪。⑤ 是你的衣物吗？它们又有点太华丽了。是你的行为举止，你的面容吗？我没有任何东西好看的。当你希望聆听一位哲

① 荷马：《伊利亚特》II，25。

② 这个引证是模糊的，可能是指希腊联军中的大祭司对阿伽门农和阿基里斯过于礼遇，看起来超过了他们所应得的。爱比克泰德对于史诗中的伟大人物并不过分地崇敬。

③ 指阿基里斯。

④ 这里是指阿基里斯回答奥德赛与弗尼克斯（Phoenix）时的出色讲演。（《伊利亚特》Ⅳ）

⑤ 即，由于暴饮暴食，缺乏运动。

学家的教诲的时候，不要问他，“你没有什么事情对我说吗?”而只要展示你自己能够聆听他，你就会发现你会怎样激发起讲演者的兴致了。

25. 逻辑如何是必要的?

当他的听众中有人说，你如何让我相信逻辑是必要的?他回答道：你希望我向你证明这一点吗?——是的。——那好，我必须使用一种证明的论证吗?——而当发问者赞同那一点后，爱比克泰德问他，那么，你怎么会知道我是否欺骗了你呢?——当这个人无言以对时，爱比克泰德说：你看，你自己已经承认这种教育是必要的；如果没有了它，你甚至不知道它是必要的还是不必要的。

26. 错误的显著特征是什么?

每个错误都包含有一个矛盾。因为犯错的人并不希望犯错，而是希望他是正确的，很明显他没在做他希望做的事情。因为一个窃贼希望达到的目标是什么呢?他自身的利益。因此，如果偷窃违背他的利益，他就不是在做他所希望的事情。既然每个有理性的人本性上都是反对矛盾的，因此，只要一个人不知道他被卷入了矛盾，也就没有什么东西阻止他做矛盾的事情，但是当他开始认识到这个矛盾，他必定会抛弃和避免矛盾，就像当一个人认识到某事是错误的时候，一种极度的需要会逼迫他放弃那错误的事情；但是只要错误并没有显现出来，他就会把它当成真理赞同它。

那么，那能够向每个人指出使他犯错误的矛盾的人，那能够让人清楚地认识到他如何没在做他所希望的事，他在做的恰恰正是他所不希望的事的人，他的说服就是强大有力的，同时他在激励与驳斥两方面都是有效的。因为一旦任何人向一个人指明这一点，他就会自愿放弃他在做的事情。但是只要你没有指出这一点，如果他坚持他的错误你也不要惊奇；他之所以做这件事情是因为他有这样一个印象：即他自己是正确的。因为苏格拉底相信这种能力，所以他过去常说："我并不习惯于叫上任何另外的人来充当我说的话的见证人，我总是只满足于那与我争论的人，我让他提出他的观点，让他做见证人，而他，尽管只有一个人，对我而言却足够代替所有的人。"因为苏格拉底知道是什么打动一个理性的人，那就像一根平衡梁，不管你希望与否，它总是会倾斜的。只要向理性统治能力指出一个矛盾，它就会终止行为；但是如果你不把它指出来，你就应该责怪你自己而不是那不愿被说服的人。

第三卷

1. 关于个人的装饰

有一次，当一个学习修辞学的年轻学生来拜访爱比克泰德时，这个学生把头发梳理得异乎寻常的精美，他的衣服总的来看极为考究。爱比克泰德说道：告诉我，你是否认为有些狗不美，同样的，有些马不美，其他的生物也是如此。——是的，这个年轻人答道。——难道人不也是如此吗？有些人英俊，有些人丑陋？——当然。——那我们声称这些生物就其各自物种而言为美的时，我们是基于同样的理由，还是基于各不相同的理由呢？我向你说明一下我的意思吧。因为我们看到一条狗生来是做一件事的，一匹马生来则是做另一件事的；我们还可以说夜莺生来又是做其他不同的事情的。总体而言，如果一个人声称：它们中的每一个仅当它依据自己的本性达到了最完满的状态时，才是美的，这显然是合理的；而且，因为它们中的每一个都有各自的本性，所以我想，它们中的每一个也都有不同形式的美。不是吗？——这个年轻人表示赞同。——那么，接下来的难道不是：如果各物的本性不同，那么，那使狗成其为美的东西，却会使得马丑陋；而那使马成其为美的东西，却会使得狗丑陋？——看起来是那样的。——那好，就我的思维方式而言，使一个全能竞技者[①]成其为美的东西并不能使一个摔跤选手成为美的，更有甚者，它还会使一个赛跑者成为荒唐可笑的：同一个人，就五项全能运动[②]而言是美的，而就摔跤而言，则是非常丑陋的吧？——是这样的，那年轻人说道。——那么，使人成其为美的东西与那使狗和马在其各自所属的种类中成其为美的东西是相异的了？——确实如此，年轻人说。——那么，是什么使得一条狗成其为美的呢？是因为这条狗中包含了狗的优秀。是什么使得一匹马成其为美呢？是因为这匹马中包含了马的优秀。那么，是什么使得一个人成其为美的呢？难道不是因为这个人中包含了人的优秀吗？那么，很好，年轻人，如果你希望成为美的，你不是也应该下工夫去达到那标志人之为人的优秀吗？——那是什么呢？——当你冷静地表扬一个人时，看看你所赞美的那个人吧；他是个正义的人，还是个非正义的人？——正义的人。——他是个能自制的人，还是个不能自制的人？——是个能自制的人。——因此，在你想成为那种美的人时，你可以确信你会使自己成为美的；但是只要你忽视了所有这些品性，你必定是丑陋的，不管你是否用尽人工的手段使自己看上去显得美。

除了那些，我不知道我还能对你说些什么；因为如果我坦诚相告，我怕会伤了你的心，你会不顾而去，或许永不回头；但如果我不说，看看我做的都是些什么事啊。你到我这儿来是为了能有所获益，但我却压根儿没有帮你；你是把我当作一个哲学家来拜访的，但是我却没有作为一个哲学家对你说点什么。而且，我让你原模原样地回去不是残忍又是什么呢？如果在将来的某个时候，你醒悟过来，你会有充足的理由责备我说："爱比克泰德看到了我什么呢"，你将自言自语地说："尽管他看到我处在那样一个境地，在那样一个不光彩的状

① 这种竞技糅合了拳击、摔跤与搏斗。
② 一种包含了跑步、跳跃、摔跤、掷铁饼与掷标枪的全面的竞赛。

态中拜访他，他却不管我死活，没对我说一个字？他是对我彻底绝望了吗？我不是还年轻吗？我不是愿意听从理性吗？有多少其他的年轻人不是也在他们的青年时期犯下过许多同类的错误吗？我听说从前这儿有一个名叫珀莱谟（Polemo）的人，他原本是个放荡的年轻人，后来却发生了惊人的转变。好，假定他认为我不会成为另一个珀莱谟，但是他至少能够让我把头发弄直，他可以让我取掉我的饰物，他本可以让我不要再拔去我的毛发；但是尽管他看到我看上去像个——我该怎么说呢？——他却一言不发。”就我而言，我不说你看上去像什么，但是当你醒悟过来，你自己会说的；而且你会意识到这里的道理，会明白这么做的那些人是哪种人。

如果你哪天拿这个事情来指责我，我能说什么来为自己辩护呢？是啊；我能不能说：我就是说了他也不会听。莱乌斯(Laius)听从了阿波罗的话吗？[①] 莱乌斯不是走得远远的，喝得酩酊大醉，对那神谕毫不理会吗？那又怎么样呢？那有没有阻止阿波罗告诉他真相呢？但是我不知道他会不会顺从我。然而阿波罗却非常清楚地知道莱乌斯是不会顺从他的，然而他还是说了。——但是他为什么要说出来呢？——为什么他是阿波罗呢？为什么他要宣布神谕呢？他为什么要把自己置于那样一个位置呢？[②] 为什么要担任一个预言者、真理的源泉、文明世界的居民求助的对象？为什么“认识你自己”的箴言会镌刻在他的庙楣上呢，尽管没有人去注意它？

苏格拉底是不是成功地说服了他所有的来访者照料好他们自己的本性呢？没有，千分之一都不到。然而，一旦这个职位已经委派给了他，正如他自己说的，这是神的指令[③]，他就永不会抛弃它。不仅如此，他甚至还与他的法官说了什么呢。他说：“如果你以这

① 阿波罗警告莱乌斯不要生那个命定犯下大罪的儿子俄狄浦斯。

② 比较本书 II，4；IV，10，6。

③ 此处根据的是柏拉图：《申辩》28E。

样的条件释放我，即我不得再从事我目前的事业，我是不会接受你这个提议的，我也不会放弃我的事业；相反，我还是会对我遇到的年轻人和老年人——一句话，对所有我遇到的人——提我现在提的同样的问题；首先我特别要讯问你们”，他说：“你们这些公民同胞，因为你们是我的同族。”[①] 哦，苏格拉底，你那样好刨根问底吗？你那样爱管闲事吗？你为什么要操心我们会干什么呢？“为什么，你说的是什么呀？你是我的伙伴与族人，然而你忽视了自己，你做了城邦中的一个坏公民，做了宗族中的一个坏成员，做了一个差劲的近邻。”“好，那么你是谁呀？”这可是需要勇气说出来的事：“我是个必须关心人的事情的那个人。”没有一头普通的牛敢于只身对抗一只雄狮；但如果有一头公牛勇敢地走上去与雄狮对抗，如果你认为合适的话，你就对公牛说，“但是你是谁呀？”和“这里有你什么事呢？”嘿，在每一物种中，不管是在牛、狗、蜜蜂还是在马中，自然都会创造出一些出众的个体。拜托不要对那些出众的个体说：“那么，你是谁呀？”假如你这样说了，某个地方会传来声音回答你说：“我是那个像斗篷上的那根红线[②]一样的东西；别指望我会与其他的人类似，别因为我的本性使我与众不同而责怪我的本性。”

接着怎么样呢？我爱比克泰德能是那种出众的人吗？那不可能。你确实是那种愿意聆听真理的人吗？我希望你是。但是不管怎样，因为我已经由于某种原因被委派来戴上这灰白的胡须和粗制的斗篷[③]，而你又把我当作一个哲学家来拜访，我就不能对你无情，也不能做出仿佛对你绝望的样子，而要说：年轻人，你想把谁变得美呢？首先要知道你是谁，然后根据这知识来装饰你自己。你是一个人；也就是说，是一个被赋予理性地运用表象能力的凡人。那什么是“理性

---

① 这是对《申辩》中 29C 与 30A 的一种自由释义。

② 比较本书 I，2。这里所指的是罗马元老长袍上的标志性红色条纹。

③ 这是当时“哲学家”的一般外部标记。

地”？与自然一致且完全一致。那么，你拥有什么卓越的元素呢？是你的动物性吗？不。是你的必死性吗？不。是你使用表象的能力吗？不。你的理性才是你所拥有的卓越的元素，装饰它，美化它吧；把你的头发留给创造头发的神，随他去照管吧。嗨，你还有什么其他的称呼吗？你是一个男人还是一个女人？——男人。——很好，那么，把你自己作为一个男人而不是女人来装饰。女人生来光滑娇美，如果她多毛则成了一个奇物了，尽可以放到罗马的各种奇物中去展览。就一个男人而言，不多毛也是如此；如果他生来就无毛，他就是一奇物；但如果他剪掉或拔掉毛发，我们该用什么来看待他呢？我们把他放到哪里去展览？我们要张贴怎样的告示？“我将让你看”，我们对观众说，“一个想做女人而不做男人的男人。”多么可怕的一个场面啊！任何人都会对这样一张告示感到吃惊的。以宙斯的名义起誓，我想即使是那些拔掉自己毛发的人，在做这件事的时候都没有意识到这件事的含义。唉，你有什么理由抱怨你的本性呢？是因为它将你作为一个男人带到这个世界上来吗？那会怎么样？难道它该把所有的人作为女人带到这个世界上来？如果真的是这样的话，你的自我装饰有什么好处？如果所有的人都是女人，你为谁装饰？你不满意你那微不足道的肉体啊？那就对整个身体来个彻底的改变吧；根除你的——我该怎么称呼它呢？——你的多毛的原因；让你自己彻头彻尾地成为一个女人，这样你就不会再欺骗我们；不要再男不男女不女的。你希望讨好谁呢？脆弱的女人吗？作为一个男人去讨好她们吧。“是啊，但是她们喜欢光滑的男人。”哦，见鬼去吧！如果她们喜欢性变态者，你会去做一个那样的性变态者吗？让那些放荡的女人能从你那儿获得乐趣，这就是你生命中的职责？你生来就是为了做这事？我们会让你这样的男人做科林斯的公民吗？甚至难道还让你做城市的看护人，或者是青年的负责人，或者是将军，或者是运动会的主席吗？而且，当你娶妻时，你是否打算把毛发拔光呢？你想取悦谁，又为了什么目的呢？当你生了男孩了，你是否也打算把他们作为拔光了毛发的家伙介绍进公民群体呢？真是一个美丽的公民，一个美丽的元老，一个美丽的雄辩家呀！这就是我们祈祷被我们生养的那种年轻人吗？

以众神的名义，年轻人，但愿那不是你的命运！你听到了这话之后，就应该走到一边去，自己对自己说："这些事情不是爱比克泰德对我说的；哎呀，他怎么可能想得到这些？这是某个善良的神通过他在说话。因为爱比克泰德不可能想到说这些事情，因为他没有对任何人那样说话的习惯。那么，好吧，让我们服从神的旨意，而不要惹他愤怒。"不仅如此，如果一只乌鸦通过啼鸣给你带来征兆，这并不是乌鸦给你征兆，而是神通过乌鸦在给你征兆；然而如果神通过人的声音给你征兆，你是否会假装认为这是人在和你说这些事情，为的是你可以依旧漠视神的力量？尽管神以这种方式给某些人以征兆，又以那种方式给另外一些人以征兆，但是有关最伟大的和最崇高的事情，神是通过最高贵的信使传递征兆的。当诗人在这样说的时候他意味的就是这个：

> 因为我们自己已经警告过他，并派遣了斩杀恶魔的信使之神赫耳墨斯去警告他既不要杀害那位丈夫，也不要与那人的妻子同房。[①]

就像赫耳墨斯降临人间警告埃癸斯托斯那样，现在诸神也在警告你同样的事情，并派遣了斩杀恶魔的信使之神赫耳墨斯去警告。

不要去扭曲那本来是正当的事物，也不要在他上面费力改造，而应该让男人做男人，女人做女人，美人要作为人而美丽，丑人要作为

---

① 荷马：《奥德赛》I。神警告埃癸斯托斯不要与阿伽门农的妻子勾结起来谋杀阿伽门农，夺取王位。

人而丑陋。因为你既不是肉体，也不是毛发，而是自由意志；如果你让你的自由意志变得美了，那你就将是美的。至今我仍没有勇气告诉你你的丑陋，因为在我看来那是你最不愿意听到的话了。但是看看苏格拉底对阿尔西比亚得斯这个最英俊最漂亮的年轻人说了些什么："努力成为美的吧。"苏格拉底对他说了什么？"梳理你的头发，拔掉你腿上的毛发吗？"苍天不容！绝不是那种话，苏格拉底说："使你的自由意志变得美好，根除你的无意义的意见。"那么又该如何处置你那卑微的肉体呢？顺其自然吧。这是神会照料的事；把它留给他吧。——那又怎么样呢？难道就让身体脏乎乎的不管吗？——绝不是这样！而是要让你所是的和生来就是的那个身体保持清洁。但一个男人要作为一个男人而清洁，一个女人要作为一个女人而清洁，一个儿童要作为一个儿童而清洁。难道要让我们拔掉狮子的鬃毛，以免它得不到"清洁"？难道要扯掉公鸡的鸡冠，因为它也太需要"清洁"一下了？清洁？是的，是要清洁；但是公鸡要作为公鸡而清洁，狮子要作为狮子而清洁，猎狗要作为猎狗而清洁。

2. 一个追求进步的人必须从事的研究领域；我们忽视了最重要的东西

那有意成为美好且高贵的人，首先须在这三个研究领域[①]经受历练。第一个领域关涉欲求和回避，以便使他不会得不到他所欲求的，也不会陷入他所要避免的。第二个领域关涉选择和拒绝之事，以及一般而言与责任相关的事，以便使他做事井井有条，理由充足，而不会粗心大意。第三个领域与避免错误和草率的判断相关，一般而言，也即与赞同相关。而在这三个领域之中，最为重要的和最迫切的那个是与强烈的情

① 比较 II，17。这种对哲学的三分法是爱比克泰德教学方法中的一种独创性成分。

绪相关的领域。因为除非欲求没有实现，或回避陷入了它应该避免的境地，否则强烈的情绪是不会产生的。在这个研究领域中，我们会遇上混乱、激动、不幸与灾难；还有悲伤、哀叹、嫉妒；使我们变得羡慕与嫉妒——这些激情甚至使我们无法听从理性的决断。第二个研究领域处理责任问题；因为我不应该像泥塑木雕般毫无感情，而应该维系各种关系，其中既有天生的，也有后天习得的，如作为一个虔诚的人，作为一个儿子，作为一个兄弟、一个父亲、一个公民。

第三个领域仅与那些已经取得一定进步的人密切相关；它与我们刚刚提到的前两个领域的事情中的确定性因素有关，也就是，甚至在睡梦中、酣醉时或忧思如狂时，一个人也不会放过那些未经检验的表象。——有人说，这是我们无能为力的事。但现今的哲学家们却忽略第一个与第二个研究领域，而全神贯注于第三个领域，贯注于那些包含了歧义的前提的论证、通过询问导出的三段论、包含假言前提的论证，以及说谎者诡辩，等等。——当然，他说，当一个人从事这种学科时他必须不受人的蒙骗——但哪一类的人应该从事这类学科呢？——唯有那已经达到“美好且高贵”的人才行。——那么，你缺少这些吗？你在其他领域已经完美无缺了吗？你在处理细小的变化时都能防止欺骗吗？如果你看到一个美貌的荡妇，你能抵御那感官印象吗？如果你的邻居继承了一笔遗产，你会不感到妒忌心的刺痛吗？判断的可靠无误难道是你现在唯一缺少的东西吗？可怜的人，即使就在你研究这些主题的时候，你还在害怕会有人轻视你而发抖和担忧；你会问是否有人在说你什么。如果有人来说，“现在有一个关于谁是最好的哲学家的争论，有人在那儿说某某人是唯一真正的哲学家”，你那可怜的小小的方寸之心一下子就暴涨到了一丈高①。但是如果参加讨论的另一方说：“胡扯，听某某讲话是浪费时间。嘿，他知道些什么？他只有一些初级知识，其他什么也

① 字面上的意思是，“灵魂从一指的宽度增至两腕尺”。

没有。”你就会神魂俱失，面容惨白，你会立即喊道：“我要让他看看我是谁，我是一个大哲学家！”然而我们正是通过人的那种行为看出一个人的，为什么你还想通过其他东西展示自己呢？你难道不知道第欧根尼就是那样展示出智者中的一个人的吗？他用中指指向他①；然后，当这个人怒气冲天时，第欧根尼说道：“那就是某某，我已经把他指给你了。”因为一个人不能像一块石头或是一根木棍之类的东西那样可以用手指指出，但是当他显示出一个人的（意见）判断，别人就能展示他是个什么样的人了。

让我们也来看看你的（意见）判断吧。显而易见的是，你不重视你自身的自由意志，而去重视位于自由意志领域之外的其他事物，比如：某某人会说什么，你给别人留下了什么印象，人们是否会认为你是个学者，或者你读了克吕西玻或安提帕特没有，不是吗？什么？如果你已经阅读了他们，甚至还读了阿基德姆斯，那你当然就有了一切！你为什么还要担心，生怕我们不知道你是谁呢？你希望我告诉你在我们看来你是哪一类人吗？在我们看来你是个卑鄙的，吹毛求疵的，性情急躁的，怯懦的，凡事都要批评的，凡人都要责备的，从不安静的，虚荣的人；这些就是你展现给我们的品质。现在走开去读书吧；然后如果有一只老鼠掉下来，发出一声怪响，你就吓死了。因为那个人——叫什么名字来着——哦，对了，克里努斯（Crinus）就是那样吓死的，同样的死亡也在前面等着你呢。克里努斯就是一个因为自己能读懂阿基德姆斯而洋洋自得的人。可怜的人，你不愿意丢开那些与你无关的事情吗？这些事情只适合于那些能够在研究它们的时候还能心情平静的人，这样的人完全能够说这样的话：“我不屈服于愤怒，也不悲伤，也不妒忌；我不受限制，不受逼迫。我还缺少什么呢？我喜欢悠闲，我心灵平静。让我们看看应该怎样处理论辩中的歧义前提问题吧；让我们看看一个人怎样

① 在古代这被认为是一种侮辱性的手势。

才能采纳一个假设却不会得出荒唐的结论吧。”这些事情属于那种类型的人。当人们幸福的时候，适合的事情是点起一堆火，吃个丰盛的午餐，而且，如果你愿意的话，甚至可以唱歌跳舞。但当这艘船已经快要沉没了，上我这里来，升起桅帆吧！

3. 什么是好人不得不关注的问题；什么是我们应该练习的主要对象?

一个美好而高贵的人不得不关注的问题是他自身的主导原则，医生和按摩师处理的对象是身体，农场主处理的对象是田地；但是那个美好而高贵的人的目标就是合乎自然地处理他的表象。现在就像赞同正确、反对错误并对不确定的事物悬置判断是每个人的本性一样，人的本性只被对“好”的欲求，对“坏”的回避所推动，以及对不好不坏的事物无动于衷。开钱庄的和卖菜的人都不能合法地拒绝恺撒的钱币，如果你拿出钱，不管他愿意与否，他都必须把你用钱买的东西给你；同样，人的灵魂也是如此。只要“好”一出现，它就会吸引灵魂向它靠拢，而“坏”会排斥灵魂并使灵魂远离它。正如一个人不会拒绝恺撒的钱币，灵魂也不会拒绝关于“好”的清晰的感觉表象。神和人的行为动机都有赖于“好”的观念。

那就是人们喜爱好更甚于任何形式的血缘关系的原因。我的父亲并非我所爱的对象，我所爱的对象仅有好。“你是那样的无情吗?”是的，那就是我的本性。这就是神给我的钱币。因为那个原因，如果好是某种不同于高贵与公正的东西，那么，父亲、兄弟、祖国和一切的关系就什么都不是。我会忽视我的“好”，把它让给你，为你让开路吗？为什么呢？“我是你的父亲。”但不是“好”。“我是你的兄弟。”但不是“好”。然而，如果我们把“好”定义为存在于正确的自由意志之中，那么只要维持生命中的各种关系就成为好的了；而且，那能放弃一些外部东西的人也就达到了好。“我的父亲要剥夺我的钱。”但是他并未损害你。“我的兄弟要占田产的大部分。”随他所愿吧。他不可能因此而拿走你的一丝节制、诚实或兄弟之爱，不是吗？因为谁能阻止你拥有这类东西呢？甚至连宙斯也无能为力呀。而且，宙斯他也无意这么做，他把这类东西置于我的控制之下，他让我拥有这些品性，正如他本人拥有它一样——没有阻碍，没有逼迫，没有限制。

因此，不同的人使用的是不同的钱币，一个人拿出一种钱币，总能得到用这种钱币买的东西。一个盗贼以地方总督的身份来到这个行省。他用的是什么钱币？银币。那就给他银币，然后拿走你想要的。一个奸夫来了，他用什么钱币？脆弱的女人。某人说：“把这钱币拿去，把那小东西卖给我。”付钱，取货。另外一个人对男童感兴趣。给他这个钱币然后拿走你想要的。再有一个人喜爱狩猎。给他一匹好马或一条良犬；尽管他叹息不已，他还是会把你想要的东西卖给你；因为那个制定“钱币”者①在内部迫使他这么做。

一个人应该主要心怀这一原则磨炼自己。破晓时分，早早地走出屋子，不管你看到或听到谁，你都要审视他，然后像回答问题那样地回答你自己：你看到了什么？一个英俊的男人还是一个温雅的女人？运用你的准则吧。它是在自由意志领域之外还是之内？之外的，那就别管它。你看到了什么？一个为孩子的死亡而悲伤的人。运用你的准则。死亡是自由意志之外的领域。那就别理睬它。你遇到了一个执政官？运用你的准则。执政官的职位是什么东西？它是在自由意志领域之外还是之内的呢？之外的，也别管它，它经不起检验；抛开它吧，它与你无关。如果我们不断地这样做，从早到晚地在头脑中以这一道德原则磨炼我们自己，——向诸神发誓，总是会有所成就的。但事实上，我们总是痴迷地

① 这里指神。所有的人爱慕他自己心中的“好”甚于其他一切，这是神命定好了的。错误就在于人们对于把什么认作“好”时，做了错误的选择。

被外部的一切表象所引诱，充其量可能在听课时才会稍稍清醒一些。一旦讲课结束，我们走出教室，如果看见一个悲伤的人，我们就会说，“他全完了”；如果看见一个执政官，就会说，“幸福的人”；如果看见一个流放者，则会说，“可怜的家伙”；或者看见一个穷困潦倒的人，又会说，“悲惨的人，他连一口吃的都没有”。这些就是我们应该剪除的错误判断；这就是我们应该全力练习的科目。因为哭泣与叹息是什么？一个判断。不幸是什么？一个判断。冲突，争执，吹毛求疵，非难，不敬，愚蠢，这些是什么？它们都是判断，它们是对在自由意志领域之外的事物所下的判断，认为它们是好的或坏的。让一个人把他的判断转移到自由意志领域之内的事物上来吧；我保证他就会坚定起来的，而不管他周遭的事物状态如何。

灵魂就像一碗水，外部表象就像是落在水面上的光线。当水面动荡时，看起来恍如光线也动荡了起来，但光线其实是不动的。因此，当一个人头晕目眩时，陷入迷乱的不是技艺和美德，而是技艺和美德处身其中的精神陷入了混乱；当精神再次平静时，技艺与美德也就恢复平静了。

4. 答在剧院里不合宜地支持、喝彩的人

伊庇鲁斯的地方财政官不合宜地支持一个喜剧演员而喝彩，由此遭到人们的辱骂。于是他带信给爱比克泰德，说他遭到了辱骂，对于那些辱骂他的人，他的愤慨溢于言表。怎么，他们做错了什么？爱比克泰德说。他们有所偏袒正如你自己一样。但是当其他人问爱比克泰德，一个人应当以这样的方式表达支持吗？爱比克泰德回答道，是的，他们看到你，他们的管理者，恺撒的朋友和地方财政官，是以这种方式为一方喝彩的，那他们自己不是也很有可能以同样的方式喝彩吗？如果要人们不以这种方式支持、喝彩，那你自己最好也不要那样

做；但是如果他们那样做了，你为什么要为他们效仿你而生气呢？人们除了效仿你，他们的上级，他们还能效仿谁呢？当他们去剧院时，除了你，还能朝谁看呢？“看啊”，他们其中的一人说，“恺撒的地方财政官在剧院里是怎样的举止；他大叫大嚷，那好，我也要大叫大嚷。他跳上跳下，那我也跳上跳下。他的一大群奴隶散坐在房子的各处，嚷叫着喝彩；尽管我没有奴隶，那好，我就尽力地喊，我要和他们所有人加起来喊得一样响。”所以你应该知道，当你走进剧院时，你是作为其他人的行为标准和典范而进去的，你是他们在剧院里应该如何举止的表率。那么，他们为什么辱骂你呢？因为所有人都憎恨挡了他们道的人。他们希望某某能夺冠，而你则希望另外的人夺冠。他们挡了你的道，而你也挡了他们的道。你是强者，你胜了；他们则做他们所能做的，谩骂那挡住了他们的道的人。那么，你还希望什么呢？你能做你想做的，但他们连说自己想说的也不行吗？他们辱骂你又有什么出人意表的呢？当宙斯挡住了农夫的道，农夫不也辱骂他吗？水手们不也辱骂宙斯吗？人们什么时候停止过辱骂恺撒呢？那便怎么样呢？难道宙斯不知道有人辱骂他？难道恺撒不知道别人辱骂他的话？那么，他做了什么呢？他知道如果他惩罚所有辱骂他的人，他就没有人可统治了。那该怎么办呢？难道一进剧院，你就应该说，“来，让我们把这桂冠给予索弗伦（Sophron）”？而不是说，“来，在这个事情上，让我保持我的自由意志与自然一致”？对于我来说，我自己是最珍贵的；所以，为了另外一个喜剧演员夺冠而伤害我自己是荒唐的。——那么，我希望谁获胜呢？胜利者；所以我希望获胜的人总是能够获胜。——但是，我只希望索弗伦夺冠。在你自己的家里，你可以想举行多少比赛就举行多少比赛，你可以到复仇女神赛会、德尔菲赛会、地峡赛会和奥林匹亚赛会上去宣称索弗伦是胜利者。但是，在公共场合就不要妄称你权利之外的东西，不要夺走公共的权利。否则你就必须忍受辱骂；因为当你和大众一样行为举止时，你就把自己放在他们同一水平上了。

5. 答那些因病离校的人

我在这里病了，有一个学生说道，我想回家。——怎么，你在家里就不会得病吗？你难道没有问问自己这个问题：你在这里是否做了一些对你的自由意志有意义的事情，从而改善了你的自由意志？因为如果你在这儿一无所成，那你本来就不该来。回去吧，照料你家里的事情吧。因为如果你不能将你的主导原则改造得与自然一致，你的那一小块土地无疑却是能改造得与自然一致的。你可以赚点小钱；你可以为你父亲养老，你可以在市场上到处走动，你可以任公职；你这可怜的家伙，你会可怜地做着所有接下来的事情。但是如果你能理解你自己，即，你抛弃了一些有害的观点，用另一些观点取代它们，你想把你的位置从自由意志领域之外移至自由意志领域之内；而且如果说"哎呀！"这不是因为你父亲的缘故，也不是因为你兄弟的缘故，而是"因为我自己的缘故"；那为什么还要在意这疾病呢？难道你不知道，不管我们在做什么，我们都难免遭受疾病和死亡的侵袭吗？它们会侵袭在田里劳作的农夫，在海上（航行）的水手。当疾病与死亡侵袭你的时候，你希望自己在做什么呢？因为不管你做什么，你都是难免一死的。当死亡侵袭你的时候，如果你有更好的事情要做，那现在就开始做吧。

至于我，我愿意在死亡侵袭我的时候，我仅仅在关照我自身的自由意志，努力使它变得宁静，自由，无拘无束。当死亡来临的时候，我希望我正在做这事情，以便我能对神说："我曾经有一丝违抗过你的命令吗？我曾经滥用过你给我的能力吗？我曾经徒劳无益地使用过感知与预先把握了的表象吗？我曾经批评过你吗？我对你的统治有过任何不满吗？既然病是你的意愿，那我就病。其他人当然也一样会得病，但我却是心甘情愿的。因为是你的意愿，我变得贫穷，但我心甘情愿。我没有担任公职，因为你不情愿我那样，所以我也就从未有心于公职。你是否曾经看到过我因此而垂头丧气呢？难道我不总是容光焕发地来到你的面前，随时准备接受你的任何指令和命令吗？而现在，让我离开这人生的盛宴是你的意愿；那我就离开，而且我对你满怀感恩，因你相信我配得上同你一道参加这盛宴，配观赏你的作品，配理解你的统治。”当死亡降临时，但愿这就是我的所思，我的所写，我的所读。

但是当我生病的时候，我却不能将头偎在母亲的怀中。——很好，回你母亲那里去吧；你只是那种人，病的时候就只配把头偎在别人的怀里！——但是过去在家的时候我可都是躺在舒适的床上。——回去躺着吧；即使当你健康的时候，无疑的，你也只配躺在那样一张床上。请不要站在这里，别错过了你在那里能做的事情。

但是苏格拉底说什么来着？“就像这个人为田地的增产而欢欣那样”，他说，“就像另一个人因他自己的马的改良而欢欣那样，我因为自己每日有所进步而欢欣。”在哪一方面有所进步呢？是在琐屑的哲学措辞方面吗？——嘿，住嘴吧。——那是在琐屑的哲学理论方面吗？——你在做什么呢？——我不知道哲学家们还能把时间花在任何其他事情上。——在你眼中，从来不谴责谁，不管他是神还是人，这难道是微不足道的事情吗？不管他是出来还是进去，脸上总是带着同样的表情，这难道是微不足道的事情吗？这些事情苏格拉底都知道，但是他从来不说他知道什么或教了什么。如果有人想学琐屑的哲学措辞或理论，他总是把他带到普罗泰戈拉或希皮亚斯（Hippias）[①] 那里去。这就好像有人为了新鲜的蔬菜上他这儿来，他肯定会把他带到市场上的蔬菜商贩那儿去一样。那么，你们当中有谁会把苏格拉底的目标作为自己的人生目标呢？如果你会的话，即使是病了，饿了，要死了，你也会是高兴的。如果你们当中有谁曾经恋上过一个美娇娘的话，他就知道我所言不

① 他们都是当时到雅典讲学的著名智术师。

虚了。

6. 一些零散的话

当有人问道：为什么尽管我们现在在逻辑研究上花了更多的工夫，但从前取得的进步反而更大？爱比克泰德答道："现今的功夫"花在了什么上面，"从前的进步更大"指的是在什么方面？因为在我们现在花费了力气的事情方面，我们也可以发现一些进步。事实上，我们现在把力气花费在了解决三段论上，而在这方面我们的确取得了进步；从前人们的力气花在了维护主导原则上，以使之处于与自然和谐的状态，他们在这方面就取得了进步。所以，不要以一件事情代替另一件事情，也别指望当你把劳动花在这一件事情上，却能在另一件事情上取得进步。你看看在我们当中是否有这样的人，他致力于保持一种与自然和谐一致的状态，并且那样去生活，却没取得进步。你会发现那样的人根本就不会有。

好人是不可战胜的；这是当然的，因为在不占优势的方面他根本就不会去参与竞争。"如果你想要我在乡间的财产"，他说，"拿去；把我的仆人拿去，把我的职位拿去，把我这微不足道的身体也拿去。但你却不能使我的欲求得不到我欲求的，你也不能使我的回避陷入我所要避免的。"这就是好人唯一愿意参与的竞争，即关系到自由意志领域的事情的竞争。那么，怎么有人能战胜他？

当有人问爱比克泰德什么是"常识"时，他回答道：这就像只是在声音间做出辨析的听觉被称作"通常的"的听觉，但那能够在音调间做出区分的就不再是"通常的"，而是"技术性的"了；同样，也有那样一些事物，只要是正常的人，就能依靠他们通常的能力加以理解。那样的一种心智结构就被称作"常识"。

说服那些意志薄弱的年轻人可不是件轻而易举的事情；确实不容

易，同样，你也不能用鱼钩钓住软奶酪——但是那些有天赋的年轻人就不一样了，即使你想赶走他们也不行，他们反而会将理性抓得更牢。这也就是鲁福斯经常劝阻人的原因，他用这个当手段来区分有天赋的人与无天赋的人。因为他常说："就像一块石头，即使你向上抛，它还是会因为它自身的构造而掉到地面上来，有天赋的人也是如此；你越是把他打回去，他越会向他的自然目标靠拢。"

7. 与自由城市的帝国执行官[①]的谈话，此人是一个伊壁鸠鲁主义者

当帝国执行官（这是一个伊壁鸠鲁主义者）来拜访爱比克泰德时，爱比克泰德说：我们这些门外汉完全应该向你们哲学家们探询什么是这世上最好的东西——这就好像那些来到了异乡的人，向那些熟悉这个地方的人和公民探询一样——为的是，在了解它之后，我们就可以自己去探索它和观看它，就像那些外来的人可以自己去探索与观看城市的景色一样。既然几乎无人能否认人拥有三样东西，即灵魂、肉体和外部事物；那么，你要回答的就是这个问题：哪一样东西最好？我们打算告诉人们什么是最好的呢？肉体吗？麦克西姆斯（Maximus）让儿子一路照料自己，冒着严寒从远道驶往喀西欧皮（Cassiope），是为了肉体的缘故吗？这会在肉体上产生愉悦吗？当那个人否定这一点并说"苍天不容"时，爱比克泰德接着说：对那最好的东西满腔热情难道不合适吗？——这当然是最合适的。——那么，我们有什么比肉体更好的东西吗？——灵魂，他说道。——最好的事物中的价值与次等的事物中的价值相较，哪样更好呢？——最好的事物中的价值。——灵魂的价值属不属于自由意志领域之内呢？——属于。——因此，灵魂的愉悦就是属于

① 罗马人称之为"纠偏者"，这是一个特派的官员，相当于元老的级别，由皇帝任命。

自由意志领域之内的了？——他表示赞同。——这种愉悦是依靠什么产生的呢？是依靠它自身（灵魂的愉悦）吗？但那是不能想象的。因为我们必须假定已经存在某一在先的“好”（价值）的本质，通过参与它，我们才会感觉到灵魂的愉悦。——他对此也表示赞同。——那么，我们将依靠什么感受到灵魂的愉悦呢？如果是依靠灵魂中的价值(好)，我们就已经发现了“好”的本质。因为一件事情是好的，我们就不可能正当地从另外的事情中获得愉悦；当先在的不是好的，结果却是好的，这也是不可能的；因为，为了证明结果是对的，先在的事物就必须是好的。你们这些伊壁鸠鲁主义者如果神志清醒的话，就不会说灵魂的愉悦依靠灵魂中的事物；否则你就与伊壁鸠鲁和你的其他学说不一致了。你能说的只是灵魂的愉悦就是肉体中的东西的愉悦，于是肉体中的东西就变成了最重要的东西，就成了“好”的真正本质。

这样，如果麦克西姆斯是因为其他的事情而不是肉体的缘故——也就是说，因为别的事物而不是因为最好的事物——去航行，他的行为就是愚蠢的。如果当一个人做法官时，他能够拿走别人的财产，却仍然保持两袖清风，他的行为也是愚蠢的。但是如果你愿意的话，让我们仅仅来考虑这一点，即隐秘的、安全的、不为人所知的偷窃行为。因为即使伊壁鸠鲁本人也没有声称偷窃行为是坏事，而只说被抓是一件坏事；只是因为人们无法确信自己不会被发现，他才说：“不要偷窃。”但是我告诉你，如果我们能够技巧熟练、考虑周详地去偷，那是无人能发现的。而且，我们在罗马有些有权有势的朋友，男的女的都有；希腊人是个软弱的群体，他们不会有人有勇气为了这事去上罗马控诉的。为什么你要克制自己不追求你个人的利益（好）呢？这太傻，太蠢了。另外，即使你告诉我你确实克制住了，我也不会相信你。因为就像人是不可能赞同看上去是错误的东西和拒绝看上去是正确的东西一样，拒绝看上去是好的东西也是不可能的。财富是一种好，就带来愉悦而论，可以说它是最能带来愉悦的事物了。你为什么不应该去获取它？如果没有人能发现我们，为什么我们不应该去勾引我们邻居的老婆？如果她的丈夫胡说八道，为什么我们不应该揍扁他？如果你希望做一个彻底的哲学家，一个完美的哲学家，与你自己的学说保持一致，那你就应该那么做。如果不那样，你就与我们这些背着“斯多亚主义者”名声的人没有什么区别了；因为我们也是说的一套，做的另一套。我们说的高尚，做的卑劣；但是你们的自相矛盾的方式却完全相反：制定卑劣的学说，却要行高尚之事。

以神的名义，我问你，你能想象一个伊壁鸠鲁主义者组成的国家吗？一个人说：“我不结婚。”“我也不结婚。”另外一个人说，“因为人不应该结婚。”不，也不应该有孩子；不，也不应该履行公民的义务。你认为那样将会有什么事情发生呢？公民从哪里来？谁来教他们？谁来做青年的统领，或健身房的教练？而且，他们能教青年们什么呢？斯巴达和雅典的青年人学的那些东西吗？带给我一个年轻人；按照你们的学说带大他。你们的学说是坏的，对国家是有颠覆性的，对家庭是有破坏性的，甚至不适合女人。嘿，你还是扔下这些学说吧。你住在一个帝国；担任公职、裁决公正、不染指其他人的财产是你的义务。对你而言，除了你的妻子，别的女人看上去都不应该是漂亮的；除了你自己的，别人的孩子、银盘、金盘看上去全都不应该是漂亮的。寻找与这些行为原则一致的学说吧，这些学说能让你高高兴兴地，感到信服地抵制那些诱惑、征服人的事物。然而，如果除了刚才提到的极具说服力的事物之外，我们还要创造出一些你们这样的学说，它们把我们推向那些事物，并赋予它们额外的力量，那该怎样呢？

就一个盘子而论，什么是最好的东西？是银子还是技艺？手的质料不过是血肉，但是重要的东西却是手制造出的产品。义务有三类，第一类仅与生存相关，第二类与特定种类的生存相关，第三类是主要义务自身。① 就人而言，情况也是如此，我们应该尊敬的不是一个人的物质质

① 这句话中对义务的分类并不清楚。解释它在上下文中的意义一直是评论家们的难题。前面两类（实质为一类）处理外部存在；最后一类涉及我们的更高的本性。

料，不是他的血肉之躯，而是他拥有的具有最高重要性的事物。这些事物是什么呢？是当公民的义务、结婚的义务、生小孩的义务、敬神的义务、照顾父母的义务，一句话，是欲求、避免、选择、拒绝，是适当地做出每一个行动，也就是与我们的本性相一致。什么是我们的本性？是作为一个自由人、一个高贵的人、一个自尊的人而行动。怎么，难道还有什么其他的生物会脸红，有什么其他的生物会有羞耻感吗？我们的本性就在于使愉悦服从于这些义务，做它们的仆人，为它们服务，以便我们能致力于让我们的行动合乎自然。

但是我很富裕，一无所求。——那么，你为什么还要装作是一位哲学家呢？你的金盘与银盘已经足够愉悦你了；你还要那些学说来做什么？——是的，但我也是希腊人的审判官。——你知道怎么样做一个审判官吗？是什么让你知道的？——恺撒为我写了信任状。——让他为你写一份让你担任音乐与文学领域的评判官的信任状；那对你有什么好处呢？而且，这里还有另外一个问题，那就是，你怎么成为一名法官的？你吻了谁的手——是辛弗罗斯（Symphorus）的还是拏麦纽斯（Numenius）的？你曾在谁的卧房前睡过？[①] 你送了礼物给谁？毕竟，难道你没有认识到一个法官的职位的价值无非与拏麦纽斯的价值一样多？——但是我可以想把谁投进监牢就投进监牢。——你对一块石头也可以这样做。——但是我可以用棍棒把我想鞭打的人鞭打至死。——就像你能对一头驴子所做的那样。——那不是对人的管理。请你向我们指出什么是有利的，这才是将我们作为有理性的人来管理；这样我们就会跟随你；指出什么是无益的，我们就会远离它。让我们尊崇与仿效你，就像苏格拉底让人尊崇与仿效他一样。他就是那个把人作为人来管理的人，因为他让他们的欲求、他们的回避、他们的选择、他们的拒绝都受他的影响。“做这个，别做这个，否则我把你投进监牢。”如果你那样

① 即，为的是一早起来的第一件事情就是能够向他致意问候。

说，那你的管理就不再是对理性的人的管理了。不，你应当说的乃是："按照宙斯命令的做这个吧；如果你不这样去做，你将会受到惩罚，你将会受到伤害。"哪一种伤害呢？就是没履行你的义务所带来的伤害；你将失去在你之中的那个忠诚、荣耀、举止高贵的人。你不需要去找比这样的伤害更大的伤害了。

8. 我们应该如何训练自己面对感觉表象？

就像我们训练自己怎样面对诡辩性的质问一样，我们也应该每天训练自己去对待我们的感官表象，因为这些感官表象也会质问我们。某某的儿子死了。回答："那处于自由意志领域之外，它不是一种恶。"某人的父亲剥夺了他的继承权；你对这件事情有什么看法？"那处于自由意志领域之外，它不是一种坏。"恺撒已经对他做出判决了。"那处于自由意志领域之外，它不是一种坏。"他因这些事情而痛苦。"那是处于自由意志领域之内的，它是一种坏。"他勇敢地忍受了它。"那是处于自由意志领域之内的，它是一种好。"如果我们养成了这种习惯，我们就会取得进步；因为我们除了那些"把握性的表象"外，将不会赞同任何东西。他的儿子死了。发生了什么？他的儿子死了。没有其他事了吗？没有。他的船丢了。发生了什么？他的船丢了。他被抓到监狱里头去了。发生了什么？他被抓到监狱里头去了。但是这个意见，即"他过得很差"，乃是每个人自己添上去的。"但是"，你说，"宙斯在这些事情上做得不对。"是什么使你那样想？是因为他使你有平静地忍受的能力，是因为他使你有雅量？是因为他使那降落到你头上的东西失去了恶的力量？是因为他使得你忍受这些事情而仍然能够面带欢欣？是因为当事情不如意的时候，他把门向你敞开？嘿，出去吧，不要抱怨。

如果你想知道的话，就听听罗马人对哲学家的感觉吧。意大利库斯（Italicus）作为一位哲学家，在罗马人中享有极高的声望；有一次，当我在场时，他对他的朋友感到恼怒，仿佛他经历了一些不可忍受的事情，然后说："我受不了：你要我死呵?！你居然想让我成为他那样。"然后指着我。[①]

9. 答某位打算到罗马参加诉讼的雄辩家

有一天来了个人拜访爱比克泰德，他要赶往罗马去参加一件民事诉讼案件，这个案件牵涉他的荣誉问题。爱比克泰德问了他要去首都的缘由，而后这个人就开始询问爱比克泰德对这件事情有什么看法。爱比克泰德说，如果你问我你在罗马要做什么，你将成功还是失败，我不能给你什么规则。然而，如果你问我你会做得怎么样，我要说的是：如果你有健全的判断，你就会做得很好；如果你的判断不健全，那你就会做得很糟糕；因为在所有情况下，一个人的行为方式都是由他的判断所决定的。是什么使你急于当选克努索斯人（Cnossos）的保护人？是你的判断。是什么驱使你现在上罗马去？是你的判断。而且即使疾风暴雨、危险重重、付出代价，你也要去？——是的，我不得不去。——是谁告诉你不得不去的？是你的判断。那很好，如果一个人的判断决定任何事情，而一个人又有不健全的判断，那么，有什么样的原因就有什么样的结果。我们都有健全的判断吗？你和你的对手都有健全的判断吗？如果是这样，那你们怎么会不一致？但是是你有健全的判断而不是他有健全的判断吗？为什么？只是你那么想。他也会以为他的判断更健全，疯子也会这样想。这可是个差劲的标准。但是向我展示一下：你已经对自己的判断做过了审查，你重视它们。现在你要到罗马去担任克努索斯人的

① 这是一段令一些学者感到困惑的古怪轶事，其含义看起来是：有个人名叫意大利库斯，明显不是位具有哲学家品格的人。他的一些朋友鼓动他以一种真正的哲学家的方式去经受一些困苦，他对此非常生气，因为朋友的话中有这样的含义，即他事实上就是一位像卑贱的奴隶爱比克泰德那样的哲学家。

保护人，你不满足于待在家里拥有你已经拥有的荣誉，而是用心于更大更显赫的事情。那么你是否曾经为了审查你自己的判断，或为了拒绝一个不健全的判断，而做过一番游历呢？你曾为了这个目的拜访过谁呢？你打算用哪一段时间来做这个事呢？你打算在你生命中的哪一段时间来做这件事呢？你独自回顾一下你的生命历程，如果你羞于在我面前那样做的话。当你年幼时，你有审查你自己的判断的习惯吗？你那时习惯做任何事情不是恰好像你现在做任何事情一样吗？当你长成了一个少年，在你聆听修辞学家的演讲的时候，在你自己练习（修辞术）的时候，你认为自己还缺少什么呢？当你长成了一个青年，开始参与政治，开始自己为案件辩护，开始有了好名声，在你的眼中，谁还能与你匹敌呢？你会不会随时都让自己经受这样的审查：自己是否做了糟糕的判断？那么很好，你指望我跟你说什么呢？——在这件事情上帮助我。——在这件事情上我不能给你什么忠告；你如果到我这儿来是为了这个目的，那你到我这儿来就不是来访问一个哲学家，而是来访问一个卖蔬菜的商人，来访问一个皮匠。——那么，哲学家给出忠告是为了什么目的呢？——为了这个目的，即不管发生任何事情，我们的主导原则都要坚持这个目的，即与自然始终贯彻一致。你认为这是一件微不足道的事情吗？——不，这是最重要的了。——那便怎么样呢？这仅需一点点时间就能达到吗？匆匆一次访问就能获得它吗？如果你能够做得到，那就去获得它吧！

你会说：“我遇见爱比克泰德就像遇见一块石头、一座雕像一样。”是的，因为你只是来看看我，再也没别的了。那把人当作一个人来遇见的人，是那努力理解别人的判断的人，而且他反过来也把他的判断展示给别人。尽量理解我的判断；让我也知道你的判断，然后你才可以说遇见了我。让我们检验彼此的判断；如果我有任何坏的判断，剔除它；如果你有什么坏的判断，也把它提出来。“遇见了一位哲学家”就指的是这个意思。哦不；但是你的方式是：“我们路过那儿，我们正要租艘船时刚好有机会去看看爱比克泰德；让我们去看看他到底有什么要说的。”然后你离开的时候就说：“爱比克泰德根本算不上什么，他语法不通，错词连篇。”当你像那样进来的时候，你还能做出什么其他的判断呢？

“但是”，有人说，“如果我本人也专注于这些事情，我就和你一样，不会拥有田产了，不会拥有银酒杯了，不会拥有优良家畜了。”对此，这样回答就足够了：“我不需要那些财物。但是你，即使你拥有如此之多的财物，你还是需要其他的东西，而且不管你愿意不愿意，你比我还贫困。”——什么，我还需要什么？——你还需要你所匮乏的；你还需要坚定，你还需要与自然处于一致状态的心灵，你还需要平静无忧的精神。做不做保护人，那与我何干？但对你而言就不一样了。我比你富有；我不操心恺撒会怎么想我；我不会为了这个目的去奉承任何人。我有了这些，也就足够抵消你那些银盘金盘了。你有黄金器皿，但是你的理性、你的判断、你的赞成、你的选择、你的渴求——却是陶土制的。既然我在与自然一致的状态中拥有了这些，我为什么不搞点逻辑研究当作业余爱好呢？因为我有足够的闲暇；我的灵魂不会一会儿被拖往这边，一会儿被拖往那边。既然没有任何事情扰乱我，我还要干什么呢？我还能拥有什么比这更适合于一个人的呢？你和你的同类，当你们无事可干的时候，就坐立不安，或是上剧院，或是漫无目的地闲逛。为什么哲学家不应该发展他自己的理性呢？你关注水晶容器，我却会关注“撒谎者”三段论；你关注彩色玻璃器皿，我却会关注“否认者”三段论①。你已经拥有的每样东西在你眼里看起来都很小，而我拥有的每样东西在我看来都很重要。你是欲壑难填，我却已心满意足。你就像那些小孩子们，他们把手放进窄口的瓶子里面，努力想把无花果和坚果拿出来。如果他们手里抓满了，手就拿不出来，他们就会哇哇大哭。放下一

① 这个三段论的确切种类已无从可考，尽管克吕西玻关于这个主题写过两本著作。

些东西，手就可以拿出来了。因此，你也应该放下你的一些欲求；不要把你的心分散在许多事情上面，你也就会有所得了。

10. 我们应该怎样忍受疾病？

我们应该准备好不同的判断，以应对个别事物之需。用午餐时，我们应该准备好关于午餐的判断，沐浴时我们应该准备好关于沐浴的判断，就寝时我们应该准备好关于睡床的判断。

> 不要让睡眠接近你疲倦的眼睑，
> 在你已经审视白日的每一行为之前：
> “我哪里做错了？我做了什么？还有什么应做的还没去做？”
> 从头至尾，审视你的每一个行为，而后记住它：
> 为卑鄙的行为而自责，为好的行为而欢欣。

把这几行诗句常备手边，不是要我们大声诵读它，就像我们呼喊“赞美阿波罗”那样。发烧的时候，我们要准备好应用于发烧的判断。如果我们发高烧，不要放弃和忘记我们所有的原则，却说：“如果是我下次还能学习哲学，那就让任何要发生的事情都发生吧！现在我不得不到某个地方去照料我的可怜的躯体了。”确实是这样，如果高烧不会也跑到那儿去的话！但是什么是哲学？难道它不就意味着准备迎接降临到我们头上的事情吗？那么，难道你不知道，你所说的就等于是，“如果我下次能准备好平静地忍受降临到我头上的事情，那就让任何要发生的事情都发生吧”？这就好像一个人因为挨了一些打击，就打算放弃拳击和摔跤比赛一样。仅有的区别在于：在拳击和摔跤比赛中，一个人可以停止比赛，就能避免受到重击，但在生活中，如果我们停止对哲学的追求，那会有什么好处呢？那么，一个人在每一场灾难降临的时候，他应该对自己说些什么呢?“就是为了这个我才坚持训练,就是为了迎接它的到来,我过去才坚持不懈地磨炼自己。”神对你说,“给我证据,你是否一直在合法地努力,你是否吃指定你吃的[①],你是否听从你的训练者的指定训练。”之后,当行动的时间来临时你退缩了吗?现在是你发烧的时候,就让发烧以适当的方式降临你的头上吧;现在是口渴的时候,你就以适当的方式忍受口渴吧;现在是饥饿的时候,你就以适当的方式忍受饥饿吧。这不在你的能力范围之内,你说?谁在那儿拦阻了你?不,你的医生可以阻止你喝水,但他阻止不了你以适当的方式忍受干渴;他可以阻止你进食,但是他阻止不了你以适当的方式忍受饥饿。

但是难道我不是位学者吗?——你献身学问为的是什么目的?奴隶,难道你不是为了能够幸福吗?难道你不是为了能够安心吗?难道你不是为了能与自然一致并以那种方式而生活吗?当你发烧的时候,是什么阻止你的主导原则不与自然一致?这儿就有事情对你的检验,这儿就有哲学家的磨炼。因为这也是生活的一部分;就像一次漫步,一次航行,一次旅游一样,发烧也是生活的一部分。我认为你在散步的时候不会捧着一本书读,对吗?——我不读。——发烧的时候当然也不读。但是如果你以一种适当的方式漫步,那你就做了一个漫步者应做的事情;如果你以一种适当的方式发烧,那你也就做了一个发烧者应做的事情。以一种适当的方式发烧是什么意思呢?不怨天,不尤人,不被发生在你头上的事情所击垮,以一种适当的方式勇敢地等待死亡,去做你应该做的事情。当你的医生来看你的时候,不要害怕他会说什么;而如果他说,“你很好”,你也不要为此欣喜若狂;因为他所说的给了你什么好处呢?如果你身体健康,他所说的对你有什么好处呢?如果他说:“你的情况很糟糕。”你也不要为此垂头丧气。因为情况很糟糕是什么意思

---

① 比如,在奥林匹亚运动会比赛开始之前,运动员必须在监督之下进行训练,且要进行一个月的严格节食。

呢？那不过是灵魂与肉体快要分离的意思罢了。那有什么可怕的呢？如果现在不分离，难道以后不会分离吗？当你死的时候会乾坤颠倒吗？那么，你为什么还要用甜言蜜语讨好你的医生呢？为什么你还要说："只要您愿意，先生，我就会好起来的？"为什么你要给他装腔作势的机会？为什么不只给医生他应得的？就像我给量鞋的修鞋匠他所应得的，给建房屋的建筑师他所应得的一样，对于那治疗我这卑微的肉体的医生，我也只给他应得的：这个肉体本不是我的，它只是一件本性上有死的东西①。这些就是对一个在发烧之际的人所要求的事情；如果他达到了这些要求，他也就完全拥有了属于他的东西。因为守卫这些外部事物不是哲学家的事务——他既不守卫他的微不足道的美酒，也不守卫他的微不足道的油和微不足道的肉体——那么他守卫的是什么？他自己的主导原则。那如何对待外部事物呢？只要不对它们粗心大意就行了。那么，还有什么害怕的适当理由呢？那么，还有什么愤怒的适当理由呢？还有什么为与他无关的事情害怕，为无价值的事情害怕的适当理由呢？这里有两条你应该准备好放在身边的原则：在自由意志领域之外的事情无所谓好与坏；以及，我们不应该领着事情走，而应该跟着事情走。"我的兄弟不应该那样对待我。"是不应该；但是那是他应该注意的事情。至于我，不管他怎么做，我都将遵循兄弟间应有的人伦关系。因为这是我的本分，其他的事与我无关；没有人能阻拦我尽我的本分，而其他的事情却是别人能阻拦的。

11. 一些零散的话

对于那些不服从神意安排的人，就好像是法律规定了一样，总会有一些惩罚。"任何把落在自由意志领域之外的事情当成是好的人，让他

① 即，仅通过与灵魂的短暂结合才被临时授予生命的物质。

去嫉妒、渴求、奉承、心神不安好了；任何把落在自由意志领域之外的其他事情当成是坏的人，让他去悲痛、伤心、恸哭、不幸好了。”然而，尽管我们受到那么残酷的刑罚，我们还是无法放弃。

记住诗人［即荷马］关于陌生人所说的话：

> 陌生人，我没有权利侮辱一个陌生人，即使他是一个境况比你差的人也不行；
>
> 因为所有的陌生人和乞丐都是属于神的。

在涉及父亲时，一个人应该准备去用的原则是：我没有权利侮辱一位父亲，即使他是一个比你境况更差的父亲也不行。因为所有的父亲都属于父亲之神宙斯。涉及兄弟时也是如此："因为所有的兄弟都属于亲族之神宙斯。”同样的，在其他的社会关系中，我们也会发现宙斯在俯瞰着他们所有的人。

12. 关于训练

我们不应该在不自然的或奇异的事情方面训练自己，因为在那种情况下，我们这些自称哲学家的人与那些江湖骗子将没有分别。因为走钢丝也是一件艰难的事情，不仅艰难而且危险，难道我们也应该因为这个原因去训练走钢丝，或者去架棕榈树，或是抱雕像?① 一点儿也不。并不是每一种艰难的和危险的事情都适合拿来训练的，只有那些有利于我们成功达到我们努力的目标的事情才适合拿来训练。那么什么是我们努力的目标呢？就是在选择和回避中能够无阻碍地行动。那这又是什么意

① 有学者认为，“架棕榈树”可能指单手单脚爬杆子，就像爬棕榈树的人一样。至于“抱雕像”，据说第欧根尼为了使自己意志坚定在严寒的天气里赤身抱着雕像。

思呢？它意味着既不会得不到我们所欲求的东西，也不会陷入我们想避免的东西。所以，我们的训练也应该朝向这个目标。因为如果没有巨大而恒久的努力，就不可能确保我们的欲求不会达不到，我们的回避不会陷入它所要避免的事情，那么可以确信的是，如果你的训练是向外的，是朝向那不在自由意志领域之内的事情，你将既不能成功地得到你所欲求的，也不能成功地避免让你的回避陷入它所极力避免的事情。因为习惯是一股强大的力量，当我们自己习惯于将我们的欲求和回避指向外部事物时，我们必须养成另一种习惯以抵消这种习惯，只要哪里有感觉表象的不可信的本质在起作用，我们就必须在哪里把我们的训练当成是一种抵消它的力量。

我喜爱享乐；那我将站立在极度摇晃的船只的相反一侧，以矫枉过正、训练自己。我喜欢躲避繁重的工作；那我将竭尽全力训练我的感觉表象，以使我对每一件这样的工作都不再回避。因为谁是训练中的人？他是那样一个人：他训练自己没有欲求，他训练自己仅回避自由意志领域之内的事情。是的，他特别在难以驾驭的事情上训练自己。因此不同的人都应该用不同的事情来训练自己。那么，在这些情况下，架棕榈树，随身携带一个皮帐篷，或者一个研钵和一个杵，又是为了什么目的呢？① 人啊，如果你狂傲，那么训练吧，当你受到谩骂时，训练自己要忍受，当你受到侮辱时，训练自己不要心神不安。你将取得那样的进步，以至于即使有人在打你，你也会自己对自己说："想象他在对一座雕像动手吧。"下一步要训练你自己饮酒适量，目的不是为了能够豪饮（因为颇有一些为此而训练自己的笨瓜），而是首先为了努力达到戒酒、戒色、戒精美食品的目的。然后在某一天，如果测试的机会真的来临了，你就可以在恰当的时机参加竞赛，以便确定你的感觉表象是否仍然

---

① 可以想象这些是指一些犬儒主义者随身携带的一些装备，他们招摇过市，用以表明他们拥有所有的生活必需品。即遮蔽物及最简单的准备食物的器皿，有点像第欧根尼满足于他的陶罐及杯子。

像从前一样能够征服你。但是首先要远离那些对你而言过于强大的事物。一个美丽的荡妇与一个年轻的哲学初学者之间的比赛并不公平。“一个陶罐”，就像他们说的，“与一块石头并不般配。”

在训练了欲求与回避之后，下一个训练的主题将与选择、与拒绝相关。这个训练的目的就是要能服从理性，不在错误的时间与地点，或违反其他类似的规矩的情况下，进行选择与拒绝。

第三个训练的主题与赞同相关；它涉及的是自相矛盾的和迷人的事情。因为，就像苏格拉底过去常常告诉我们的：不要过未经检验的生活；同样的，我们也不应该接受未经检验的感觉表象，而应该说：“等等，让我看清你是谁，你是从哪里来的。”（就像守夜人说：“把你的信物拿给我看。”）“你有没有由本性而来的信物？那信物是任何可以被接受的感觉表象都有的。”最后，所有人们应用于肉体训练的方法，如果它们指向欲求和回避，它们本身对于训练也是有益的；但是如果它们的目的是炫耀，它们就服务于转向了外部世界的人，它们的目的就不是他们正在做的事情本身，而只想博得旁观者的喝彩，“哦，一个多么伟大的人啊”！正是因此，阿波罗尼乌斯（Apollonius）说的那句话就显得绝妙极了：“当你希望为了你自己而训练，那么当你在大热天口渴的时候，你就喝口凉水，然后吐掉它——然后别跟任何人提这件事！”

13. 孤独状态的含义；孤独的人是哪一种人

孤独的状态就是一个人处于无助时的状态。因为一个人不会仅仅因为他独处就会是孤独的，就像一个人不会因为处在人群之中就必然不孤独一样。无论如何，当我们失去了一个兄弟，一个儿子，一位与我们分享同一张床的朋友，我们就说我们被孤独地抛下了，尽管我们经常待在罗马，在街上我们会遇到一大群人，与那么多的人同处一个屋檐下，有时我们甚至有一大批的奴隶。因为根据这个概念的本质，“孤独的人”

指的就是无助的人，他暴露在了那些想伤害他的人的面前。因此，当我们旅行的时候，特别是在旅途中遭遇强盗的时候，我们称自己是孤独的。因为并不是一看到一个人我们就能免去孤独，而是要看到一个忠实的、不摆架子的、乐于助人的人，我们才不再孤独。怎么，如果独自一人就足够使一个人孤独的话，那你将不得不说甚至宙斯本人在世界大火[①]时也是孤独的，他自怨自艾着："悲惨的我啊！我失去了赫拉，失去了雅典娜，失去了阿波罗，也失去了所有的兄弟，子孙，同族者。"甚至有人说在世界大火之后，只剩下了宙斯一个人时，宙斯就是这么做的。那是因为他们根本无法设想一种独自一人的生活模式，因为他们从一种自然的原则出发，即，从人类结成群体的自然兴趣、人们相互间的爱、人们交往中的愉悦这些事实出发。但一个人也应该为这个而有所准备，即，能够自足，能够与自己交谈；甚至就像宙斯与自己交谈那样，宙斯靠自身就能获得安宁，他沉思他的统治特性，沉浸于专属他自身的思维中，所以我们也应该能够与我们自己交谈，不会离不开他人，不会为寻找如何度过我们的时光的方式而不知所措。我们应该致力于对神的统治的研究，致力于对我们与其他一切事物的关联的研究；考虑我们过去对于发生在我们身上的事情是如何行动的，而现在又是如何行动的；是什么事情仍然在困扰着我们；我们怎样能够治疗它，或怎样根除它。如果我所提到的这些事情中的任何一个要达到完美的状态，那就要根据内在于它们之中的理性的法则去使之完美。

恺撒似乎能给予我们完全的和平，这里再也没有战争，没有争斗，没有大规模的抢劫，没有海盗行为，我们随时都能在陆地上旅行，可以从东至西地在海上航行。那么，恺撒是不是也能免除发烧、海难、大火、地震、闪电带给我们的困扰而让我们获得宁静的心态呢？嗨，他能

---

① 宇宙被大火周期性地耗尽，而后又重新再生。这是斯多亚派承自赫拉克利特的理论。在大火之中，除了宙斯，甚至诸神也会死去。

让我们从爱当中抽身出来获得宁静吗？他不能。那么他能让我们从悲伤中，从嫉妒中抽身出来？他不能——对于这些事务无疑他无论哪一点也做不到。但是哲学家们的学说却承诺能使我们从这些纷扰中抽身出来获得宁静。这学说的内容是什么呢？"嘿，只要你听从我，不管你在哪里，不管你在做什么，你都不会感到痛苦、愤怒、逼迫、阻碍；你将在宁静而没有任何纷扰的状态下生活。"当一个人拥有了这种不是由恺撒承诺的宁静——怎么，恺撒怎么可能承诺宁静？——而是由神通过理性而给予的承诺，当他独自一人的时候，他能不满足吗？当他沉思和反省的时候，"现在没有坏能降临我的头上，对我而言，根本就没有抢劫那样的事情，根本就没有地震那样的事情，所有的事物都充满了和平与宁静；每一条街道，每一座城市，每一个旅伴、邻人、同伴，所有这些都是没有恶意的。他照料着我们：他提供我食物，衣服；他还给予我们感知和预先把握的概念。现在无论何时，当他不再提供生存的必需品时，那是他发出了召回的命令；他已经打开了那扇门，对你说：'去吧。'到哪儿去？你无须害怕，只是回到你来的地方去，回到对你友好的和与你亲近的东西那儿去，回到物质元素那儿去。在你里面的火将回归到火，土归土，气归气，水归水。那儿没有冥府，也没有黄泉、科赛特斯河、火焰河，那儿所有的事物都为诸神和神性的力量所充满"。一个冥想这些事情的人，一个仰望太阳、月亮、星星的人，一个俯瞰大地和海洋的人，是不会孤独的，也不会无助的。"怎么，那又怎么样呢？当我一个人的时候，万一有人攻击我甚至谋杀我该怎么办呢？"傻瓜，他不是谋杀你，他杀的不过是你微不足道的肉体而已。

那么，剩下来要谈的是哪一种孤独，哪一种无助呢？为什么要使我们自己比小孩子们还要糟糕呢？当孩子们被独自丢下的时候，他们做什么呢？他们收集一些碎片和泥土然后建造这个或那个东西，然后拆毁它又重建一些另外的东西；所以他们从来不会为怎样度过他们的时光而一筹莫展。那么，如果你扬帆远航，抛下我孤零零的一个人，孤独无助，我是不是就要坐下来哭泣？我就没有碎片？没有泥土？但是孩子们是出于愚昧而那样做，难道我们便要出于智慧而痛苦？

[过于强大的力量对于初学者是危险的。[1] 因此，我们应该忍受适当的重负，根据我们的能力——不，是与自然一致[2]……但不是为了消耗，在某段时间练习过残废人一样的生活方式，在其他的时间你就可以像一个健康的人那样生活。不要吃东西，只喝水；一段时间完全禁欲，然后在另一段时间又可以有正当理性地实现一些欲望。如果你有正当的理性那样做了，无论何时在你之中有“好”，你就是正当地满足了你的欲望。不，那不是我们要走的路，我们希望从一开始就像贤者那样生活，我们要去帮助人。帮助什么呀！你想要做什么？怎么，你帮助了你自己吗？但是你希望帮助他们进步。怎么，你自己已经取得了进步了吗？你希望帮助他们吗？那以你自己为例，让他们看看，哲学产生的是哪一种人，不要胡说八道。在你吃的时候，帮助那些与你一同吃的人；在你喝的时候，帮助那些与你一同喝的人；通过向所有人让步，让位，顺从——这样去帮助人，不要用你自己的唾沫玷污了别人[3]。]

14. 一些零散的话

就像悲剧合唱队里好的歌手不能表演独唱，但与众声混合却能表演得完美无瑕一样，有些人也不能独自去旅行。人啊，如果你与普通人有所不同的话，那就独自出去走走，与自己内心交谈，不要将自己藏匿于众人之中。有时候也应该尝尝别人的嘲笑，省察一下自己，警醒自己，

---

① 主题的转换过于突兀，有可能有些内容佚失了，或者可能是下一章的标题被几行字取代了。

② 在这里可能漏了一些话，学者们推测，或许是“把食物（或酒）给予健康的人”，或许是“角力对于健康的人是非常有益的”。

③ 无疑是指唾沫四溅地发表过于热情洋溢的讲演。

以便认清你自己到底是谁。

一个人每逢以饮水度日，或做其他苦行时，他都逮住每次机会与所有人谈论此事："我仅以饮水度日。"怎么，你仅仅是因为喝水的缘故而喝水吗？伙计，如果靠饮水度日于你有益的话，那你就喝，否则你的行为就显得荒唐可笑了。但是如果仅以饮水度日于你确实有益，不要对那些受不了苦行者烦扰的人说上一个字。怎么，你的目标是什么？这些人就是你希望要取悦的对象吗？

在诸行为中，有一些主要是因为行为本身的缘故而做的，其他一些主要是从环境考虑而实施的，或者是为了便于管理而实施的，或者是因为策略上的需要而实施的，或者是作为正式计划的一部分而实施的。

一个人必须根除人类的两大痼疾，狂妄与缺乏自信。狂妄就是想象一个人不再需要任何东西了。缺乏自信则是认为在众多的逆境中，一个人不可能过上宁静的生活。现在狂妄已为辩证法（cross-examination）所消除，这也是苏格拉底开始的地方……思虑与探索并非不可能之事——这种探索不会给你带来损害；而且，确实的，进行哲学探讨事实上就等于这个：即探索毫无阻碍地运用欲求与回避如何可能。

"我比你更优越，因为我的父亲处于执政官的高位。"另外一个人说："我曾经做过保民官，而你却没有做过。"假如我们都是马的话，你肯定会说："我的祖先比你的祖先跑得快"，或者会说，"我有大量的大麦和草料"，或者会说，"我有精美的项圈"。当你像这样说的时候，如果我说："就算你所说的都是真的，那让我们来次赛跑，怎么样？"那你又该如何。现在，在人之间就没有一种品性，就像"赛跑"这个品性在马之间一样，可以通过这个品性将好者与坏者区别开来吗？难道就没有了尊敬、忠诚与正义这样的事物了吗？你应当证明你自己在这些方面更为优越，以便证明你是作为一个人而优越。如果你对我说："我的踢腿非常有力。”[①] 那我会回敬你说：“你是在为具有了一匹驴子的行为品性而洋洋自得。”

15. 我们应该审慎地处理每件事情

在处理每件事情时，你一定要考虑在此事之前的事情，又要考虑在此事之后的事情，唯其如此，你才能着手去处理事情本身。否则，一开始的时候，因为你从未对此事之后的任何步骤有过思虑，你会兴冲冲地去着手这件事情，但不久之后，当其后的一些事情出现时，你就会丢人现眼地放弃这件事情了。“我希望赢得奥林匹亚赛的胜利。”但是要考虑发生在奥林匹亚赛之前的事情及赛事之后的事情；只有在你前思后想之后，如果这确实于你有益，再着手去做这项工作。那时你不得不服从纪律，遵循苛刻的食谱，戒绝甜食，不分严寒酷暑地在固定的时间强制训练；在任何你想要饮冷水或饮酒的时候，你什么都不能喝；你那时肯定要将你自己完全地交托给你的训练者，就像你把自己交托给你的医生那样。然后当比赛开始的时候，你不得不在你的对手旁边[②]掘土，有时你会手腕脱臼，有时会扭伤脚踝，有时会吞食下大量的沙土，有时会遭到鞭笞[③]；是的，有时在经历了所有这些之后，你还是被打败了。在对所有这些都有了充分估计之后，如果你还想参加比赛，那就去吧；如果你对这些没有充分的估计，你会看到，到那时你会像小孩子似的退缩回来。小孩子们有时扮演运动员，有时扮演格斗士，有的时候又去吹喇叭，然后他们又会去演出关于任何他们看到的和崇拜的事情的戏剧。所以你也有时候去当运动员，有时当格斗士，然后又去当哲学家，在那之

---

① 拳击与摔跤比赛选手要在这方面进行颇多的训练，他们要用脚后跟与膝盖进行攻击。

② 一个技术术语，可能是指在拳击和摔跤比赛中，在角斗之前，要先在灰尘与泥土中打滚。

③ 即，因为犯规行为受罚。

后又去当一名修辞学家。然而你全身心地投入的事情一件也没有，你就像一只猴子一样，模仿你所看到的任何东西，总有一件又一件的事情打动你的心，但对习以为常的事情你却总是觉得厌烦。因为你从未在经过审慎考虑之后，投入地去追求过任何一件事；你从未对整个事态做过通盘检查与测试，你所做的事都是出于偶然，而且半心半意。

同样的，有些人在他们看到了一位哲学家之后或听到了某人说话像尤弗拉蒂（Euphrates）[①] 时，（然而，又有谁能像他那样说话呢？）他们就希望自己也能成为哲学家。人啊，你首先要考虑事物的本性怎样，然后考虑你自己的天赋能力如何，你能承担的是什么。如果你想成为一个摔跤手，你就得先看看你自己的肩膀，你的大腿，你的腰杆儿。因为一个人往往具有做一件事情的天赋，而另一个人则具有做另一件事情的天赋。你认为你能做你现在做的事情，而同时又能做一名哲学家吗？难道你认为你还能像现在这样，以同样的方式吃，以同样的方式喝，还能像现在这样愤怒和咆哮吗？（如果你想成为一名哲学家，）你就得熬夜，努力工作，克制某些欲望，离开你的家人，忍受卑微的奴隶的嘲笑，遭受你周围的人的耻笑，在职位、荣誉、法庭上，你总是处于劣势。仔细地考察这些不尽如人意之处，然后，如果你认为合适，也就是说，如果你愿意以这些事情为代价去换取宁静、自由与平和的话，再去从事哲学。否则，就别去从事哲学了；不要像一个小孩子那样行为——有时当一个哲学家，有时又做一个收税员，有时又做一个修辞学家，有时又去做恺撒的地方官。这些事情并不能调和到一起。你只能成为一种人，要么是好的，要么是坏的；你所致力于提高的，要么是你的自身主导原则，要么是你的外表；你要么致力于提高内部的那个人，要么致力于外部事物；即，你要么担当一个哲学家的角色，否则就担当一个俗人的角色。

---

① 一位杰出的斯多亚派演说家。

当盖尔巴（Galba）[①] 被谋杀之时，有人对鲁福斯说："天意现在仍统治着这个宇宙吗？"然而鲁福斯[②]答道："我是否曾经，即使是以一种不经意的方式，从盖尔巴推论出宇宙是被天意统治着的呢？"

16. 一个人应该谨慎地社交

有人经常与不同的人交往，或者是为了交谈，或者是为了饮宴，或总体上讲为了某些社会目的；交往者总是要么使他自己变得像别人那样，要么就把别人同化进了他自己的生活模式；因为如果你把一块熄灭了的煤炭放在一块炽燃着的煤炭旁边，要么就是那熄灭了的使得那燃烧着的变得熄灭了，要么就是燃烧着的点燃了那熄灭了的。那么，考虑到需要冒的险如此之大，所以我们应该谨慎地与俗众进行交往，同时要记住，如果和那浑身是煤灰的人搅和在一起，一个整洁的人想要洁身而退是不可能的。因为如果他议论格斗士，或马，或运动员，或者更糟的是，议论某人，你又该如何？他说："某某人坏，某某人好；这个做得不错，那个做得不好"；或者更有甚者，如果他嘲笑，讥讽，显露出他的劣根性，你又该如何？你们当中有谁具备专业七弦竖琴手的能力吗？当他一拿起他那赋予他能力的竖琴，只要他一拨琴弦，马上就能识别出哪个音不准，然后对琴进行调音。你们当中有谁具备苏格拉底的能力吗？这种能力使得他能在各式各样的社会交往中，说服那与他为伴的人改变立场，站到他这一边来。你怎么能够具备这种能力呢？你必定是会被俗众改变的。

那么，为什么他们的话语更为有力呢？因为他们的那些废话建基于判断，但是你的妙语仅来自你的嘴唇；那就是为什么你所说的话呆

---

① 罗马皇帝；这件事变发生在公元69年。

② 鲁福斯（Musonius Rufus），著名哲学家，爱比克泰德的老师，爱比克泰德对他感激备至。

滞而毫无生气的原因，那就是当一个人听到你反复唠叨的告诫和可怜的“美德”时很可能会感到厌烦的原因。由此俗众战胜了你；因为无论在何处，判断总是强而有力的，判断总是战无不胜的。因此，在你的这些优良的思想在你的心中深深地扎下根来、而你也获得了保持你的立场的一定力量之前，我对你的建议是：你要谨慎地与俗众进行谈论；否则你在课堂上记下的所有东西一到白天就会消逝，就像蜡在阳光底下那样。[①] 那么，只要你的思想还是蜡制的，你就应该退到远离太阳的某处。正是因为这个原因，所以哲学家们告诫我们甚至要离开我们自己的祖国，因为旧的习性使我们分心，难以让我们开始养成一种新的习性，我们也不能忍受那些碰见我们的人那样说我们，“看啊，某某人正在进行哲学思考呢，尽管他是这种人或那种人”。因而医生也会把那些患慢性病的人送到一个具有不同气候的不同地区去，而那是妥当的。你会引入不同的习性吗？在其中，你可以整理你的思想，在它们中间磨炼自己。但是你没有这样做；你一离开教室就去看演出，去看格斗赛，去看训练场地，去看马戏，然后你又从那些地方回到这里，然后你又再次从这里回到那里，但始终是个原模原样的你。你未养成任何好的习性；你不会看重或注意到你的自我；你不会观察到：“我怎样去处理降临到我身上的外部表象呢？是以与自然一致的方式，还是反其道而行之？我对这些表象要做何反应？是按我应该的那样还是不应该的那样去反应？我宣称了那些处在道德领域之外的事物对我而言是无足轻重的吗？”如果你尚未达到这样一种精神状态，如果你打算在未来的某时能够成为一个人物的话，那么就离弃你过去的习性，远离俗众吧。

---

① 那种课堂笔记是记在蜡版上的。

17. 关于天意

无论何时，当你批评天意时，你只要思虑一下就会认识到，发生的一切事情，都是与理性一致的。“是的”，你说？“然而，那坏人却活得更好。”在哪一方面更好呢？在钱方面；因为他阿谀奉承，不知羞耻，彻夜不眠，所以他在钱方面超过了你，又有什么好值得惊奇的呢？但是你朝其他方面看看，看看他是否在忠诚、谦和方面也超过你。因为你会发现事实并不是如此；事实是，在你占优势的方面，你会发现你是超过他的。所以我曾经问过一个正在抱怨菲洛斯多古斯（Philostorgus）的好运的人，“你会不会愿意伴着苏拉（Sura）生活呢？”[①] “绝不要有那么一天！”他说。那么，如果他因为出卖了一些东西，从而得到了一些东西，你为什么对他还要愤愤不平呢？你又怎么能够相信，那通过你所憎恨的方式得到他现在的东西的人，是有福的人呢？天意把更好的东西给更好的人，它这样做又有什么坏处呢？难道拥有谦让的禀性不是比拥有钱财更好吗？他赞同这一点。那么，人啊，如果你拥有了较好的部分，你还有什么愤愤不平的呢？我但愿你们其他人要将以下的真理时常挂在心头，并要随时应用这个真理：一个优胜者在他占优势的地方，总是比劣势者拥有的更为富足，这是一个自然法则；这样你就再也不会有愤怨之心了。“但是我的妻子待我薄情寡义。”好吧，假如有人问起你这意味着什么，你就说：“我妻子待我薄情寡义。”“那么，没有其他更深层的意味了吗？”没有。“我父亲什么财产都没给我。”……[②]但是在你的意识中，你把没有从你父亲那儿得到财产当作一种坏事，这种判断是错误的，是你自己把这种判断加到你父亲没有给你财产这件事实上，难道

---

① 可能是指在弗拉维安（Flavian）皇帝治下被逐出元老院的苏拉（Palfurius Sura）。

② 原稿的脱漏之处也许是：“这相当于什么呢？只不过是你的父亲没有给你任何东西罢了。”

你一定非得加上这种错误判断吗？因此，我们应该做的不是驱逐贫困，而只是要驱逐关于贫困的判断，那样我们就会安宁了。

18. 我们不应该为任何消息所烦扰

每当有人告诉你一些扰人心神的事情，你都应该把如下的原则备在手边：不管是哪方面的消息，都从来不会落在自由意志的领域之内。有人能告诉你你的观点是错误的，或者你的欲求不对吗？——绝不可能。——但是他能告诉你某人死了。好吧，但那与你何干？某人在说你的坏话。好吧，但那与你何干？你的父亲正在预谋什么东西呢。准备对付谁呀？可以肯定的是，不会是针对你的自由意志，难道不是吗？他怎么能够做到这一点呢？他所能针对的不过是你那卑微的肉体，是你那些微不足道的财产罢了；而你是安全的，这些预谋并不是针对你的。但是法官宣判你渎神。法官不是宣判了苏格拉底同样的罪名吗？法官宣判你有罪，这当然并不是你应该操心的事情，难道不是吗？——是这样。——那么，你为什么还要去操心它呢？你的父亲有他做父亲的职责，如果他没有能够履行这一职责，他就毁弃了他身上的父亲的品性，作为一个父亲，他应该怜爱他的后代，心中充满柔情。你不要让他因为这个原因而在其他事情上有所损失。因为一个人在一件事情上做错了，但却在另外的事情上受到伤害，这样的事情从来就没有发生过。另外，坚定地、恭谨地、不动情地保全你自己是你的职能。否则，你就毁弃了在你之中的儿子的品性，毁弃了那个充满恭谨的、有雅量的人了。那便会怎么样呢？那法官是不是就逍遥无事？不；他要冒的险可也不小。那么，你为什么还要惧怕他会做出什么判决呢？另外一个人的罪恶与你何干呢？你自己的坏是你做了错误的抗辩；你只需惕厉于此，至于别人的坏事，就像判决与否的职责是别人的一样，也是别人的。“某某恫吓你。”我吗？不。“他指责你。”怎么履行他自身的恰当职责，那是他本人应当操心的事。“他就要不公正地判决你了。”可怜的人啊！

19. 俗众的立场是什么，哲学家的立场又如何？

哲学家与一个平常的俗人的首要区别在于：俗人会说，“我因我的儿女，我的兄弟，我的父亲而悲哀”；哲学家则不然，如果他迫不得已，他会说，“我悲哀”，稍停后，会接着说，“因我自身的缘故”。因为在自由意志领域之外没有任何事物能够阻碍或伤害到自由意志；惟有它自身能够做到这一点。如果我们也趋向于哲学家的方向，每当我们有所差池时，我们就会咎省自身，并且在心中牢记：除了判断，没有其他事物能够扰乱我们灵魂的安宁，或是让我们反复无常，这样的话，我以所有神的名义向你起誓，我们就是日有所进了。但事实上是，我们一开始便选择了一条截然不同的路。甚至我们尚在孩提时，如果我们撞上了某个东西，正打算号啕大哭之际，我们的看护者不会数落我们，反倒常去打那块石头。怎么，石头做了什么？难道因为你会做幼稚愚蠢的荒唐事，就应该让石头离开这条路？而且，当我们尚在孩提时，如果在沐浴起身后找不到东西吃，这时，我们的看护者从不会遏止我们的欲望，而是对厨子棍棒相加。人啊，我们不是让你做厨子的看护人，不是吗？而是让你做孩子的看护人；要你去纠正他，帮助他。否则，即使当我们已经成人了，我们看上去仍像个小孩子。因为一个没有音乐修养的人，在音乐方面就是一个孩童；一个文盲在文学上就是一个孩童；一个没有教养的人，在其生命中就是一个孩童。

20. 从所有外部事物中都能获益是可能的

如果从我们的智性印象看，则几乎所有人都会赞同：好与坏是在我们自身之内，而非在外物之中的。没有人会把“这是白天”这样一个陈述称作好，把“这是黑夜”这样一个陈述称作坏，或把“三是四”这样一个陈述称作罪大恶极。那人们说的是什么呢？他们称知识是好的，称错误是坏的；从而甚至错误的东西也能生出好来，即生出“错误的东西是错误的”这样的知识来。那么，我们的生活也应该这样。健康是好，疾病是坏吗？人啊，不是的。怎么讲？为了一个好的目的而健康是好的，为了一个邪恶的目的而健康是坏的。——所以，即使从疾病中也可能获益，你的意思是这样吗？——怎么，我请求神做我的见证人，难道从死亡中获益是不可能的吗？怎么，难道从瘸腿中获益是不可能的吗？[①] 你认为米诺伊库斯（Menoeceus）[②] 没有从死中获益吗？——但愿那说这种话的人能获得米诺伊库斯同样的好。——啧，人啊，难道米诺伊库斯不是以那种方式保持了他作为一个爱国者，保持了他作为一个高尚的人，一个忠诚的人，一个荣耀的人吗？假如他继续活下去的话，难道他不会丢失掉这一切吗？他不会走向反面吗？难道他不会变成一个懦夫，一个卑鄙的人，一个不忠的人，一个贪生怕死的人？现在，你还认为米诺伊库斯没有从死亡中获益吗？哦，不！但是，你不认为阿德门图斯的父亲通过那样卑贱地和悲惨地活着而获益甚多吗？怎么，难道他后来没死吗？我以众神的名义命令你，终止对物质事物的崇拜，首先，要终止把自己变成物的奴隶，其次，你不要因为对物的崇拜而成为那些能为你赢得物产也能拿走你的物产的人的奴隶。

那么，从这些事物中获益是否可能呢？——是的，可以从一切事物中获益。——甚至从那些辱骂我的人那里也能获益吗？——运动员的摔跤陪练对运动员有什么益处呢？当然有最大的益处。辱骂我的人也是一样，他其实在帮我准备参加比赛：他训练我的耐心，锻炼我的冷静，成就我的温和高尚。你说：不。但是那揪住我的脖颈儿的人，那使我的腰

① 或许是暗指爱比克泰德自己的残疾。

② 米诺伊库斯为自己的城邦底比斯英勇捐躯。

杆儿和肩膀变得健美的人帮助了我。当教练在说“用双手举起这个碾槌”的时候，他做的是对的。碾槌越重，我从这个动作中获得的益处也就越多；然而，如果一个人训练我达到一种不动心的状态，你能说他于我无益吗？你的态度意味着你不知道如何从人那里获益。你的邻人坏吗？就他而言是的，对于我而言他却是好的；他训练出了我的好脾气，我的节制。你的父亲坏吗？就他而言是的，然而对于我而言他却是好的。这是赫耳墨斯的魔棒。正如谚语所说：“触摸你想触摸的任何物什，它就会变成金子。”而且应该说，不管你会带来什么东西，我都能够将它变成好的。不管你带来的是疾病、死亡、贫困、辱骂，还是法庭上的死刑；所有这些，只要经赫耳墨斯的魔棒一触，就能将它变成是有益的。“你会如何对待死？”怎么，除了使死成为你的荣耀，除了让死成为一种机会，使你能通过你的行为展现出一个遵循自然意志的人是哪一种人，还能怎么样呢？“你会如何对待疾病？”我会展示出疾病的本性，我会在其中显得超凡出众，我会坚定、平静，我不会去讨好医生，我也不会祈求死掉。你还能找到其他东西吗？无论你给我什么，我都会把它变成幸福的，充溢着快乐的，尊贵的，为人称羡的。

而你却不是这样说；你说的是：“担心，别染病；疾病是坏的。”就仿佛某人说：“当心，千万不要有‘三是四’的表象；这是坏的。”人啊，你所谓的“坏”是什么意思？如果我对于坏的东西有正确的观念，它怎么还能损害到我呢？它甚至不是还对我有益吗？那么，如果我对于贫困、疾病、没有公职有正确的观念的话，难道我还不满足吗？难道它们会于我无益吗？那么，你怎么还要让我到身外去寻求坏的东西和好的东西呢？

但是这又如何？这些话只能到此为止①，没有人会把它们带回家；只要我们一离开这里，我们就要与我们的奴仆、邻人、那些嘲弄我们的

① 即只限于教室。

人、那些讥笑我们的人进行斗争。我却祝福莱斯比乌斯（Lesbius）好运①，因为每天他都让我意识到自己无知。

21. 论那些不经意地开始演说职业的人

那些仅仅学习了一些原理的人，急切地想要一吐为快，就好像那些有着肠胃虚弱的人吐出他们的食物那样。首先要消化你的原则，然后你就肯定不会以这种方式把它们吐出来了。否则它们就只不过是些呕吐物、秽物和不适宜吃的物什了。但是在你消化了这些原则之后，你就可以把因此而带来的你的主导原则的改变展示给我们看，就好像运动员们把他们的肩膀作为他们训练和进食的结果展示出来一样，就像那些已经掌握了技艺的人能够把他们的学习成果展示出来一样。建筑者们不会走上前来说道，“听我发表关于建筑艺术的讲演”；而是与人签订一个房屋协议，然后建造起它，由此证明他拥有这项技艺。你自己也应该做类似的事情；作为一个人去吃，去喝，去装饰你自己，结婚，生子，积极做一个公民；忍受辱骂，宽容一个不讲道理的兄弟、父亲、邻人、旅伴。把你做这些事情的能力展示给我们，让我们看到你确实已经向哲学家学到了一些东西。不，你却说：“来听我发表我的评论。”去吧，去找那愿意听你大放厥词的人吧！“是的，但是我能无与伦比地向你阐明克吕西玻的原理，我会分析他的语言，使它清晰无比；或许我还会加进一些安提帕特和阿基德姆斯（Archedemus）的活泼呢。”

然后，仅仅是因为这个，就要那些年轻人离开他们的祖国与他们的父母——到这儿来听你解释一些无关紧要的措辞，是吗？当他们回归故里的时候，难道他们不应该能够做到谦和忍耐、互相帮助，能够做到平静，做到灵魂安宁，能够拥有一些度过这人生旅程的储备？带着这些储

---

① 这大概是某个广为人知的嘲弄者。

备踏上人生旅程，他们就能从容忍受发生的一切，并从中获得荣耀。这些能力你自己都不曾拥有，你怎么能把它们教给他们呢？自打一开始，你除了在寻找诡辩的解决办法，在寻找包含了歧义前提的辩论的解决办法，在寻找通过询问而推出的三段论的解决办法；除了为这些殚精竭虑之外，你可曾做过任何事情？“但是某某能讲演，为什么我就不能？”奴隶啊，这些事情不是可以鲁莽从事的，也不是可以随随便便地做的：一个人做这些事情，他应该上了一定的年纪，过着某种特定的生活，并有神引导他。你说：不会吧。但是没有人会不首先向诸神献祭并祈求他们的保佑就驶出海港的，人们也不会胡乱地播种，除非他们先拜祭了得墨忒耳；一个人如果从事了像讲演这样伟大的事业，却没有诸神的协助，难道他那样做可靠吗？那些来向他请教的人们会是幸运的吗？人啊，你所做的除了使秘仪庸俗化之外，还有什么呢？你说：“在埃琉西斯（Eleusis）那儿有个神庙；看，我们这儿也有一个。那里有一个祭司；我也会做个祭司。那里有个使者；我也会指派一个。那儿有个火炬手；我也要有个火炬手。那儿有火炬；这儿也有。大家说的语言是相同的；这儿做的事情与那儿做的事情有什么区别呢？”最不虔敬的人啊，这当中没有区别吗？一个有益的行为，如果是在错误的地方和时间实施，它也会同样有帮助吗？不会的。所以一个人也应该这样来看待献祭和祈祷，在初步的斋戒之后，他的意识要贯注于这样一个观念，即他就要举行圣仪，并且是一种古老的圣仪。唯其如此，秘仪才是有帮助的，唯其如此，我们才会有这样的印象，即所有这些事物都是古人为了教育的目的与改善我们生活的目的而创建的。但是你却将这些秘仪公诸海外并使之庸俗化，既不在适当的时间，又不在适当的地点，而且没有牺牲，没有斋戒；你也没有穿上一位祭司应该穿上的服饰，你的发式不得当，也没有绑上头箍，你既不具备那样的声音，也没有那样的年纪；你没有使你自己像一位祭司那样的纯洁，你只是捡了些他说的话，而后去背诵它。难道仅仅言语本身就具备一种神圣的力量吗？

一个人应该以一种不同的方式去着手这些事情；此事意义重大，充满神秘，它并不是一个偶然的礼物，也不是所有的来者都能承担的。而且，可能的情况是，甚至连智慧也不足以照顾年轻人之所需；一个人也应该有一种准备好的状态并且对这一任务要有一种特殊的适合，这是由宙斯赋予的，他还要有一种特定的体格，而首要的是神建议他占据这个职位。就像神感召苏格拉底担当起查问和驳斥人的职位，第欧根尼王气十足地指责人的职位，芝诺担当起教导人和制定学说的职位一样。尽管你除了药品之外，没有任何其他设备，而且这些药什么时候用，怎么用，你一无所知，你也从不烦心去学，但是你却要开个诊所。"看"，你说，"那个人有这些眼膏，我也有。"那么，你具备正确使用它们的能力吗？你究竟知不知道什么时候用，怎么用，用在什么人身上才是有益的呢？那么，你为什么要在最具重要性的事情上冒险呢？你为什么对此事如此不经意呢？你为什么要着手从事一项完全不适合你的任务呢？把它留给那些有能力做它，并且能够出色地做好它的人吧。你不要因你自己的行为而列入使哲学蒙羞的队伍之中，不要成为那些贬损这一行业声誉的人之一。然而，如果你发现哲学原理饶有趣味，你就坐下来，独自一人在你的心里将它们反复咀嚼，但是绝不要称你自己为哲学家，也不要让其他任何人这样称呼你，而应该说："他错了，因为我的欲求与从前没有两样，我的选择、我的赞同与从前也没有两样，一句话，我在对外部表象的运用上，与我从前的状态相比根本就没有改变。"要反复地这样想自己，反复地这样说自己，如果你想有正确地思想的话。如果你不想这样，那么你就继续冒险，做你现在在做的事情好了；因为这很适合你。

22. 论作为一个犬儒主义者

爱比克泰德有一个熟人，看上去想要去当一个犬儒主义者。当那个人问爱比克泰德犬儒主义者应该是哪一种人，犬儒主义者这个身份的基本概念是什么时，爱比克泰德说道：在有空时我们会讨论这个问题。但是我现在能告诉你这些：即那着手于如此伟大的事业而未得到神首肯的人，是惹神生厌的，而这个人的愿望仅仅会使自己在公众面前蒙羞。因为在一个秩序井然的房子里，没有人会贸然地进来，自言自语地说，“我应该成为这间房子的管理者”；或者如果他这样做了，当这间大厦的主人回家，看见这个家伙高高在上，不可一世地发号施令时，必定会拖他出去，给他一顿暴打。所以在这个伟大的城市——这个世界——里也是一样；因为这儿也有一个大厦的主人，是他指派每个事物各自的位置。“你是太阳；你在环绕诸天运转当中能产生年与季节的变化，你能给作物以营养，让它们茁壮成长，你能刮风也能让风平息，你能恰如其分地温暖人的身体。你每天升起，绕太空旋转，带动那从最大到最小的所有物体的运转。你是一头小牛犊；当狮子来了，你就做你该做的事情；否则你就要受苦了。你是一头公牛；那就走上前去与它搏斗，因为这是你应该做的，这事适合你，而且你也能够做它。你能领导大军进攻特洛伊，那就去做阿伽门农。你能与赫克托决斗，那就去做阿基里斯。”但是如果瑟赛蒂兹走上前来发号施令，那么他或者是不可能得到这个权力，或者即便他得到了这个权力，也肯定会在众目睽睽之下使自己蒙羞。

所以，你是否也仔细想过这件事情？它并不是像你想象的那个样子。“事实上我甚至现在就穿着简陋的斗篷，到那时我也会穿上这样一件；我甚至现在就睡在硬床上，所以到那时我也会的；我会随身携带着一个小包与一个棍棒，我会开始到处流浪，向我遇到的那些人乞讨，斥责他们；如果我看到某人用黏剂除去多余的毛发，或者将头发梳理得奇异夺目，或者穿着鲜红的服装到处游荡，我会严厉地斥责他。”如果你把这事想象成就是这样，那你还是离它远一些吧；不要走近它，它绝不适合你。但是如果你对它的表象是正确的，而且你也不会看不起你自己，你要考虑一下你要承担的事业的重要性。

首先，在所有那些直接与你自身有关的事情方面，你必须有一个完全的改观，你的所为要完全区别于你现在的所为。你再也不能怨天尤人；你必须灭绝欲念，你必须把你的回避转向自由意志领域之内的事物，而且仅仅转向这些事物；你不能感到恼怒、怨恨、嫉妒、怜悯；没有女人在你的眼中是漂亮的，在你的眼中也没有了那些微不足道的名誉，没有了男宠，没有了小甜点。因为你应该知道这一点：其他人在做那些事情的时候，他们有他们的墙壁、房屋与黑暗做保护，他们有很多东西把自己隐藏起来。一个人关上他的门，在卧室的入口处设置个守卫："如果有人来，告诉他'他不在家，或他没空'。"但是犬儒主义者放弃了所有这些防御物，他必须以自尊当作他的防御；否则，他在露天底下赤身露体便会使自己蒙羞了。他的自尊就是他的房屋，他的门，他卧室入口处的守卫，他的黑暗。因为他既不应该希望隐藏他自己的一切（否则他就迷失了，他就失去了在他之内的一个犬儒主义者的特质了，他就再也不是一个能在露天底下生活的人了，不再是一个自由的人了；他已经开始惧怕一些外部事物，他已经开始需要一些东西来隐藏他了），而且即使他希望隐藏，他也隐藏不了。因为他能找到什么地方把自己隐藏起来，他又怎样隐藏呢？如果我们所有人的指导者，这个施教者①，碰巧被捉住了，他会承受怎样的苦难啊！那么，那个惧怕所有这些的人能继续全心全意地监督别人的行为举止吗？这不可能做到，这是不可能的事。

那么，首先，你必须清洁你的主导原则，你必须把以下所说当作你的生活计划："从现在起，我的思想就是我工作的材料对象，就像木匠处理他的木材，鞋匠处理他的皮子；我的职责就是正确地运用我的表象。我的微不足道的肉体对我而言无足轻重；它的各个部分对我而言也无足轻重。死亡？不管是整体的还是部分的死亡，它想什么时

① 即，受委托长期照管富人家孩子的佣人，要特别监管他们的举止与道德。

候来临就什么时候来临吧。流放？任谁能把我驱逐到哪里去？他总不能把我逐出这个宇宙。不论我到哪里，哪儿都有太阳、月亮、星星、梦、预兆，有我与诸神的交谈。”

其次，真正的犬儒主义者在做好这样的思想准备后，不可能仅仅满足于此，他必定知晓他是被宙斯派下人间，部分的是作为一个信使，为的是向人们展现，在好与坏的问题上人们已经误入歧途，人们正向错误的地方去找寻好与坏的本质，而这本质的真正所在，他们却从来没有想到；部分的是作为一位侦察员，这是第欧根尼在凯罗尼亚（Chaeroneia）战争之后被派到菲利普（Philip）去之前所说的话。[①] 因为一个犬儒主义者确实是一个侦察员，他要找出什么事物对人类是友好的，什么是有敌意的；所以他首先必须要准确地侦察，等到侦察回来之时，他必须道出真理，他绝不能为恐惧所驱，将那些本不是敌人的指认为敌人，也不能以任何其他方式被他的外部表象弄得心神迷乱或糊里糊涂。

因此，如果有机会的话，他要登上悲剧舞台，他必须能够提高他的嗓子，像苏格拉底那样地说：唉，人啊，你们急匆匆地要到哪里去呀？[②] 哦，可怜的人啊，你们要干什么呀？你们像瞎子似的脚步踉跄着到处乱窜。你们已经离开了真理之路，正在走上另一条路；你们想在错误的地方找寻宁静与幸福，可宁静与幸福根本就不在那里；当有人为你们指出它们的所在之处的时候，你们却不相信。你为什么要到外部去寻求宁静与幸福？它并不存在于肉体之中。如果你怀疑这一点，只要看看米隆（Myron）或奥菲琉斯（Ophellius）[③] 就够了。它也不存在于财富之中，如果你怀疑这一点，你只要看看科洛伊索斯（Croesus），看看现

① 比较 I，24。哲学家是一种被事先派驻世上来的侦探，以便向我们报告什么东西是好的，什么东西是坏的。

② 柏拉图：《克莱多芬》407 A—B。

③ 可能是当时某些著名的运动员或斗士。

今的那些富人，看看他们的生命中充斥着的众多悲伤就够了。它也不存在于公职之中。否则，那些曾两三度担任执政官的人就应该是幸福的人啦，但他们并不是。在这个问题上我们要相信谁呢？相信你们这些从外部看待那些人的财产、被外观弄得眼花缭乱的人，还是相信他们自己呢？他们说什么？当他们悲伤、呻吟，当他们想着他们的处境因为这些执政官的职位和他们的显赫名声而益加悲惨和危险的时候，听听他们说什么。它也不存在于王权之中。否则尼禄就该是个幸福的人啦，萨达纳帕卢斯（Sardanapalus）也是一样。不，甚至阿伽门农也不是个幸福的人，尽管阿伽门农和萨达纳帕卢斯与尼禄比较起来要好得多；然而其他人还不是仍然对他的所作所为嗤之以鼻？

> 他额头的许多头发被他连根拔去。①

他自己说了什么呢？

> 我确实误入迷途了。②

他说。他接着说：

> 我被颠来颠去，我的心就要跳出我的腔膛。③

可怜的人啊，你状态不佳是怎么了？是因为你的财产吗？不，不是的；应该说你已经是金玉满堂。④ 是因为你的身体吗？不，不是的。那

① 荷马：《伊利亚特》X，15。
② 荷马：《伊利亚特》V，91。
③ 荷马：《伊利亚特》V，94。
④ 荷马：《伊利亚特》XVIII，289。

你是怎么了？原因在此：你忽视与损毁了在你内部的那个我们据以进行欲求、避免、选择和拒绝的东西。我们怎么忽视了它呢？它对于好的真正本质仍然一无所知，而这本来是它生来的目的；它对于“坏”的本质，对于什么是它本身所应有的，什么是与它无关的毫无概念。只要这些与它本身无关的事情中的某一件出了点岔子，它就会说：“我真不幸，因为希腊人正处在危险之中。”① 哦，可怜的主导原则，这唯一受到忽视和无人照顾的东西！“他们就要毁灭了，被特洛伊人屠杀。”但是如果特洛伊人不杀他们的话，他们无论如何都不会死吗？“不，但不会一下子全部死掉。”那么，这又有什么区别呢？因为如果死亡是一种坏，不管他们是突然间全部死掉，还是每次死一个，它同样的是一种坏。除了你那微不足道的肉体与你的灵魂分离，没有其他的事情会发生，不是吗？“没有其他事情。”如果希腊人毁灭了，那扇门就向你关上了吗？难道你就不会死？“我会死的。”那么，你为什么还要悲伤呢？“我，一个国王，一个掌握宙斯的节杖的人，真是不幸啊。”一个国王就像一个神一样，他不会变得不幸的。② 那么，你是什么人呢？是一个真正的牧羊人！③ 因为当一只狼叼走了他们的一只羊时，牧羊人的悲痛就与你现时的一样；你统治着的这些人就是羊。但是你开始时为什么要到这儿来的？你的欲求并没有处于危险中，不是吗？你的回避，你的选择，你的拒绝，都不在危险中，对吗？“是的”，他回答道，“但是我的兄弟的品性脆弱的妻子被拐走了。”失去了一个品性脆弱的与不贞的妻子难道不是一件值得庆幸的事吗？“那么，难道我们就应该被特洛伊人轻视吗？”他们是谁，是明智的还是愚蠢的？如果他们是明智的，那你为什么还要与他们开战？如果他们是愚蠢的，那你又何必在意呢？

① 特指在以上的形势下阿伽门农所处的境况。

② 大概是指一个国王在变成不幸的人之前可以自杀。如果他在此处所描述的境况中苟延残喘的话，至少作为一个人，无疑他肯定是不幸的。

③ 指常见的对统治者的荷马式的称呼；荷马把统治者称呼为“民众的牧羊人”。

“那么，既然好并不存在于这些东西里面，好在哪里呢？告诉我们，信使先生与侦察员。”“它在你不期望它在的地方，它在你不希望找到的地方。因为，如果你想寻找它的话，你就已经在你内心找到它了；你现在就不会在外面徘徊，你也不会寻求一些与你无关的事物，仿佛那是你的所有。把你的注意力转移到你自己身上吧，找出你所具有的那种预先把握住的概念。你以为‘好’是哪一类事物？恬静，幸福，没有束缚。嗨，难道你不以为它是某种天然的伟大的事物吗？某种珍贵的事物，某种没有伤害的事物吗？一个人应该到哪种生活内容（对象）中去寻求恬静和无拘无束？是到那种受奴役的事物中，还是到那种自由的事物中？”“到自由的事物中。”“那么，你所拥有的那微不足道的身体是自由的还是受奴役的？”“我不知道。”“你不知道它是发热、痛风、眼炎、痢疾、火、暴君、镣铐以及所有比它强大的事物的奴隶吗？”“是的，它是它们的仆人。”“那么，那属于身体的任何事物又怎么能够没有阻碍呢？那自然是无生命的，自然的是泥土的或黏土的事物怎么可能是伟大的或是珍贵的呢？那便怎么样呢？难道你没拥有一样自由的事物吗？”“也许什么也没有。”“那么谁能逼迫你赞同那对你来说是错误的事情？”“没有人能做得到。”“谁能逼迫你拒绝赞同那对你来说是正确的事情？”“没有人能够。”“那么，你可以看到，在你之中确实有天然的自由的事物。但是，你们当中有谁能够在没有首先获得什么是有益的，什么是不适合的印象的情况下，就去欲求，就去避免，就去选择，就去拒绝，就去准备，就去建议做某些事情吗？”“没有。”“因此，你确实拥有一些事情是不受束缚的和自由的。可怜的人啊，去完善这些事情，集中注意力在这些事情上面，到这里去寻求你的好。”

一个一无所有的人，一丝不挂，无家可归，满身污秽，没有奴隶，没有城邦，这样一个人怎么可能恬静地生活？你看，神已经派来了那样的人，他以实践显示了这种生活是可能的。“看我，”他说，“我就没有家，没有城邦，没有财产，没有奴隶；我睡在地上；我无妻无子，没有那可怜的统治者的宅邸，我所有的一切只是大地、天空和一顶简陋的斗篷。然而我缺少什么？难道我没有摆脱痛苦与恐惧？难道我不自由？你们当中有谁看见过我没有得到我所向往的，或者落入了我所要避免的？我什么时候怨天尤人过？我什么时候责怪过任何人？你们当中有谁看见过我愁容满面？我是怎样面对那些令你们提心吊胆和战战兢兢的人的呢？难道我不是把他们当成奴隶来面对吗？有谁在注视我的时候不是感觉到他正在注视着他的国王和他的主人呢？"

瞧，这些就是适宜一个犬儒主义者说的话，这就是他的品格特征和他的生活计划。但是你不以为然，说以为造就一个犬儒主义者的是一个为人不齿的小包袱、一根棍棒与一个大下颌；你给他的每样东西，他或者狼吞虎咽掉，或者贮藏起来；他毫不拐弯抹角地斥责他所遇到的人，他炫耀地裸露出他那自认健美的臂膀。你当真明白你打算从事的那样一个伟大事业的本质吗？你要先取一面镜子，看看你的臂膀，看看你的腰杆儿与大腿。人啊，你打算报名参加的是一场奥林匹亚赛，不是一些廉价的与可怜的竞赛之流。在奥林匹亚赛中，你不可能只是被人挫败，然后就离开赛场；你首先必须在整个文明世界的人眼中出丑，不仅是在雅典人面前出丑，或仅在斯巴达人和尼哥波利斯人面前出丑；其次，那些随随便便地参加比赛的人必须遭到鞭打，在遭到鞭打之前，他还不得不忍受饥渴和灼烤，还得吞咽下大量的摔跤选手的沙粒。

你要更加仔细地想清楚这件事，认识你自己，询问神意，不要在没有神的授意下就去尝试这项任务。如果神是那样劝告你的，你要确定神究竟是希望你变得伟大，还是要你受到众多的鞭挞。因为后者也是揉进犬儒主义者生活模式中的一个愉快部分；他必须要像一头驴子似的遭受鞭挞，在他遭受鞭挞的时候，他要爱那鞭打他的人，就好像他自己是他们所有人的父亲或弟兄。但那不是你的路。如果有人鞭打你，你会站在大众当中高声吼道："哦，恺撒，在你的和平统治之下我遭受了什么样的罪呀？让我们一起到总督那儿去。"但是对一个犬儒主义者而言，什么是恺撒？什么是总督？除了那把他送到这个世上来的神，即他所服务的宙斯，此外还有谁？他除了宙斯之外还向谁求告？难道他不是深信，不管他所遭受的是什么苦难，那都是宙斯在磨炼他吗？不，但是赫拉克勒斯在遭受尤里都斯（Eurystheus）的磨炼的时候，并没有认为自己是悲惨的，而是毫不犹豫地完成命令他做的每一件事情。然而这个家伙，当他在受到宙斯的培养与磨炼时，却准备大声呼喊与抱怨吗？他还是一个有资格携带第欧根尼的棍棒的人吗？当第欧根尼高烧躺着的时候，听听他对路人说的是什么，“道德败坏的可怜虫啊”，他说，“你不打算停下来吗？不，你打算长途跋涉去奥林匹亚，去观看那些毫无价值的运动员们的争斗；但是难道你不想看一个人与高热之间的争斗吗？”无疑，那种人会责怪神的：神把他送到这个世上来，只是为了虐待他！可是，与此相反，这个人却以他的痛苦而自豪，并且要求那些经过的人必须来观看他。怎么，他有什么要责怪神的？因为自己过的是一种美好的生活？他以什么罪名控告神？是神以一种更加辉煌的方式展现了他的美德了吗？听听第欧根尼关于贫困、死亡和苦难说了些什么；他是怎么样习惯于把他的幸福与伟大的国王[①]的幸福相比的？更有甚者，他认为在他们之间根本就不能相比。因为在存在着纷扰、悲痛、恐惧、没有用处的欲求、不成功的避免、羡慕和嫉妒的地方，在存在着所有这些事物的地方，哪里还有幸福的容身之所？但是只要哪里有无价值的判断，哪里就必定会有所有这些激情的存在。

这个年轻人问爱比克泰德，当他病倒时，如果有个朋友请他到自己的家中去，以便他能够得到适当的照料，他作为一个犬儒主义者是否应该赞同前往呢？爱比克泰德答道：但是你到哪儿去为我找到一个犬儒主义者的朋友呢？因为那样一个人必定是另外一个犬儒主义者，这样一个人才够得上被一个犬儒主义者当作他的朋友。如果他打算被人相信配得

---

① 即波斯王。

上这份友谊，就像第欧根尼成为安提司底尼斯的朋友，克拉底（Crates）成为第欧根尼的朋友一样，那他就必须得与他分享他的节杖[①]与王国，做他的一个有价值的侍奉者。或者你认为如果一个人走上前迎接这个犬儒主义者，他就是这个犬儒主义者的朋友了，然后这个犬儒主义者就会认为这个人配得上在家中接待自己吗？所以，如果那就是你心里所想的，你最好四处找找，找个不错的垃圾堆，躺在上面发烧去，找一个可以避风的所在，以免你冻得全身冰凉。但是你给我这样一个印象，你想要到某人家里去待一会儿，去好好补充一下。那么，你为什么还要着手那样一个伟大的事业呢？

但是，这个年轻人说，一个犬儒主义者会把婚姻与儿女作为最重要的事务承担下来吗？——如果，爱比克泰德答道，你给我一个由明智人组成的城邦，这很可能没有人会轻率地去当一个犬儒主义者。因为他承担这种职业是为了谁的利益？然而，如果我们假设他确实那样去做了，那也不会有什么东西阻止他结婚生子；因为他的妻子会是另一个像他那样的人，他的岳父也会是那样，他的孩子们也会以同样的方式被抚养大。但是目前的事物秩序就像是一个战场，在这样的情况下，也许这个犬儒主义者还是应该免于纷扰，全心地投入到对神的侍奉中去，自由地在人群中四处走动，不被束缚于人的私人事务之中，也不卷入那些他不能违反的和保持他作为一个美好高贵的人的角色。相反，如果他遵守这些关系，可能就破坏了他作为一个信使、一个侦察员、一个诸神的使者的角色了。因为你看，他必须向他的岳父尽一定的义务，还要向他妻子的其他亲戚、向他妻子本人尽一定的义务；最后，还得在家中充当保姆，为他们提供一切。长话短说，他必得备个水壶为婴儿烧好热水，以供婴儿在洗澡盆中洗浴之用；当他妻子有了孩子之后，他还得为她备上毛织品、油、小床、杯子（坛坛罐罐变得越来越多了）；更不用说他的其他的事情，和其他让他分心的事了。请

① 这个词也有“棍棒”的意思。

问：那个有暇照顾公众利益的国王现在到哪儿去了？

那掌管人民与许多事情的人必得警醒。①

国王的职责就在于照看其他人——照看那些已经结婚的人；那些已经生子的人；谁待他妻子好，谁待他妻子差；谁在争吵；哪一个家庭稳定，哪一个家庭不稳定。他像一个医生那样来回巡视，为人把脉："你发烧，你头痛，你痛风。你必须禁食，你必须吃，你不得再洗澡；你需要开刀，你需要烧灼。"但是束缚于日常生活责任的人还怎么抽空去做这些事情呢？嘿，难道他不得为小孩子们配备小斗篷吗？难道他不得带上他们的小书写板，书写用具，和小本子，把他们送到学校老师那儿去吗；而且，另外，还得为他们配备小床？因为小孩不可能一出娘胎就成为犬儒主义者。如果他做不到所有这些，倒不如在他们刚一出生时就遗弃他们，也好似以这种方式去杀死他们。请看，注意我们把犬儒主义者们赶入了什么窘境，我们怎么从他那里取走他的王国。——是的，但是克拉底结婚了。——你所提到的是一个源于强烈的爱的特例，你在假定这样一位妻子，她本人就是另外一个克拉底。但是我们的探究是关于特例之外的普通婚姻，从这个角度看，在目前的情况下，我们发现婚姻对于一个犬儒主义者而言并不具备头等重要性。

那么，这个年轻人说，犬儒主义者如何仍能维持社会的运转呢？——以神的名义，请问，是谁对人类的贡献更大呢？是那些把两三个有着丑陋鼻子的小孩带到这个世界上来以取代他们位置的人，还是那些尽其所能对整个人类实施监督的人呢？这些人观察人类在做什么，他们怎样度过他们的一生，他们关心的是什么，以及他们不尽责地忽视了什么。难道所有那些留给底比斯人子嗣的人对底比斯人的贡献，比没留

① 荷马：《伊利亚特》II，25。

下后代就死去的伊帕米农达（Epaminondas）更大吗？难道生了五十个无赖儿子的普里安姆，或者达那俄斯（Danaus），或者伊奥勒斯（Aeolus）对于公共福利的贡献比荷马的贡献更大吗？高级军事指挥官的职务或写书的工作会阻碍一个人结婚生子，难道说这个人用自己的无子嗣什么也没换来？难道犬儒主义者的王者身份不应当被认为是一种合理的补偿吗？我们感知不到第欧根尼的伟大，对他的品质没有一个完全的概念，却念念不忘目前这个行当的代表们，这些“桌边的狗，门前的守卫们”①，他们根本不遵循导师的教导，确实的，除了在公众场合放屁之外，他们没有在任何事情上遵循导师的教导，难道不是这样吗？否则，像你刚提出的那几点将绝不会扰乱我们，我们也绝不会对于为什么一个犬儒主义者从不结婚或生子感到惊奇。人啊，犬儒主义者把所有人变成了他的孩子，他把他们当中的男人当成儿子，把他们当中的女人当成女儿；他以那样一种心境走近他们所有的人，照顾他们所有的人。或许你以为他是因为闲极无聊才去谴责他所遇到的人吗？他是作为一位父亲去做这件事的，他是作为一位兄弟，作为那宙斯——我们所有人的父亲——的仆人去做这件事的。

如果你愿意，你也可以问我犬儒主义者是否会积极参与政治。你这个傻子，你想寻找比他现在所从事的更高尚的政治吗？或者你想让雅典的某个人走上前来发表关于收益与岁入的演说，而他其实是个应该与所有的人，雅典人，科林斯人，罗马人，谈论关于幸福与不幸、成功与失败、奴役与自由的问题，而不是关于岁入、收益、和平、战争的问题的人？当一个人在从事那样一种高贵的政治的时候，你还要问我他是否要从政的问题吗？你也可以问我：他是否会参加公职。我将再次告诉你：蠢人，与他现在所担任的职务比较起来，他还能担任什么更高贵的职务吗？

然而那样一个人也需要一定的体质，因为如果一个肺痨患者走上前

① 荷马：《伊利亚特》XXII，69。

来，弱不禁风，面色苍白，他的见证就不再带有同样的分量了。因为他绝不能仅仅通过展示一下他的灵魂的性质来向俗众证明，没有他们所崇拜的东西的帮衬也可以做一个美好而高贵的人；而且他还必须通过他的身体状况展示出，他的在露天底下的朴实而简单的生活方式甚至也不会伤害到他的身体，“看”，他说，“我与我的身体都是我的论点的真理性的见证。”那就是第欧根尼的方式，因为他过去常常容光焕发地四处走动，通过他的身体的外表吸引众人的注意。但是一个引发路人怜悯的犬儒主义者却会被当成是个乞丐；任何人都转身离去，任何人都会因他而生气。不，他不应该外表上脏兮兮的，以免因此而把人吓跑；即使他的贫困也应该是干净的和富于吸引力的。

而且，犬儒主义者应该拥有丰富的自然魅力和敏捷的才智——否则他就仅仅是在装可怜相，此外什么也不是了——以便能够欣然地与得体地面对发生的一切；就像第欧根尼那样，当某个人说：“你就是那个不信诸神的存在的第欧根尼吗？”他回敬那个人说：“那怎么可能？我就把你认成是诸神憎恨的人！”或者再次的，当第欧根尼在睡觉的时候，亚历山大站到他身旁说：

> 整晚昏睡的人不适合做个给人忠告的人，

第欧根尼尚在半睡半醒之间，就开口答道：

> 一个肩负全军重任、有众多事情要关心处理的人。①

但是首先，犬儒主义者的主导原则应该要比太阳还要皎洁；否则，

---

① 荷马：《伊利亚特》II，24 和 25。这则轶事中的含义看起来是：第欧根尼即使在半醒的状态下也能或多或少地合宜地说某事。

他无疑必是一个赌徒和一个没有原则的人，因为他责难其他人，而自己却总是陷入某些坏事。看看这意味着什么吧。对于这个世上的国王与僭主而言，他们的警卫军与他们的军队可以用来提供他们责难某些人的特权，警卫与军队就是他们惩罚那些犯错的人的权力，而不管他们本人是多么的罪大恶极；然而对于犬儒主义者而言，是他的良心而不是他的军队和他的警卫授予了他这个权力。当他明白了他在看守着人民，在为他们的利益而辛劳；当他明白了他在纯洁中入睡，在他清醒时他会比他以前更加纯洁；当他明白了他所想的一切就是做诸神的朋友与仆人，就是做一个分担宙斯的统治管理的人；当他明白了他要把这行诗句常备手边：

你引领我前行吧，哦，宙斯，哦，命运。

当他明白了“如果这是众神所高兴的，那就让它那样吧”。[①]

当他明白了这一切之后，他为什么不应该有勇气直率地对他自己的兄弟说，直率地对他的孩子说，一句话，直率地对他的亲属说？

那就是为什么一个在这种精神状态中的人不是一个爱管别人闲事的人；因为在他监督别人的行动的时候，他并非在干涉别人的事情，而是在关心自己的任务。否则，当一个将军照看、检阅、监督他的军队，惩罚那些犯了违反纪律之罪的人的时候，你去叫将军是个“爱管闲事的人”吧。但是如果你在你的臂弯下藏着一小块甜点的时候却去责备其他人，我会对你说：难道你不会走开到一个角落去吃光你偷来的东西吗？别人的事情与你有什么关系？怎么，你是谁呀？你是牛群里的公牛，还是蜂巢里的蜂王？把你的领导地位的标志性特征展示给我看，就像自然赋予蜂王的领导地位以标志性特征一样。但是如果你是一只公蜂

① 柏拉图：《克里同》，43D。

却要求获得对群蜂的统治权，你不认为你的同胞会推翻你，就像蜂群对待公蜂那样吗？

犬儒主义者必须具有高度的忍耐精神，以至于普通人会认为他全无感觉，认为他是一块石头；没有人会斥责他，没有人会鞭打他，没有人会侮辱他；他会把他自己的身体供任何人随意使用。因为他牢记在心的是，低下的东西在低下的领域中必然会被那里的优胜者所打败。他的身体比大众的身体差——那么，这个体力上的弱者在体力上弱于身强力壮的人。因此，他从不去参加他会被打败的那些比赛，他所做的却是立即放弃那个不是他的东西；他不会将奴性的东西声称为己有。但是在自由意志的王国里，在他使用感觉表象的领域内，在那儿你将会看到他有那么多的眼睛，以至于你会说，与他相比，百眼巨人阿戈斯也是盲人。你在那儿根本看不到轻率的赞同，鲁莽的选择，无用的欲求，不成功的回避，不完善的目的，吹毛求疵，自轻自贱或嫉妒。他的全部注意力与精力都集中在此；至于说到其他事情，他就会仰天躺着呼呼大睡了；他处于完全的平静之中。那里既不会有偷窃他的自由意志的窃贼，也不会有统治他的自由意志的暴君。但是说他的身体？那当然会有。涉及他的微不足道的财产呢？那当然有；涉及他的公职与荣誉呢？当然有，可是难道他会注意这些事情吗？所以，当有人想依靠这些事情恐吓他时，他会对那人说："去，找小孩去；小孩子们会被面具吓倒；但是我知道它们是泥巴做的，里面空无一物。"

这些就是你正在思考的事情的本质。因此，以神的名义，我命令你，推迟你的决定，首先看看你的天赋。因为你要看赫克托对安德洛玛赫说了些什么。"去吧"，他说，

还是回房间去纺织去吧，
但是战争是男人的事情，

是所有男人的事，尤其是我的事。①

所以，他不仅认识到他自己的特殊天赋，且认识到了她的无能。

23. 答那些为了炫耀的目的而讨论和阅读的人

首先，你要告诉你自己，你想要成为哪一种人；然后再去着手做你要做的事情。因为我们看到，实际上其他的事情都是这样的。运动员们首先要决定他想成为哪种运动员，然后才能据此而行动。如果一个人想成为长跑运动员，他就要适当地节食，步行，按摩与锻炼；如果他想要成为短跑选手，那这些训练项目就都不一样了；如果他想参加五项全能运动的比赛，那么训练就更加不一样了。在技艺方面也是如此。如果你想成为木匠，你就要进行如此这般的锻炼；如果你想成为铁匠，你就要进行另外的锻炼了。因为我们做任何事，只要不依照一定的标准，就会是任意胡来。但如果依照了错误的标准，我们就会一败涂地。此外，有两个标准可以遵循，一个是一般的；另外一个是个体的。首先，我必须作为一个人而行动，这包括什么呢？既不要作为一头绵羊而行动，因为绵羊温顺但没有固定目标；也不要像野兽，因为它四处破坏。个体的标准与每人的职业与自由意志对应。一个弹琴的人要作为弹琴的人而行动，木匠要作为木匠，哲学家要作为哲学家，修辞学家要作为修辞学家而行动。所以，当你说，“当我演讲的时候，你要来听”，首先要注意你不是在无目的地随意行动。然后，如果你发现你确实在使用一个判断标准，要留意这标准正确与否。你要问：你希望为别人做好事还是受人称赞呢？立即你就会得到答案，“我干什么要关心大众的称赞呢”？那是一个极好的答案。一个音乐家，就他作为音乐家而论，并不能从大众

① 荷马：《伊利亚特》VI，492—493。

那里得到他想要的东西，几何学家也不能。那么，你是希望做好事？为了什么目的？请回答我们，好让我们也可以奔赴你的演讲厅。一个人如果自己没有获得“好”（善），他能对别人“好”（善）吗？这就像一个不是木匠的人在木匠活上无法帮助别人，一个不是鞋匠的人在鞋匠活上无法帮助别人一样。

那么，你希望知道你是否获得了“好”（善）吗？自己去判断，哲学家。欲求允诺了什么？不会得不到想得到的。回避允诺了什么？不会陷入我们要避免的。好，我们实现了它们的允诺吗？告诉我真相；但是如果你撒谎，我会对你说：“前几天，当你的听众相当平静地坐在一起，没有为你大声地喝彩时，你情绪低落地走出大厅。在前几天，当你得到大家的喝彩，你四处走动，询问每个人，‘你认为我怎么样？’‘我以我的生命起誓，先生，真是好得不可思议。’‘那一段我读得怎么样？’‘哪一段？’‘就是我描述潘神和宁芙的地方？’‘太妙了。’”在所有这些之后你还来告诉我你在欲求与回避方面是遵循自然的吗？去；去找别人相信你吧！就在前几天，你不是违心地赞美某某吗？你不是奉承了某某，那个元老院议员吗？你想你的孩子们也成为像他那样的人吗？——绝对不是！——那你为什么要赞美和奉承他呢？——他是个极有天赋的年轻人，而且喜欢听讲演。——你是怎么知道的？——他是我的一位崇拜者。——你自己说出了证据！

你到底想什么？难道不就是这同一伙人在私下里蔑视你吗？因此，当一个自知其从未想过或做过任何好事的人，发现一个哲学家告诉他说，“你是一个天才，完完全全而纯洁无染”，你认为这个人会对自己说什么？当然只能是：“这人是不是想在什么事上利用我？”否则你告诉我；他展示了什么天才的杰作？看，他一直以来都与你在一起，听你的演讲，受你的教导。他平静下来了吗？他转向自身了吗？他意识到了自己所处的坏的境况吗？他把自负抛在了一边吗？他在寻找会教导他的人吗？——他在寻找，这个人说。——他在寻找那教他应该如何生活的人吗？不，傻瓜，他寻找的只不过是能教他应该如何演说的人；因为那就是他为什么甚至连你也敬重的原因。听他说，听他说些什么。“这个家伙有一种最精美的演说技巧；这比狄奥（Dio）[①] 的风格还要精美得多。”那是完全不一样的。因为他没有说：“这个人是谦和可敬的、诚信的和宁静的。”即使他说了，我也会回答道：“既然这个人是诚信的，那么你对一个诚信的人的定义是什么?”如果他答不上来，我会加上说：“首先要知道你想说什么，而后再说。”

那么，当你处于这样一种尴尬状态——一边渴望有人赞扬你，一边数着你的听众的人数，这时你的愿望还会是助人吗?“今天我有多得多的听众。”“是的，确实是这样，有许多的听众。”“有五百人，我想。”“胡说，肯定有一千人。”“狄奥从来没有过这么多的听众。”“你怎么能指望他有?”“是啊，听众们能机敏地抓住要点。”“优美！甚至能够打动一块石头。”这就是你这个哲学家说的话，这就是一个想帮助别人的人的感受！这里有个听从理性的人，他把别人对苏格拉底的解说当作苏格拉底的东西去读，而不是当作来自里西亚斯（Lysias）或伊苏格拉底（Isocrates）的解说来读！“‘我曾经考虑用哪些论证’——不，应该说是‘曾经考虑用哪个论证’——这个形式比那个形式更顺畅！”[②] 你一直以来读这部著作就像你听歌一样，不是吗?因为，如果你是以正确的方式读了它，你就不会在那些问题上面流连忘返，而相反会关注这种问题：“阿尼图斯和梅莱图斯可以杀我，但却不能伤害我”[③]；以及“我一直就是那种不注意自己的事情的人，我只留心那些经过反思之后我认为是最好的论点”[④]。因为那个原因，谁曾听到苏格拉底说，“我懂得某样

① 可能是指当时的一位著名的演讲家，普卢萨（Prusa）的狄奥·克里所斯同（Dio Chrysostom）。

② 这是色诺芬的《回忆苏格拉底》中的第一句话。修辞学教师们肯定经常讨论这句话中的“论证”一词究竟用单数还是用复数表达更好。

③ 柏拉图：《申辩》30C。

④ 摘自柏拉图《克里同》46B（略微有些改动）。

东西，我教给你”？相反，他总是把一个人送到这儿，把另一个人送到那儿。[①] 因此人们过去总是拜访苏格拉底，请他把他们介绍给哲学家们，而他过去也常常是带着他们到处奔走，为他们做介绍。但是你却以为他带着他们走的时候会说：“今天来听我在夸得拉度斯（Quadratus）家发表一场演说。”

我为什么应该听你的？你是想向我展示你组合词语的巧妙的方式吗？伙计，你确实很巧妙地把它们组合在了一起；但那对你又有什么好处呢？“称赞我吧。”你所说的“称赞”是什么意思？“大声地向我呼喊，‘精彩极了！’或‘绝妙啊！’”好，我会说的。但是如果在哲学家看来，称赞是好的事物之一，我能给你什么称赞呢？如果正确地说话是一样好事情，你教我吧，然后我会称赞你。然后又怎么样呢？一个人听到那样的称赞不应该感到快乐吗？当然不是。虽然我确实能在聆听琴乐中获得快乐；但我当然不会因为那个原因就一定要站在那里自弹自唱，不是吗？听，苏格拉底说了什么？“这对我而言是不适合的，雅典人啊，在我这样的年纪还像小青年那样站在你们面前，编织着巧妙的辞令。”[②] “像小青年。”他说。这当然只是一些精致的小伎俩：挑选一些琐碎的词语而后把它们组合在一起，走上前优美地朗读与背诵，然后在演讲途中大声地说：“这里没有多少人能够听懂，我发誓！”

哲学家会邀请人们听他讲演吗？——事实毋宁是这样，就像太阳把它的支持物吸过来一样[③]，哲学家也会把那些想从他那儿获益的人吸到他身边来吗？哪一位医生曾经邀请过病人来接受治疗呢？尽管有人告诉我如今罗马的医生也做广告；然而，在我住那儿的时候可都是病人上门拜访他们的。“我邀请你来听我讲。你正处于困境，你所关心的事情恰恰不是你应该关心的，你不知道好与坏，你不幸而可怜。”

---

① 即介绍给不同专门学科的权威。

② 柏拉图：《申辩》17C。

③ 据斯多亚的理论，所谓的太阳“光”被认为是水汽束被吸向太阳以供给它火。

那确实是一个美好的邀请！但是如果这个哲学家的讲演不能产生这样的效果，这一讲演和哲学家本人就都会是死气沉沉的。鲁福斯过去常常讲："如果你除了夸奖我，没有别的更好的事可做了，那么我所讲的就是徒劳无益的了。"他讲话的那种方式使得我们在座的每个人会以为有人已经去把我们的缺点告诉鲁福斯了；因为他对人们事实上的所作所为把握得是那样的准确，他摆在每个人面前的那个人的弱点是那样的生动。

哲学家的讲堂是一所医院；你不应该乐滋滋地从那儿走出来，而应该苦恼地从那儿走出来。因为你来的时候是不健康的；这个人肩关节脱臼，另一个人有脓疮，还有人有瘘管，有人患头痛。难道我坐下来向你背诵精美的小概念和巧妙的小格言，以至于出去的人满口称颂，可是这个人的肩膀仍然与他来时一样，另一个人的头还是处在同样的状态，有瘘管的还是有瘘管，有脓疮的还是有脓疮？那些年轻人从家乡远道而来，远离他们的父母亲友和产业，就是为了在你背诵你那巧妙的格言的时候喊叫"精彩"吗？这就是苏格拉底过去所做的事情吗？或者是芝诺？还是克里安西斯？

好！但是不是有像正确的告诫方式这样的东西吗？当然，谁会否定那个呢？就像这儿有驳斥的正确方式，有教育的正确方式一样。那么，有谁曾经提到过与这些方式并列的第四种方式，炫耀的方式呢？怎么，什么是告诫的方式？是那种向个人且向大众展示他们在其中挣扎交战的矛盾状态的能力，是展示他们怎样没有专注于他们真正想要的事情的能力。因为他们想找寻有助于幸福的事情，但是他们却到错误的地方去找寻它们。为了完成这一工作，难道就必须放上一千条凳子，邀请听众，而你则穿上别致的斗篷，或精致的披风，登上讲坛，勾勒出一幅用语言绘制的阿基里斯如何死亡的画面吗？向诸神发誓，我恳请你，不要再尽你所能地去损毁那原本高尚的词语与行为了！当告诫者向他的听众阐明他需要他们时[①]，这就是最为有效的告诫方式。或者你告诉我，曾经有谁在听你读了一篇讲辞或者做了一次讲演之后，本人感到深深的震撼，或者意识到了他所处的状态，或者在走出来的时候说，“这个哲学家深深地打动了我；我再也不能像这样行为了”？相反，如果你给了他一个非同寻常的美妙印象，他不是对他的同伴说，“那一段关于薛西斯（Xerxes）的措辞确实精美”吗；而另外一个人不是回答道，“不，我更喜欢关于温泉关战役那一段”吗[②]？难道这就是听一位哲学家讲演的结果吗？

24. 我们不应该渴求不在我们控制之下的事物

不要让另一个人的与自然相违背的东西成为你的坏事；因为你生来不是陪同别人一起丢脸，也不是分担他们的不幸，而是要分享他们的好运的。然而，如果某人不幸，要记住：他的不幸是他自己的事。因为神是让所有人幸福与安宁的。为了这个目的，神把幸福与安宁的手段给予了他们，有一些东西神是作为每个人自己的东西给予他的，而另外一些东西则不是作为他自己的东西给予他的。那些会受到阻碍、剥夺与强制的事物就不是一个人自己的事物，而那些不受阻碍的事物就是他自己的事物。神将好与坏的真正本质放置于人自己的拥有物之内，这对于那像父亲一样监督和保护我们的神而言是合宜的。“但是我刚刚与某人分离，他感到悲痛不已。”是的，但是他为什么要把别人的东西当作他自己的呢？怎么，当他因见到你感到很高兴的时候，难道他没有想到你是

① 就像神需要在宇宙中施展他的能力一样，老师需要学生，演讲者需要听众。因此，他们彼此之间有一种相互的需要。

② 公元前 5 世纪，波斯王薛西斯率领大军西征希腊。希腊军队在温泉关迎战，其事迹可歌可泣。

一个凡人，很可能会出去远游的吗？因此他是在为自己的愚蠢付出代价。但是你为什么也要悲哀，你是为了什么目的呢？或者你也忘记了去研究这件事，而是像个无用的妇人一样喜欢什么就享受什么——你的环境，你的熟人，你的生活方式，好像你可以永远地享受它们似的？而现在你因为再也看不到同样的人，不再在同样的地方过你的生活，你便坐下来哀哭不已。你比乌鸦更悲惨，这完全是你应得的。乌鸦能够飞到任何它想去的地方，更换它们的巢穴，越过海洋，不会为了它们的第一个家而悲鸣与想望。——是的，但是因为它们是无理性的动物，所以它们才会这样觉得。——那么，难道神给我们理性就是为了带给我们不幸与悲哀，以至于我们要在悲惨与哀号中度过一生？或者所有人都应该是不死的，没有人会离开家，我们就像植物一样的扎根在地里一动不动？如果我们的熟人当中有谁离开家，我们就要坐下哭号，然后，如果他回来了，我们就像孩子似的跳着拍手？

难道我们最后不要远离众人，回忆我们从哲学家们那里学到的东西？——确实，如果我们不像听巫术士的话那样地听他们的话——他们说这个世界是一个国家，形成这个世界的原初物质是唯一的；有一种周期性的变化必然会发生，一种事物会变成另一种事物，有些事物必须被分解，另一些事物必定会生成，一些事物（地方）不动而另一些事物（地方）却要被移动。而且，所有的事物（地方）都遍布着友人，首先是诸神，然后是人；人本性上就被制造地要彼此成就一个家庭；有些人要彼此待在一起，而其他的人就要彼此分离，尽管我们应当因那些与我们居住在一起的人而快乐，我们绝不能因那些与我们分离的人而悲伤。人除了本性上是高智慧的、能够轻视所有处于他的自由意志领域之外的事物，还拥有另一个禀赋，即，他可以不必固定在土地里，他能够一会儿到这个地方，一会儿到那个地方，有时因为一定境况的压力，有时则仅仅是因为要长见识。

比如这种命运就曾降临在奥德赛的头上：

他见过许多人的城镇，也了解他们的心性。[1]

甚至在他的时代之前，赫拉克勒斯就穿越了整个有居民的地区，看到了人类的合法行为，也看到了人类的不法行为。[2]

赫拉克勒斯驱赶不法行为，把它从这个世界清除出去，然后把合法行为引进来。然而你认为他在底比斯有多少朋友，在阿戈斯有多少朋友，在雅典有多少朋友，在这次巡回中他又交了多少新朋友？只要看看在他认为合适的时候，他甚至就会与人成婚，生子，然后又抛弃他的子女，既不为他们悲哀也不想念他们，仿佛让他们变成了孤儿似的。因为他知道，没有人是孤儿，所有的人都有个永远的和不变的父亲照顾他们，对他而言，这不仅仅是他听来的一个故事，即宙斯是人类的父亲，因为他总是认为神是他自己的父亲，他也是这样称呼神的，他做的一切都是依赖神的。因此在任何地方他都有能力幸福地生活。但是要将幸福与对不存在的事物的渴求统一起来是不可能的。因为幸福必须是已经拥有了它向往的一切事物；幸福必定就像一个餍足的人：他不可能感到干渴与饥饿。——可是，奥德赛不是感到对他妻子的渴念而坐在石头上哭泣吗？[3] ——你把荷马和他的故事当作一切事情的权威吗？如果奥德赛真的哭泣的话，他除了是个可怜人之外还能是什么呢？但是一个那么美好高贵的人是可怜的吗？实在的，如果宙斯没有照管好他自己的子民，没有让他们像他那样，即是幸福的，那他管理这个宇宙就是不“好”（善）了。不，想象那样一种可能性乃是不法和邪恶的。但是如果奥德赛真的流泪和悲叹了，那么他就不是一个好的人了。一个不知自己是谁的人能是好的吗？如果他忘记了那些有生成的事物是易毁灭的，如果他

① 荷马：《奥德赛》I，3。
② 荷马：《奥德赛》XVII，487（略有改动）。
③ 荷马：《奥德赛》V，82。

忘记了一个人不可能总是与另一个人在一起，这样的人怎么会知道自己是谁呢？那便会怎么样呢？去奢求不可能的事物是奴性的和愚蠢的；一个以唯一可由他支配的武器，即他本人的判断，去与神对抗的人，他的行为就像一个宇宙中的异乡人的行为。

但是我的母亲会因见不到我而悲伤。——是的，但是她为什么没有理解哲学家们这些话的意思呢？我不是说你不应该尽量不使她悲伤，而是说一个人不应该不惜一切代价地去向往不是他本人的东西。既然另一个人的悲伤与我无关，惟有我自己的悲伤才涉及我。因此，我将不惜一切代价结束与我自己有关的悲伤，因为这是在我的控制之下的：事关另一个人的悲伤，我会尽我所能地阻止它，但是我不会不惜一切。否则我就是与神相对抗了，我就是将我自己放在与宙斯相对立的地位，我就是在阻挠神安排的宇宙秩序。对神发动的战争与对神的违抗的代价不仅要我的“孩子们的孩子们”[①] 来付，而且还要我自己来付，要日日夜夜地付，因为我会从梦中惊醒，心神不宁，因每一条消息而战栗不安，我的精神上的宁静就会依赖信件而不是我自己了。有人从罗马来到这里。“但愿没带来什么坏消息才好！”如果你不在那儿，那个地方怎么可能发生对你而言的任何坏事情呢？有人从希腊来到这里。“但愿没带来什么坏消息才好！”这样，对你而言，每个地方的事情都可能导致你的不幸。难道对你来说你所在的地方的不幸还不够吗？难道你还必须由于海外的消息而不幸吗？惟有以这种方式，有关你的事情才是安全的吗？——是啊，万一我在那儿的朋友死了怎么办？——怎么，除了那终有一死的人死了，还有什么其他的事情吗？你又怎么能希望你自己活到高龄，同时却不会看到你所爱的人的死亡呢？你不知道在一段长长的时间内必定会有许多事情发生吗？某个人必定会发烧，另一个人必定会遭遇强盗，第三个人必定会处于一个暴君的统治之下。因为那就是我们周

---

① 引号中的短语参看荷马的《伊利亚特》XX，308。

遭的情势特征，那就是我们的同伴们的特征；冷、热和不适当的食物，陆地上与海洋上的旅行，还有大风与形形色色的灾难；这些周遭的情势毁灭这个人，流放那个人，把另一个人送上高位，又把另一个人送上战场。因此，坐下来，为每一件这样的事情烦恼，悲伤，不幸，可怜吧，你依靠的是你之外的其他事物，而且不是一件或两件，而是依靠成千上万件。

那就是你跟随哲学家听来的东西吗？那就是你学到的东西吗？你难道不知道生活就是一场战争？这个人必须执勤，另一个人必须出去巡逻，又一个人则必须出去战斗。所有人都待在同一个地方是不可能的，这样也不会是更好的。但是你却忽略了执行指挥官分派给你的任务；当繁重的任务分配给你时，你抱怨连天；你不知道你的行为正在带坏部队；因为，如果他们都效仿你，那就没有人会去挖壕沟，没有人会去建防护栏，或者是守夜，或者是冒着生命危险去战斗，他们就显得是无用的士兵了。还有，如果你做了一名船上的水手，你就守住一个岗位，坚守在那里！如果你不得不爬桅杆，你不愿意；如果你不得不跑到船首去，你不愿意！哪一位船长会容忍你呢？他不会把你像一件垃圾似的扔出船外吗？你不过是个讨厌鬼，一个其他水手的坏榜样罢了。在这个世界上也是如此；每个人的生命都是一种战争，而且是一场漫长而复杂的斗争。你必须得保持着一个士兵的特性，你的每一个行动都要经过最高指挥官的首肯，如果可能的话，你还应该推断神的期望。因为在这位最高指挥官与一个普通人之间不能比较，不管是他的能力方面，还是在他的品性杰出这方面。你已经在一个帝国城邦被授予了一个职位，而不是在什么卑微的地方；你也不是一个暂时的，而是一个终身的元老。难道你不知道处在那样一个职位的人只能在他自己的家庭事务上分一点点心，而他大部分的时间都必须离开家庭，或者是指挥别人，或者是受别人指挥，或者是担任公职，或者是服役战场，或者是担任法官？你想固定在同一个地点，就像植物一样地生根不动吗？——是的，那挺快乐的。——为什么要否定这一点呢？但是汤也是令人快乐的，一个美女也让人感到快乐。那些把快乐当作目的的人还说了些什么其他的呢？

难道你没有意识到你刚才所说的话是哪种人的话吗？那种人是伊壁鸠鲁主义者与流氓无赖吗？然而，在做着那种人的行为和主张他们的观点时，你却向我们吟诵芝诺与苏格拉底的话？难道你不愿意把这些异己的外衣扔得远远的，既然它们根本不适合你？或者，这些家伙所向往的无非是无拘无束地睡个觉，他们起床之后懒洋洋地打个哈欠，然后洗脸；而后写点和读点他们想写想读的，然后胡言乱语一些这样那样的事情，不管说的是什么，总是为了朋友们的喝彩；然后出去散会儿步，散步之后洗个澡；然后吃饭，休息，然后躺在那种人所喜欢的床上睡觉——我用得着说这些吗？你自己能推想出那是怎样的。

嗨，你现在也告诉我你全心向往的生活方式，你这个真理的热诚追随者，你这个苏格拉底与第欧根尼的信徒！在雅典你想要做什么？只是做我刚才描述的事情吗？完全没有什么两样？怎么，那你还称呼自己是个斯多亚主义者吗？要知道那些冒称是罗马公民的人要遭受严厉的惩罚的，难道那些冒称那样一个伟大和崇高的行业和头衔的人就应该免于惩罚吗？难道那是不可能的？那神圣、强大而无处可逃的法律就是对那些犯最大的罪的人施加最大的惩罚的法律。它的条款是些什么呢？"让那冒充与他毫不相关的东西的人做个吹牛的人，让他做个虚荣的人；让那不遵循神圣统治的人悲惨，受奴役，承受悲痛，嫉妒与怜悯，——总而言之，让他悲惨和痛哭去吧。"

那便会怎么样呢？你想让我去求告某某吗？想我到他的门前去吗？[①] ——如果因为你的祖国，你的同族，整个人类的缘故，理性决定你那样做，那为什么不去呢？怎么，当你需要鞋子的时候，你走到鞋匠

① 这个转变非常突兀。不过，显然此处与爱比克泰德谈话的人被朋友劝说去求告某个富有且有权势的人。

的门口不会觉得羞耻，当你需要莴苣的时候，你走到卖菜的人门口也不会觉得羞耻；当你想要富人拥有的东西的时候，你怎么会羞耻于求告富人呢？——非常正确，因为至于鞋匠，我没有必要去钦佩他。——那就也不要去钦佩富人。——我也不会去奉承一个卖菜的人。——那就也不要去奉承富人。——那样，我怎么会得到我所需要的？——难道要我告诉你，“像一个肯定能得到他所想要的东西的人那样地去”，而不仅仅是，“为了做那适合你的事情而去”？——那我到底为什么要去呢？——为的就是要去做这件事，为了履行你所是的一个公民、一个兄弟、一个朋友的职责。而且你要记住，你来拜访的是一个鞋匠，一个卖菜者，即使他是以很高的价钱出售，他也不是个在什么伟大而重要的事情上有权威的人。你是来，比方说，是来买莴苣头的；它们值一个奥卜尔（obol），但并不值一塔兰特（talent）[①]。在我们的生活中也是如此。现在的事情值得你去求告一个人；很好，那我会去的。它也值得你与某人会面；很好，我会就这件事与他会面。是的，但是我不得不亲吻他的手，还得用赞美之词奉承他。去！那就是为了买个莴苣头却付了一个塔兰特的价钱了！那样的行为使得我不能再做一个好公民和一个好朋友，这对我，对国家，对我的朋友们都没有好处。

是的，但是如果你失败了，人们会以为你没有尽力。你去了却又忘记了你为什么去吗？难道你不知道一个美好而高贵的人并不会为了表面的东西而去做事情，而是因为正确的行为的缘故而去做事情吗？——那么，他从正确的行为中能够获得什么好处呢？——那么，人们写“Dio”这个名字的时候，按照它应该怎么写的样子写，这又能得到什么好处呢？仅仅是以那种方式写它这件事实罢了。——那么，这儿就没有更进一步的回报了吗？——就一位好人而论，做好的与正义的事情就是回报，你还想为他找更进一步的回报吗？在奥林匹亚没有人再想其他的

① 奥卜尔与塔兰特都是货币名称。

事情，只要获得了一项奥林匹亚运动会的桂冠就会心满意足。成为一个好的、杰出的和幸福的人，在你看来是那样一件微不足道和无价值的事情吗？因此，当诸神把你带入这个城邦[①]，当你发现现在从事一个人的工作是你的职责时，你还渴望有乳妈和乳房吗？而那可怜而又愚蠢的妇人的抽泣仍会令你感动，使你变得女人气吗？那样你就永远不会越过一个婴儿的阶段？难道你不知道，当一个人的行为举止像一个小孩的时候，他年纪越大，他就越显得可笑吗？

在雅典当你去某人家拜访的时候没有见到人吗？——是的，我见到了我想见的人。——你在这儿只要下定决心见这个人，那你就会见到你想见的人了；只是不要卑贱地去，不要带着欲求或回避，那么你一切都会处理好的。但是这个结果不是说仅通过你去就能达到，也不是说站在门口就能达到，这个结果要到一个人的内心判断里去寻求。当你蔑视外部的、在自由意志之外的事物，不再把它们之中的任何一物当成是你自身的，而只把正确地判断，正确地思考，正确地选择，正确地欲求，正确地避免当作你自身的事情时，——哪里还会有奉承的余地？哪里还会有一个卑鄙精神的容身之所？你为什么还要渴求你在那儿享有的宁静，或者向往你熟悉的地方？等上一小会儿，你就同样会在这里找到你熟悉的地方了。然后，如果你精神上本就卑贱，那么当你也要离开这些事物的时候，你又会流泪哀号了。

那么，我应怎样变成一个充满深情的人呢？——作为一个有高尚灵魂的人，一个幸运的人；因为悲悲戚戚，或精神崩溃，或依靠别的东西而不是你自己，或者甚至是怨天尤人，这一切都是违反一切理性的。我愿让你成为这样一个充满深情的人，一个在你充满深情的同时也能谨守所有这些规则的人；然而，如果由于某种所谓的“自然的情感”，不管你用这个词称呼什么，你变成了奴性的和可怜的，那么充

① 即世界。

满深情对你而言就是无益的了。当一个人受到死亡的侵袭的时候，当一个人就要离开你的时候，什么会阻止你去爱他呢？难道苏格拉底不爱他自己的子女吗？但是要以一个自由的灵魂去爱，要作为一个记得他的首要义务是做诸神的朋友的人去爱。那就是为什么苏格拉底所做的每一件事情，不管是进行申辩，还是评价他自己的刑罚，还是在那之前担任公职和士兵，都与好人做的事情相称。但是我们对于不光彩的行为却有形形色色的借口；有些是以孩子为借口，有些是以母亲为借口，而有些又是以兄弟为借口。但是对于我们而言，因为任何人而感到不幸都是不合适的，相反，我们要因所有人而感到幸福，我们首先要因为神而感到幸福，他就是为此而创造我们的。嗨，难道第欧根尼会不爱任何一个人吗？他是那样一个温和而善良的人，为了大家的幸福他乐意把所有烦恼和痛楚背负在自己身上。但是他的爱的方式是什么？这是一种适合于宙斯的仆从的爱，是对人类的真正的爱，同时服从神。那就是为什么惟有对他而言，整个世界而不是某个特殊的地方，才是他的祖国；当他身陷囹圄时，他并没有希冀雅典人，也没有希冀他的雅典熟人或朋友，而是与海盗混熟，并尽力地去改造他们。尔后，当他在科林斯被卖身为奴时，他就继续生活在那儿，就像他过去生活在雅典一样；是的，如果他去了渤海比安（perrhaebians）的话，他肯定还会以同样的方式行为。这才是达到了自由。那就是他所说的“自从安提司底尼斯（Antisthenes）[①] 给我自由那时起，我就不再是一个奴隶”的原因。安提司底尼斯是怎么给他自由的呢？听听第欧根尼说了什么：“他教给我的是，什么是我的，什么不是我的。财产不是我的；族人，家庭成员，朋友，名誉，熟悉的地方，与人的交谈——所有这些都不是我自己的。‘那么，什么是你的呢？’运用外部表象的能力。他让我看到了我可以毫无障碍约束地拥有这种能力；没

① 他的老师，著名的哲学家。

有人能够妨碍我；没有人能够逼迫我以不是我所愿的方式运用表象。那么，谁有权力管理我呢？菲利普，亚历山大，波狄卡斯（Perdiccas）还是波斯大王？他们到哪里去获得这权力？因为那注定要被人打败的人肯定在很久以前就被［外在］事物打败了。”因此，那个不受快乐统治的人，也不受邪恶、名声、财富统治的人，那个在他认为适当的时候会把他的整个身躯唾向压迫者的脸而死去的[①]人——他还会成为谁的奴隶，谁的臣服者？但是如果第欧根尼在雅典继续过他快乐的生活，并且乐此不疲，他的命运就会在所有人的掌握之中；比他更有力量的人就都能使他悲痛了。你难道能想象第欧根尼会哄骗海盗将他卖给雅典人，以便又能再次看到美丽的比雷埃夫斯、长墙和卫城！奴隶啊，在你看它们的时候你是一个什么样的人呢？一个奴隶与一个灵魂卑鄙的人；它们对你有什么好处呢？——不，不是个奴隶，而是个自由人。——把你怎么是自由的展现给我看。看，某个人已经抓住你了——那个把你从你的熟悉的生活方式中带走的人，他说：“你是我的奴隶；因为我有能力阻止你如你所愿地生活，因为我有能力减轻你的劳役，或是贬抑你；只要我愿意，你就能再次高兴起来，而后兴高采烈地离开这里去雅典。”你对这个使你成为他的奴隶的人说什么呢？你对你的释放者奉献上点什么呢？或者你甚至根本就不敢直视他，而是长话短说，你哀求他给你自由？人啊，你应该高高兴兴地进监狱，加快脚步，走在那些领你去的人的前头。我问你，你是不是厌恶住在罗马，而渴望住在希腊呢？那么，当你不得不死的时候，你会不会因为你将永远不能再次看到雅典，再也不能漫步在吕克昂学府而对我们流泪呢？

那就是你到国外去寻求的东西吗？你就是因为这个而去寻求与某人

---

① 可能是指这个故事，当尼戈克里翁（Nicocreon）命令人把阿纳克萨库斯（Anaxarchus）的舌头割下来的时候，阿纳克萨库斯把舌头咬断吐到他脸上。参看第欧根尼·拉尔修《著名哲学家的生平与著作》第9卷，59。

见面吗——他有可能对你有益？确实是有益啊！那样你就可以驾轻就熟地分析三段论，或者运用假言论证？就是因为这个原因，你离开你的兄弟，你的祖国，你的朋友和你的那些家人——为的是如此学成归来吗？所以你到国外不是为了获得品性的坚定，灵魂的安宁，也不是为了使你自己变得不可伤害并从此不再怨天尤人；不是为了使别人不可能委屈你，从而你可以无阻碍地交往和生活？你批发来出售的货多么好啊：三段论，含有歧义的与假言前提的辩论！是的，如果你看着合适，那你就坐在市场上，挂上一块招牌，就像卖药品的小贩那样。难道你不是很应该甚至否认你已经懂得了你所学的所有这些东西，以免使你的那些理论显得毫无用处吗？哲学损害了你什么？克吕西玻怎么亏待你了？以至于你要用你自身的行为证明克吕西玻的辛苦劳作是无用的？即使你没有到国外去，你就已经有那么多使你悲伤与痛苦的东西；难道你在家中的厄运还不够，你除了它们之外，还要加上一些其他的厄运吗？如果你又结交了其他的知己好友，你将有更多的理由去悲痛了；是的，如果你又依恋上了另一块土地，也是如此。那么，你为什么活着？你活着就是为了陷入那使你悲惨的一件接着一件的不幸吗？然后，我问你，你把这叫作自然情感吗？人啊，确实有自然情感！如果它是好的，它就不是坏的根源；如果它是坏的，我便与它无关。我生来就是为了好的事物和属于我自身的事物的，而不是为了坏的事物。

那么，什么是情感的适当训练呢？首先，最高的和首要的原则，那站在这个主题的大门口的原则，就是：一旦你迷恋上了某物，不要把它当作仿佛永远属于你的东西，不要据此而行动，而应把它当作仿佛是某种像一个罐子或一只水晶玻璃杯那样的东西，这样，当它打破的时候，你会记得它是一个像什么的东西，而不会为它所困扰。生活中也是如此；如果你亲吻你的小孩，你的兄弟，你的朋友，绝不要放纵你的想象，也不要让你饱满的热情任意驰骋，而是应该抑制它们，拦阻它们；就像当将军们得胜归来的时刻那些站在他们身后的人一样，要不停地提醒他们只是凡人。[①] 你也应该以那种方式提醒你自己，你爱的对象也是终有一死的；它不是你自身的财产之一；它只是目前被给予了你，并非与你不可分离，也不是永远被给予了你，而是像一个无花果或一串葡萄，在一年中的固定季节生产出来供你享用；你要知道，如果你在冬季渴望得到它，那你就是个傻瓜。如果在你的儿子或你的朋友不在的时候，你以这种方式渴望你的儿子，或你的朋友，你就像是在冬季渴望得到无花果。因为就像冬季对于无花果的关系，宇宙中发生的所有状态，也都会导致相应的事物的毁灭。而且，就在你正以某物为乐的时候，要记得回想那相反的表象。就当你亲吻自己的孩子的时刻，如果你轻声地对自己说："他明天就会死"，这对你有什么坏处呢？对你的朋友同样是那样，"明天你就要到国外去了，或者我要到国外去了，我们再也不会彼此相见了"［相聚时你这样轻声提醒自己，有什么坏处呢］？——不，这些话都是预示坏兆头的，不吉利。——是的，有一些咒语也是这样，但是因为它们能够带来好处，所以我并不在乎那个，只是让咒语能给我们带来好处就行了。但是你岂不是称呼那些预示坏事的东西"坏的预兆"的？懦弱是坏的预兆，卑鄙的灵魂，悲痛，哀愁，无耻也是；这些都是坏预兆的词。然而我们在说这些词语的时候却毫不迟疑，没想到要提防这些事情本身。你是不是告诉我预示着自然进程的任何言语都是坏预兆吗？那么，说"谷穗的丰收"也是坏预兆了，因为它预示着谷穗的毁灭；但是不是宇宙的毁灭。那么，说"叶落"也是坏预兆了，新鲜的无花果变成了干瘪的无花果，一串葡萄变成了葡萄干也都是坏预兆了。因为所有这些都是从事物以前的状态变成了其他事物；但是，这不是毁灭，而是某种有序地分配与管理。这也就是"到国外去"的意味，它不过是一个小小的改变；这也就是死亡的意味，它是对现在存在

① 在古代，保护得胜者免遭天灵惩罚的方式之一就是让一个奴隶立在他后面的得胜车上，在人民欢呼的时候不停地说："往后面看，记住你只是个凡人。"

的东西的一种较大的改变，不是变成不存在，而是变成它现在所不是的事物。——那么，我将不再存在了吗？——是的，你将不会存在，但是其他一些事物会存在，一些不同于原来的事物会存在，宇宙现在需要它。这是非常合理的，因为你不是在你想存在的时候出生存在，而是在宇宙需要你的时候你才出生存在。

因为这个原因，那美好而高贵的人会把他是谁，他从何处来，他是被谁创造的等记在心里，他关注的仅仅是这些，即他怎样才能有条不紊地履行他的义务，顺从神。“你的意愿是要我仍然留下吗，那我会作为一个自由的人、一个高尚的人而留下，因为这是你所希望的；因为你已经使我在属于我自己的事物上毫无阻碍。现在你再也不需要我了吗？只要这对你好就行。我仅仅是因为你，而不是任何其他人，我才在这里一直等到现在，现在我遵从你而离开。”“你怎么离开？”“就像你所希望的，作为一个自由的人，作为你的仆从，作为一个领会了你的命令和你的禁令的人。但是，只要我还活着为你效力，那么你想让我成为什么样的人呢？一个官员还是一个平民，一个议员还是普通大众中的一员，一个士兵还是一个将军，一名教师还是一家之主？不管你分配给我什么样的身份与职位，正如苏格拉底所说，我将万死不辞①。你想让我待在哪里呢？在罗马、雅典、底比斯，还是吉亚纳？只要你记住我在那儿。如果你把我遣送到一个人类不具备与自然和谐一致的生存手段的地方，我将抛弃这条生命，不是不遵从你，而是仿佛你已经敲响了我回去的钟声。我并没有抛弃你——决非如此！而是我认识到你已不再需要我。然而如果你赐予了我一种与自然和谐一致的生存手段，除了我现在所在的地方和我现在的同伴，我不会再去寻找其他的地方或其他的同伴。”

日日夜夜地随时准备像这样思考；写下它们，读它们，就它们进行谈论，与你自己交谈，或对另一个人说：“你能在这件事情上给我帮助

① 参看柏拉图《申辩》28D—29A。

吗?”有时与这人交谈，有时与那人交谈。然后，如果有一件被称为非人所愿的事情发生了，那么，那件事“并非是在预料之外”的判断立即就会成为减轻负担的第一件事。因为在每件事情中都能这样说是有极大助益的，“我知道我所生的儿子是终有一死的”。因为那就是你要说的事情，而且还有，“我知道我也是终有一死的”，“我知道我很可能要离开家庭”，“我知道我很可能遭受流放”，“我知道我可能会坐牢”。其次，如果你自己细想一下，想要寻找这事情来自何方，你立即就会记起这个原则：“这件事情来自自由意志领域之外的事情，来自不是我自己的事情；那么，它对我意味着什么呢?”然后就产生了最具决定性的考虑：“是谁发布了这个命令?”我们的君主，还是我们的将军?国家或国家的法律?“那么，把它给我，因为不管在什么情况下我都得遵守法律。”尔后，当你的想象啃噬你（因为这是你不能控制的事情）的时候，用你的理性抵制它，打败它，不要让它变得强壮起来，或者让它走到下一步，以它想要的方式产生所有它想要的形象。如果你在吉亚纳，不要去构想罗马的生活方式和那里的人的各种消遣活动，也不要去构想你在归来的时候能够拥有的一切；而应该构想，既然你已经安置在这儿了，你就应该努力地在吉亚纳勇敢地活着，这才适合于一个在吉亚纳生活的人。而且，如果你在罗马，就不要构想雅典的生活方式，而要使你在罗马的生活成为你研究与磨炼的对象。

其次，就所有其他娱乐而言，也引入这个意识：你是服从于神的，你不是在表面上而是在实际行动中扮演了一个美好而高贵的人的角色。因为能够对自己这样说是一件多么美妙的事情：“现在我事实上正在履行的是其他人在他们的讲演中严肃地谈论的事情，并且被认为是在说什么矛盾都不可能的事情。是的，他们坐下来详述我的美德，研究我，为我唱颂歌。宙斯希望我自己亲自在此事上做个示范，而同时他希望知道他是否有那种合适的士兵，那种合适的公民，他希望把我放在所有人面前，来见证处于自由意志领域之外的事物。‘看’，神说，‘你的害怕只是出于偶然，欲求你所欲求的事物只是徒劳。不要到外部去寻求你的幸福，而应该在你自己内部寻求你的幸福；否则你不会找到它们的。’为了这个目的，神一会儿把我带到这儿，然后又把我送到那儿；把我在贫困中、没有公职时、疾病缠身时的状态展现给人类；神把我送去吉亚纳，送进监牢。不是因为他恨我——灭掉这种判断吧！谁会憎恨他的最好的仆从呢？也不是因为他忽略了我，因为他甚至不会忽略任何一个他的最小的造物；而是因为他在磨炼我，用我来作其他人的见证人。当我被分配那样一个职务，我还能够再考虑我在哪里，或和谁在一起，或人们说了我什么吗？我难道不应该一心扑在神和神的命令与法令上吗？”

如果你总是将这些判断常备身边，在你心中反复地复习它们，将它们准备就绪，你就再也不会需要人来安慰你，或激励你。因为耻辱并不在于没有东西可吃，而在于你没有足够的理性抵制害怕与悲伤。但是一旦你不再受到悲痛与害怕的影响，对你而言就再也不会有暴君，或警卫队，或皇室成员；你从宙斯那儿接受了那么重要的一个职位，一些公职的任命还会刺激起你的妒忌心吗？那些向朱庇特神庙献祭占卜的人们还能刺激起你的妒忌心吗？只是不要炫耀你的职位，也不要对它夸口；而要用你的行动证明它；如果没有人察觉到你拥有它，那你就自己满意地生活在健康快乐中吧。

25. 答那些没有达到目标的人

考虑一下有哪些事物是你一开始追求而后获得了成功的，哪些是你没有成功的；同样的，考虑一下对其中一些事物的回忆是如何给予你快乐的，而对另一些事物的回忆又是如何给你痛苦的；然后，如果可能，也回忆一下那些你没有把握住的事物。因为那些参加最重大的比赛的人不应该退缩，而应该承担殴打；因为我们面前的比赛不是角力、拳击和摔跤，在这种比赛中，一个人或是成功，或是失败，他有可能价值不菲，也有可能轻如鸿毛，以宙斯的名义，他甚至可能极端幸福或极端悲惨。——但是，这是一场为了好运与幸福本身的比赛。接下来怎么样呢？噢，在这里，即使我们目前放弃了，没有人能够阻挠我们再次竞争，我们也不需要再等四年时间，等待另一次奥林匹亚盛会的到来，而是一旦重新站起来，恢复了常态，又一次满腔热忱，他就可以参加比赛；如果你再次放弃，你还可以再次参加比赛；如果你一旦赢得了胜利，你就像你根本就没有放弃过比赛一样。只是不要开始时出于纯粹的习惯，兴高采烈地一再地做同样的事情，而最终以一个坏的运动员收场，这样的人会完成整场比赛，而总是被打败，就像那曾经逃脱的鹌鹑那样。① “我正在被一个漂亮女孩的表象所征服。这有啥呢？就在前几天我不是也被征服了吗？”“我感觉我强烈地想谴责某人，因为就在前几天我不是也谴责了某人吗？”你那样对我们说，仿佛这样就可以不受惩罚了；这就好像一个人对禁止他洗澡的医生说：“怎么，但是我不是就在前几天也洗澡了吗？”那么，这个医生也能这么对他说：“很好，你洗澡了之后，感觉怎么样？你不是发烧吗？不是头痛吗？”所以，同样的，当你前几天谴责某人的时候，你不是像一个胸怀恶意的人那样行为吗？你不是像一个愚蠢的胡言乱语之人那样行为吗？你不是在引用你自己以前的行为事例来加强你的习惯吗？当你被女人征服的时候，你能逃脱处罚吗？那么，你为什么要谈论你前几天在做的事情？在我看来，你应该记住教训，就像奴隶们记住他们所受的殴打那样，然后避免犯同样的错误。但此事不同于彼事；因为对于奴隶们而言，是苦楚产生记忆，但是在你犯错误的时候，有什么苦楚呢？你感到了什么处罚呢？你什么时候能获得避免坏的行为的习惯呢？

① 这个比喻十分简短。可能指一只争斗的鹌鹑一旦失败过，从此就会变得随时准备着再次失败。

26. 答那些害怕短缺的人

难道你对于自己比逃亡的奴隶还要懦弱和低贱不感到羞耻吗？当他们逃跑的时候，他们是怎么离开他们的主人的呢？他们有什么财产和奴隶可以依赖的呢？难道他们不是仅仅窃取少许的东西维持他们最开始的几天，而在以后的日子里，他们不是漂泊过陆地或海洋，想尽种种办法果腹吗？又有哪个逃亡的奴隶死于饥饿呢？但是你却颤抖战栗，整晚不寐，唯恐失去了生活的必需品。可怜人啊，你真的那么缺乏判断力，看不到缺乏生活必需品的那条路通向何方吗？它到底通往哪里呢？也不过是通向发烧，或者是石头砸在头上等所通往的地方——死亡。那么，你自己不是经常向你的同伴谈论它，你自己不是阅读了许多关于它的作品，也写了许多吗？你有多少次曾经夸口说，你面对死亡是非常泰然自若的？——是的，但是我的家人也会挨饿呀。——那又怎么样呢？他们的饥饿不会导致与你的结果不同的结果，对吗？他们还不是同样走向完全相同的下界去吗？那么，你不愿意以足够的勇气去面对贫穷与短缺吗？即使最有钱的人也必定要到那个地方去的，还有那些占据着最高职位的人、国王和暴君。区别仅仅在于也许你是饿着肚子下去，而他们却是吃撑着、醉醺醺地下去。你能很轻易地找到一个不是老人的乞丐吗？难道他不是极端的老态吗？但是尽管他们夜以继日地挨冻，孤零零地躺在地上，吃的只能是些绝对只够维持身体必需的东西，但他们却接近一种不太会死的状态；而你这个身体健康，有手有脚的人，你就那样地担心挨饿吗？你就不能汲水，抄写，或者接送孩子上学，或者给人做个看门人吗？——但是贫困到那样一步田地是很不光彩的。——因此，首先要知道什么是“不光彩”的事情，在做完了这件事情之后，你再到我们这儿来自称是个“哲学家”。但是就你目前的情况看，你甚至不应当让别人这样称呼你。

你对于那些不是你自己做的事情，那些没有你的责任的事情，那些偶然地落在你头上的事情，比如说头痛或发烧，会感到不光彩吗？如果你的父母贫穷，或者他们虽然富裕却让其他人做他们的继承人，或者他们尽管健在却不给你任何帮助，所有这些对你而言都是不光彩的吗？那就是你向哲学家学到的东西吗？难道你从来没有听过，“不光彩的事情”就是可以对之进行责备的事情，而可以对之进行责备的事情就是应当受到责备的事情吗？你会因为不是他自己做的事情，不是他自己导致的事情而责备某个人吗？想想看，是你导致了这种状况吗？是你使得你的父亲成为他现在的样子吗？或者你有能力改变他？你被赐予了那种能力吗？接下来怎么样呢？难道你应该希求那并没有赐予你的东西，或者你因不能得到它而感到羞耻？你真的在学习哲学中却获得了指望其他人的习惯，获得了不从你自身希求你自己的东西的习惯吗？那很好，悲叹和呻吟吧，边吃边恐惧明天没有食物吧；为你那些微不足道的奴隶而战栗吧，唯恐他们会偷窃、逃跑，或者死亡吧！就在这种心境中生活并永远那样地生活吧，你这个仅仅在名义上从事哲学的人，可是在你的个人表现中却向那些接受哲学原则的人展示了哲学原则是无用和毫无价值的。你从不期望恒定、宁静、灵魂的安宁；你从来没有为了那个目的而结识任何人，而是因为三段论法而结识了许多人；你从来没有彻底地检测你自己的这些外部印象中的任何一个，没有问过这样一个问题：“我能够忍受它，还是不能够忍受它？我还能希冀什么呢？”你好像以为周遭的一切都在极好的和安全的状态之中，并把你的全部精力投入到全部主题中的最后一个，即那个关于永恒不变性的主题，以便你可以拥有不变的——什么？你的懦弱，你的卑鄙的人格，你对富人的羡慕，你的徒劳无功的欲求，你的错误的回避！这些就是你为它们的安全操心的事情！

难道你不应该首先从理性中获取某样东西，而后再使得它巩固安全？怎么，你见过有人在四周建造飞檐却不先建造墙，以便围绕墙建造飞檐的吗?[1] 在没有门的地方却被安置去守卫的守门人，是哪一种守门人呢？但是你却想通过反复练习来获得进行证明的能力，证明什么呢？你通过练习以便避免为诡辩术所动摇；从哪里动摇呢？你要先向我展示你在坚持的、你在估量的、你在权衡的是什么；然后，在那些情况下，再向我展示你的磅秤和量斗。说吧，你还要继续测量这些垃圾多久呢？难道你应该论证的不是这些吗——即那使人幸福，使他们的事务如愿成功，使他们不必去责怪任何人，去挑剔任何人，而是顺从宇宙的统治的那些事情？把这些证明给我看。“看，我确实在证明给你看”，一个人说，“我将为你分析一个三段论”。奴隶啊，这不过只是个测量工具，而不是被测量的事物。那就是你现在因为你所忽略的东西而受惩罚的原因；你战栗，睡不着，征求每个人的建议；而且，如果你的计划不能赢得所有人的赞成，你就会以为你的考虑肯定是错误的。

你还惧怕饥饿，好像真有这么回事似的。然而你所惧怕的不是饥饿，你所惧怕的是你不会有一个专业的厨子，你不会有另一个仆人去购买美味佳肴，再一个仆人为你穿鞋，再一个为你穿衣，其他的人为你按摩，另外的人跟班，为的是当你在浴盆中裸着身体，伸展着四肢像个钉在十字架上的人的时候，可以有人帮你按摩这边按摩那边；然后按摩师俯着身说，“挪动一下，让他侧着，你负责他的头，我按摩他的肩膀”；然后，沐浴后起身回家的时候，你可以大声吼道，“怎么没有人拿东西来吃”？而这之后：“收拾桌子！用海绵把它们擦掉。”你所害怕的是这一点——即你可能不再能够过着一个残废人的生活。然而，我告诉你，你必须要学习过一种健康人的生活：奴隶是怎么生活的，工人呢，真正的哲学家呢，苏格拉底是怎么生活的——他也是有妻有子的，第欧根尼是怎么生活的，克里安西斯是怎么生活的，他把上学与汲水结合在一

① 参看柏拉图《理想国》534E。

起。[1] 如果这就是你所想要的，你无论在哪里都能够拥有它，你将会充满信心地生活。信赖什么？信赖一个人唯一可以信赖的东西——信赖那可信赖的，没有阻碍的，不能取走的，也就是，信赖你自己的自由意志。你为什么要使你自己变得那样无用和无益，以至于没有人愿意带你到他家里去，也没有人愿意照顾你？当一件完整的和有用的工具被扔掉时，任何发现它的人都会把它拾起来并把这认为是一种收获；但是，当人们获得你的时候，却不是这么想，相反任何人都会把获得你当作一种损失。你是那样的无能，以至于你甚至起不到一条狗或一只鸡的作用。那么，你为什么还想继续生存，如果你是那种人的话？

一个好人会害怕他没有东西吃吗？瞎子不会没有东西吃，瘸子不会没有东西吃；难道好人会没有东西吃？一个好士兵，一个好工人，或者一个好鞋匠都不会没人给他报酬；难道一个好人会没人给他报酬吗？神会对他自己的创造物，他的仆从，他的见证人不闻不问吗？神只把他用作未受教化的人的榜样，只用他来证明神既是存在的，又是善于管理宇宙的，证明他不会忽略人的事务，不管是活着还是死去，坏事都不会降临到好人身上[2]。——是的，但万一神不提供吃的怎么办？——怎么，这除了是神如一个高明的将军那样地发出了撤退的信号还能是什么？我遵命，我服从，同时称颂我的指挥官，高唱关于他的事迹的圣歌。因为我来到这个世界，是因那时这样做能取悦于神；我也会在神所愿的时候离开这个世界。在我活着的时候，这是我的职责：对我自己和对其他人，不管是一个人还是许多人，高唱神的赞美圣歌。神没有给我许多东西，我并不宽裕，他不想我奢侈地生活；他也没有给予赫拉克勒斯太多，尽管赫拉克勒斯是他自己的儿子，是其他人做了阿戈斯和迈锡尼的王，而赫拉克勒斯却只是一个臣民，要经受劳作与管束之苦。但是尤里

① 第欧根尼·拉尔修：《著名哲学家的生平与著作》第 7 卷，168。

② 最后一句引自柏拉图《申辩》41D，略有改动。

斯修斯就其本质来说，既不是阿戈斯的王，也不是迈锡尼的王，因为他甚至不能做他自己的王；但是赫拉克勒斯却是所有陆地与海洋的统治者与领导者，他清扫净化他们的不公与非法，引进公平与正直；而所有这些都是他孤身一人所为。当奥德赛船只失事被抛在岸上时，他的困难使他的精神变得可怜，或者崩溃了吗？不，一个人向另一个人索要食物被认为是最不光彩的事情，而他是怎样走到一个少女的面前索要食物的呢？

就像一头在大山中长大的雄狮。①

他所能信赖的是什么呢？不是名誉，或金钱，或公职，而是他自己的力量，也就是说，他信赖他对于什么事情是在我们的控制之下、什么事情不在我们的控制之下的判断。因为这是使人得以自由，使人没有阻碍，使卑微的人抬起他们的头颅，使他们能够举目直视富人，直视暴君的唯一事物。所有这些就是哲学家所给予的，而难道你还不勇敢地走上前来，却因为你的微不足道的衣服与银盘而战战兢兢吗？可怜人，难道你就那样一直浪费时间到如今吗？

是的，但是万一我病了怎么办？——那你就要好好地承受它。——谁会照料我呢？——神和你的朋友。——我只能睡张硬板床。——但是像个人那样地去睡。——我会没有舒适的房屋。——那你就会在一间不舒适的房屋里生病。——谁会为我准备食物呢？——那些也为其他人准备食物的人。你会像马奈斯（Manes）那样生病。② ——那么，那病的结果是什么呢？——除了死亡还有什么呢？那么，你是否意识到，所有降临到人头上的厄运、卑贱和懦弱的集中体现并不是死亡，毋宁说是对

① 荷马：《奥德赛》VI，130。

② 即像个奴隶，因为“马奈斯”是一个典型的奴隶的名字。这里看起来是特指芝诺，当他的医生嘱他要吃乳鸽时，他坚持道：“把我当马奈斯那样地治吧。”

死亡的恐惧吗？我希望你为了对抗这种恐惧而训练自己，你要让你所有的理性，你的训练，你的阅读都朝向这个目的；然后，你就会知道这是人类获致自由的唯一途径。

第四卷

1. 论自由

如果一个人能按自己的意愿生活，不受强迫，不受阻碍，不受暴力，不受束缚地选择，成功地达成愿望，不陷入他想要避免的讨厌的事，他就是自由的。有什么人愿意在错误中生活呢？——没有人。——有谁愿意受欺骗地、鲁莽地、不公正地、无节制地、烦躁地、卑下地生活吗？——没有人。——因此，坏人无法按自己的意愿生活，坏人是不自由的。有谁愿意在悲伤中、在害怕中、在妒忌中、在怜悯中、在渴望某样东西却无法得到中、在想避免某样事情却无法避免中生活吗？——根本没有人。——我们发现有哪个坏人能够摆脱悲伤和恐惧，或避开他想避免的事情，或成功地得到他想要的东西吗？——没有人。——同样的，我们发现坏人是不自由的。

现在，如果有个做过两次执政官的人听到这话，要是你接着补充道："不过你是个聪明人。这话不适用于你。"那他是会原谅你的。然而你要是告诉他事实，你说："就作为一个奴隶而言，就是与那些被三次卖身为奴的人相比，你也好不到哪里去。"你只能等着挨揍。他说道："怎么，我怎么会是个奴隶呢？我父亲是自由的，我母亲是自由的。没人持有我的卖身契。而且，我是元老院议员，是恺撒的朋友，当过执政官，拥有众多的奴隶。”首先，尊敬的元老院议员，你的父亲、母亲、祖父及所有的祖先很可能与你是同样类型的奴隶。而且即使他们自由到了极点，就你而言，这又能证明什么呢？如果他们是品格高尚的、而你却是卑贱的，如果他们是勇士而你却是个懦夫，如果他们是自制的而你却是放纵的。

有人要问这与做奴隶有关系吗？——一个人被迫违背自己的意愿做事，这难道不能提醒你这与“做奴隶”有关系吗？——他回答道：就算有关系吧。但除了万众之王恺撒，谁能强迫我？——怎么样，你自己已经承认了你是有主子的。如你所言，他是众人的大主子，但你这话并不能聊以自慰，你却应当意识到你不过是一所豪宅中的奴隶。尼哥波立人也常常会高声宣誓说：“是啊！托恺撒的福，我们是自由的人。”

不过，如果你同意，我们暂且不谈恺撒。但请回答我：你从来没有爱上过一个人吗？比如，一位美丽的少女，一位英俊的少年，一个奴隶，一个自由民。——这与受奴役或享受自由有关系吗？你的心上人从来没有命令你去做你不想做的事情吗？你从来没有对你宠爱的奴隶甜言蜜语过吗？你从来没有吻过他的脚吗？但如果是有人强迫你去吻恺撒的脚，你肯定会认为这是个傲慢的、最专横的要求。这难道还不是受奴役吗？你从来没有连夜前往过不想去的地方吗？你从来没有开销过你不愿意的开销吗？你从来没有呜咽悲切地说话过，忍受过辱骂，碰到过在你的面前门“砰”地关上吗？如果你不好意思承认这些事情，那就看看色拉索尼德斯（Thrasonides）说了和做了些什么。他打过许多仗——或许甚至比你还要多。首先，当戈塔（Geta）夜晚没有胆量出行时，色拉索尼德斯是敢出门的。但如果是色拉索尼德斯强迫戈塔出行，戈塔出行时肯定会大声哭喊，哀叹自己深受奴役。然后，再听一下色拉索尼德斯是怎么说的？他说：

一个不足挂齿的姑娘让我成了个十足的奴隶，

这可没有一个敌人做到过呀！

可怜的人，你成了一个姑娘的奴隶，而且是个不足挂齿的姑娘的奴隶。你怎么还说自己是自由的呢？你怎么还谈自己打过好多仗？接着他要人拿把剑来，那人出于好意没给他拿来，他便怒气冲冲。他给他所痛恨的那姑娘送去礼物，乞求她，为她流泪。当有了一点进展，他便兴高采烈。然而，即使在他兴高采烈的时候，只要他没学会如何消除强烈的欲望或恐惧，能说这个人拥有自由吗？

现在思考一下，我们是如何把自由的概念运用到动物身上的。人们把驯服了的狮子关在笼子里，把它们喂养大，他们还会带着它们四处走走。但有谁会说这样的狮子是自由的呢？狮子过得越舒服，它就越受奴役，难道这不是事实吗？如果狮子有意识和理智，它会想成为这样的狮子吗？是啊，那些被人关在笼子里喂养的鸟儿，它们渴望逃离这牢笼，为了逃跑它们吃了多少苦头啊！有些鸟儿宁愿饿死，也不愿忍受那样的生活；那些勉强地活下去的，也是饱经痛苦，奄奄一息，一旦它们找到了逃离的出口，马上就会远走高飞的。鸟儿渴望肉体自由，渴望不受拘束、独立自由地生活。你待在这笼子里有什么不好呢？“你怎么这样问！我的本性就是飞到我想去的任何地方，活在露天底下，要歌唱就歌唱。你把我的所有这些剥夺了，却还来问我，你这样有什么不好呢？”

因此，只有那不屈服于樊笼生活，一旦被人捉住便以死获得解脱的动物，才能被称作是自由的。第欧根尼曾在某处说过：“确保自由的一个稳妥途径就是快乐地死去。”他在给波斯王的信中写道：“就像无法奴役鱼儿一样，你无法奴役雅典政府。”“怎么会呢？我无法控制他们吗？”“如果你这样做了”，他回答道：“他们会像鱼儿一样，立即逃离你。这是事实，因为你抓住一条鱼，它会死掉；如果你控制雅典人时，他们死掉了，你从武力征服中能得到什么好处呢？”这话出自一个严肃研究这一问题的自由人，而且，正如你会期望的，他发现了问题真相。

如果你不到真相所在的地方去寻找真相，你为什么要惊讶于你从未找到过它呢？

一个奴隶祈祷，要求马上获得自由。为什么呢？你认为这是因为他急于付给收税员 5% 的税吗？不是。这是因为他认为，他一直受拘束，不愉快地生活着，因为他没有从奴役中获得自由。他说："如果我获得自由，我就会马上拥有无上的幸福。我不用再向任何人献殷勤，我可以作为一个与人平等的人，作为一个在生活中与人处于同等地位的人，与任何人交谈。我想去哪里，就去哪里。我想什么时候来，到哪里来，都由我自己。"后来他获得了自由。他一下子发觉自己无处可去，无处找食，他开始到处找人，拍马屁，找人家混饭吃。而后他或者充当男妓为生，经历着最可怕的事情，如果是能找着个混饭吃的槽，他陷入的奴役会比他前一次受到的奴役更厉害。或者即使他发了财，因为只不过是个粗俗的暴发户，他于是会爱上一个黄毛丫头，悲惨地生活着，整大唉声叹气，希望再套上奴役的枷锁。"哎呀，我到底是怎么啦？原来，人家让我吃饱穿暖，我生病时让人照顾我；我为他效劳，只用做几件事。但现在，我成了个多么悲惨的人啊！我遭受的是怎样的苦楚啊！我不只是一个人的奴隶，而成了几个人的奴隶！不过，如果我能戴上戒指"①，他说："那时我应该能真正地富足幸福地生活。"于是，为了得到这枚戒指，他便遭受了——他所活该遭受的罪！然后，当他戴上了戒指后，你又会见到同样的事情。他说："如果我参加一场战斗，我就能摆脱我的所有这些烦恼。"于是他参加了一场战斗，还是像个坏蛋一样。他又要求参加第二场及第三场战斗。② 之后，当他走完最后一步，成为元老院议员。当他迈入元老院的那一刻，他成了奴隶，最光彩最堂皇地受着奴役。

① 古罗马骑士团成员有权戴金戒指。

② 对那些拥有更高职位的人的要求。

嘿，不要做傻瓜了，好好领会苏格拉底说的话：“每件事情的含义是什么？”不要随意地把“把握的概念”应用到具体事物上。因为这是人们所有坏事的来源，也就是说，人们不能把把握的概念应用于具体的事物上。我们中的一些人想东想西。一个人认为自己生病了。实际上，他根本没有生病。原因是他没有运用自己把握的概念。有人认为自己是乞丐，有人认为自己的父母狠心，有人认为恺撒对自己不好。但这些实际上只意味着一件事，即不知道如何运用他们把握的概念。怎么，谁对“坏事”没有把握的概念，知道坏事是有害的，是要避免的，是某种要完全根除的东西呢？一种把握的概念不会与另一种把握的概念发生冲突，冲突只是起源于人们去应用它时。什么是有害的、要避免的坏事呢？如果有人说这是不能成为恺撒的朋友；那他就偏离了正道了，他已经不能正确地应用他把握的概念，他已经误入迷途，他寻求的是与实质无关的事情；因为当他成功地成为恺撒的朋友后，他依然得不到他一直在寻求的。什么是人们正在寻求的东西呢？生活安稳，生活幸福，做任何他想做的事情，没有阻碍，不受强迫。那么，当他成了恺撒的朋友，他就能不受阻碍，不受强迫，安稳宁静地生活了吗？我们应该向谁去打听呢？有什么人能比已经是恺撒的朋友的人更好的见证人呢？请你来到我们中间，回答我们。你现在睡得香，还是你没成为恺撒的朋友之前睡得香？他马上回答道：“别问了，我以神明的名义恳求你。别嘲笑我的命运。你不知道我吃的苦头。我命苦。现在连觉也落不着睡，接连有人进来报告：恺撒已经醒来了，已经出来了。麻烦来了，苦恼来了！”嘿，你现在吃饭香，还是以前吃饭香？听他如何回答的？如果恺撒没请他一起进餐，他觉得自尊受损。如果恺撒请他一起进餐，他像个奴隶一样在主子餐桌上吃饭，时时注意不要说错话或做错事。你认为他害怕什么呢？他害怕像奴隶一样被鞭打吗？他怎能希望那么轻松地脱身呢？鉴于他是恺撒的朋友，身居高位，他真正害怕的是要掉脑袋。你啥时更舒舒服服地洗澡呢？你啥时更悠闲地锻炼呢？总之，你喜欢现在的生活，还是过去的生活呢？我敢发誓，一个人只要有感觉、尚有药救，那么他越是亲近恺撒，就越会为自己的不幸哀叹。

因此，当那些所谓的国王无法按自己的意愿生活，而那些国王的朋友们也无法按自己的意愿生活时，还有哪些人是自由的呢？——你只要去寻找自由的人，你就会发现自由的人。因为自然赋予了你发现真理的能力。如果你依靠自己的能力却不知下一步该怎么走，你还可以询问那些做过这种探索的人。他们会说什么呢？自由对你来说是好东西吗？——是的，它是最好的东西。——拥有自由的人可能不幸福或生活悲惨吗？不可能。——那么，你啥时见到了不幸福的、唉声叹气的、生活悲惨的人，你就可以肯定地说他们是不自由的。——我就是那样说的。——那很好，我们现在谈的已经不是奴隶买卖[1]，不是那种获取财产的方式。因为如果你对这些命题的赞同是正确的，那么无论他是不幸的波斯大王还是某个小国王，无论他是有执政官头衔的人还是当过两次执政官的人，他们都是不自由的。——我同意。

请再回答一个我的问题。对于你来说，自由是伟大、崇高而宝贵的东西吗？——当然啦！——一个精神卑贱的人却能得到如此伟大、崇高而宝贵的东西，这有可能吗？——不可能的。——因此，当你看到某人在别人面前低三下四或违心地阿谀奉承，你可以肯定他是不自由的；我们不仅会说为了混口饭吃而那样做的人是不自由的，甚至他那样做是为了做行省总督或执政官，我们也说他不自由。我们把那些为蝇头小利而做这些事情的人称作“小型奴隶”，而为了权势这么做的人，则可以名副其实地称作“大型奴隶”。——我承认如此。——对于你来说，自由意味着独立与自主吗？——当然啦！——当某人受别人的阻碍，受别人的强迫时，你可以肯定这个人是不自由的。请不要查看他的祖父及曾祖

---

① 是指那种获得奴隶的通常方法，因为相对而言，通过奴隶生育后代而获取的奴隶较少。

父，也不要看他是否有奴隶买卖契约。如果听到他深情地喊“主人”，你就可以称呼他为一个奴隶，即使他的前面走着举十二束棒[①]的侍从。如果听到他说：“啊！我要受怎样的苦呀！”你可以称呼这个人为一位奴隶。总之，如果见到他悲痛、哭诉、可怜巴巴，你就称呼他为一个披着长袍的奴隶。[②] 然而，如果他没有以上的表现，还不要立刻就说他是自由的，而先要了解他的判断力如何，了解他的认识是否受强迫，受阻碍，遭受不幸。如果他受强迫，受阻碍，遭受不幸，那么，你可以称呼他为“一个在过农神节的奴隶”[③]。此时他的主子外出了。过段时间他会回来，这时你会知道这家伙将要吃的是什么苦头了。——谁会回来呢？——回来的是对别人期望的东西有控制权的人，他能给奴隶期望的东西，也能剥夺奴隶期望的东西。——我们有那么多主子吗？——是的。因为除了自己的主人之外，我们还有以周遭境况的形式出现的主子，而这些主子是很多的。因此，必然可以得出结论，那些掌握着这些周遭境况之一的人就是我们的主子。你看，没人会害怕恺撒本人，他们害怕的是死亡、流放、失去财产、监禁和剥夺公民权。也没人会喜爱恺撒本人，除非恺撒是个非常优秀的人。但我们喜欢财富、当保民官、当司法官、当执政官。当我们喜爱、仇恨或恐惧它们时，控制它们的人就是我们的主子。这是为什么我们甚至把他们奉为神明；然后我们认为能给予最大好处的就是神明。我们给出一个错误的小前提：“这个人能给予最大好处。”从这些前提推导出来的结论也就必定是错误的。

什么能使人摆脱阻碍及摆脱自己的主子呢？财富、执政官之职、行省或王国等都不能，而必须找到其他的东西才行。什么能使人在写作中感到无拘无束？——写作的知识。——什么能使人在弹奏竖琴中感到无拘无束？——演奏竖琴的知识。——因此，什么能使人摆脱生活的束

① 罗马的权力象征。
② 古罗马高层官员穿长袍。
③ 这时奴隶有一定的自由。

缚？——生活的知识。——现在你已经知道这个基本原则，但还要想一下它的具体运用。如果某人想要得到的东西由别人控制，这个人能摆脱阻碍吗？——不能。——他能摆脱束缚吗？——不能。——因此，这个人不可能是自由的。想一下：没有任何只受我们控制的东西吗？或者，每样东西都是如此？或者，有一些东西受我们的控制，而另一些东西受别人的控制？——你是什么意思？——如果你想要健全的身体，这受你的控制吗？——不受。——如果你想要健康的身体，这受你的控制吗？——也不受。——生存或死亡受你的控制吗？——也不受。——因此，你的身体不为你自己拥有，而受制于比你强大的人。——确实如此。——你能拥有你想要的农场，并且保持其状况吗？——不能。——你的奴隶呢？——不能。——你的衣服呢？——不能。——你的小屋呢？——不能。——你的马呢？——所有这些都不行。——如果你希望你的孩子、妻子、兄弟或朋友无论如何都能生活下去，这事受你的控制吗？——也不受。

那么，你就没有任何东西是受你的控制的吗？那种受你的控制且只受你的控制的东西，你拥有吗？——我不知道。——这样想一下：是不是没人能让你赞同错误的事情吗？——是的。——那么，在赞同事情时，你不受约束。——确实如此。——有人能强迫你选择你不想要的东西吗？——有人能这样，当他用死亡或囚禁来威胁我，逼我就范时。——如果你蔑视死亡和囚禁，你还看他的眼色吗？——不会。——蔑视死亡是你自己的行为吗？——是的。——是你自己的选择吗？——确实是。——拒绝某样东西呢？也是你自己的行为吗？——是的。假如我要去散步，别人不让我去呢？——他所妨碍的是你的哪个部分呢？当然不会是你的赞同，对吗？——是的，他所妨碍的是我的身体。——是的，正像他对一块石头所做的一样。——就算如此，但我不能去散步了。——谁告诉你“不受阻碍地散步是你自己的行为呢”？我告诉你，唯一不受阻碍的是欲求。但你必定早就听说过，只要有使用身体及需要身体配合的地方，任何东西都不是你自己的。——确实如此。——有人能逼你欲求你不想要的东西吗？——没人能这样做。——有人能逼你考虑和规划，一句话，能逼你如何处理你所遇到的表象吗？——也没人能这样做。——但当我想要某样东西，别人将阻止我得到想要的东西。——如果你想要得到的东西是你自己的，是不受限制的，别人能妨碍你吗？——根本不行。——谁告诉过你，假如一个人想要得到的东西是不属于自己的，他是不受阻碍的呢？

那我不应该想要得到健康吗？——完全不应该，也不应该想要得到所有不属于你自己的东西。你没能力获得或保持的东西就不是你自己的。不仅你的双手要远离它，而且首要的是你要控制自己的欲望，不要去想它。如果你羡慕不属于自己的东西，如果你酷爱受制于人的、有生灭的东西，你已经受奴役了，给自己的脖子套上了枷锁。——难道我的手不是我自己的吗？——它是你身体的一部分，但它本质上是泥土，受束缚，受强者的奴役。我为什么谈论“手”呢？你要尽力把自己的整个身体当作驮着重负的小毛驴。如果它被征用，士兵抓住了它，随它去吧，不要反抗或发牢骚。如果你反抗或发牢骚，你会被打一顿，还是会丢掉你的小毛驴。你应当这样对待身体，这样你就会更明白如何处置与身体相关的东西。因为身体只是小毛驴，与它相关的东西可当作笼头、鞍具、靴子和饲料。也随它们去吧。与解决小毛驴相比起来，你要更迅速而愉快地处置掉它们。

一旦你学会辨别属于别人的与属于自己的东西、受妨碍的与不受妨碍的事情，只关心后一类的东西或事情，不关心前一类的东西或事情，努力只欲求后一类的东西或事情，对前一类的东西或事情感到厌恶，你还用畏惧谁呢？——用不着畏惧任何人。——当然啦！还用担心什么呢？担心那些你的善恶的真正本性处身其中的你自己的事情吗？然而谁有控制这些事情的权力呢？正如没有人能阻碍神一样，又有谁能取走它们，谁能阻碍它们呢？然而你应该担心自己的身体及财产吗？担心不属于你的东西吗？担心对你毫无意义的东西吗？从一开始，你一直在学习的不就是辨别属于自己的与不属于自己的、受自己与受别人控制的、受妨碍的与不受妨碍的事物吗？你为什么去见哲学家？是为了你还会和以前一样的不幸与悲惨吗？如果那样的话，你就不会免于恐惧与不安。痛苦与你有何相干呢？因为对预期的事物的恐惧，当事物来临的时候，就变成了痛苦。那么，你还要热心地寻求什么呢？因为对于处于自由意志领域之内的事情，它作为好的和在你所涉及的范围内的事物，你对它们拥有和谐的和有节制的欲求；你不会欲求自由意志领域之外的事情，所以不会给其他极度猛烈的非理性的因素留下空间，这些因素会使你不由自主，轻举妄动。

当你以这种方式面对事情，谁还能让你心生恐惧呢？因为在一个人身上，在他的表情中，或在他的谈话中——总体而言，在他与人的交往中，有什么东西能激起另外一个人心中的恐惧，会比一匹马，一条狗，一只蜜蜂在另一匹马、一条狗、一只蜜蜂心中激起的恐惧更多呢？不，只有物品才能让人心生恐惧。当一个人既能给予某个物品，又能拿回某个物品，他才能让别人心生恐惧。

怎样摧毁一座城堡？不用剑砍，不用火烧，而用判断。如果我们攻占了城堡，我们是否也战胜了“发烧”之城堡吗？征服了女色诱惑之城堡吗？一句话，我们攻占我们心中的“卫城”了吗？推翻我们心中的僭主了吗？我们让他们对我们天天发号施令，有时是相同的僭主，有时是另外一些僭主。我们必须从这里开始，攻占卫城，推翻僭主。我们必须放弃躯体、它的器官、能力、财产、名誉、官职、头衔、孩子、兄弟及朋友——把这些都当作外在的东西。如果僭主已经被赶下台，至少就我而言，我还有必要夷平城堡防御吗？它会给我带来任何伤害吗？我还有必要再去赶走僭主的保镖吗？我感觉到他们的存在吗？他们的棍棒、长矛及佩剑是用来对付别人的。我不受妨碍地行使意愿，也没有受强迫而违背自己的意愿。这是如何可能的？我把选择的自由交给神。他决定我该发烧，我就发烧。他决定我该选择某样东西，我也就这么选择。他决定我应该想要得到某样东西，我也就这么想。他决定我应该得到某样东西，我也那么想。他不愿望某事，我就不想某事。因此，我愿意结束生命；因此，我愿意在肢刑架上受折磨。谁还能让我违背意愿，妨碍我或强迫我呢？没人能妨碍或强迫宙斯，同样也无法妨碍或强迫我。

这也是旅行者中那更加谨慎的人的选择。一位旅行者听说他要途经的路段有许多强盗。他不敢独行。他等待使臣、法官或总督，与他们结伴同行。当他依附于他们后，就安全地通过了那段路。世上的聪明人也是如此行事。他自言自语："世上有许多强盗团伙、僭主、风暴、困难，还会失去亲人。我的避风港在哪里？怎样才能防范强盗，安全地旅行呢？为了安全地通过，要等待怎样的同伴呢？要依附于谁呢？依附比如富人或总督吗？这样有什么好处呢？他们自己还会被人扒光衣服，呻吟叹息呢。而且，要是我的旅伴抢劫我，我该怎么办呢？我要成为恺撒的朋友。如果我是他的朋友，就没人敢伤害我。然而，我要先忍受许多麻烦，才能成为他的朋友。我还要先被许多人多次抢劫。而且即使我成了他的朋友，他也是凡人呀！如果他在某种状况下成了我的敌人，我的退路在哪里呢？流落荒野吗？难道那里就没有高烧吗？我会怎样呢？可靠的、忠诚的、强健的、没有背叛嫌疑的旅伴有可能找到吗？"因此，他就这样思索着，终于想到，如果他归顺神，他会平安无事地走完历程的。

"归顺"是什么意思？——嗯，就是神想做什么，你也就想做什么；神不让你做什么，你就不做什么。——怎么才能做到呢？——嗯，只有注意神的选择和统治。什么是神给予我的、作为我自己的、由我控制的呢？什么是神留给自己的呢？自由意志范围内的东西是神给予我的，受我控制的，不受妨碍的。我的身体是泥土做的。神怎能让它不受妨碍呢？神让我的财产、家具、房子、孩子及妻子随着宇宙运转俱化。

我为什么要反抗神呢？我为什么要向往不在我能向往范围内的事物，要完全地拥有那并没有完全地被给予我的事物呢？然而我又应该怎样持有它们呢？要符合事物当初被给予你时附带的条件，而且只保留它直到它被给予你的那么长的时间。但神既给予，也拿回。我为什么要反抗呢？我并不是说，如果我想要对比我强大的人动粗的话，我就会是个傻瓜，而是说这么做本身是不义的。我来到这个世上时，谁给予了我这些东西？我父亲把它们给了我。谁把它们给了我父亲呢？谁创造了太阳、水果、季节及人的社会与共同生活呢？

当你从神那里得到了一切，甚至得到了你本身；如果神拿回了某样东西，你会抱怨责怪神吗？你是谁？你为什么来到这世上？难道不是神赐予你生命吗？难道不是神赐予你光明吗？难道不是神赐予你同伴吗？难道不是神赐予你感官与理智吗？神让你成为什么样的人呢？难道不是一个凡人吗？难道人不是注定在地上生活，拥有一个微不足道的血肉之躯吗？难道不是让你在某一段时间里成为神统治的观众吗？难道不是让你与神一道参加神的节日庆典吗？你在那一段时间里被安排做神节日庆典的观众，你跪拜感谢所听所闻之后，神让你离开，难道你不愿意吗？你回答道："不愿意。我想继续过节。"是啊！秘密宗教的入门者也想继续参与秘密宗教的入门仪式。毫无疑问，奥林匹亚的观众想看到更多的运动员。但节日已经结束了，观众要心存感激与敬意地离开，给其他人留下空间。其他人要来到这世上，就像你们曾经来到一样；他们出生之后也必须拥有土地、房子及生活必需品。如果先到的人不离开，能给后到的人留下什么呢？你为什么要不满足呢？为什么你从来没有满足过呢？你为什么还要赖着挤满这个世界呢？

是的。但我想与我的妻儿在一起。——他们属于你吗？难道他们不属于把他们赐给你的神吗？他们不属于那个也创造了你的神吗？难道你不放弃不属于自己的东西吗？难道你不向比你高的神屈服吗？——为什么神赐予我生命，又要加上这些条件呢？——如果这些条件不适合你，你可以离开。神不要挑剌的观众。神需要这样的观众，他们参加节日舞会，他们为节日鼓掌，为节日唱赞美诗。让神烦心的乖戾怯懦之辈要滚出节日；因为当这些人参加节日时，他们在节日上不像在过节，不担任任何合适的角色，而是一副苦脸，到处找茬，找神的茬，找命运的茬，找朋友的茬。他们没意识到神的恩惠，没把神的恩惠用在正途——高尚情操、高贵品性、勇气及我们一直在追求的自由。——我接受神赐予种种恩惠的目的是什么呢？——使用它们。——多长时间呢？——由神决定。——如果它们是必不可少的呢？——不要迷恋它们。那么它们就不会对你必不可少。请不要对自己说它们是必不可少的，它们也就不是。

这是你应该从早练到晚的。从最琐碎的东西开始，比如罐子、杯子之类易碎的东西；然后是袍子、狗、马及一块地；再是你的躯体、肢体器官、你的妻儿及兄弟。环顾四周，把身边的东西扔掉。净化你的判断，以免万一属于别人的东西与你的判断拴在一起或生长在一起，结果当被撕开时会让你感到痛苦。你每天练习自己时要像你在运动场上练习一样，不要说你“在研究哲学”，（一句高傲的话！）你要说，你是个奴隶，正在法庭上展现自己的解放者。因为这是真正的自由。第欧根尼是这样被安提西尼解放而获得自由的。他说，今后任何人也无法再奴役他了。因此，当他被海盗捉住时是如何表现的呢？他怎样对待海盗的呢？他没有称他们“主人”，是吧？我指的不是那个词，我们害怕的不是词，而是产生了那个词的情感。由于海盗只给被抓的人粗劣食物，他怎样指责他们呢？他被卖掉时怎样表现的呢？他寻找主子吗？没有。他寻找奴隶。他被卖了以后怎样应对他的主子呢？他马上与他的主子争论，说他不该这样着装，不该这样剃头，还有该如何教养其子女。这有什么奇怪的呢？如果他的主子买了个训练师，在角力场训练时他的主子会把这个训练师当仆人，还是当头儿看待呢？如果他买了个医生或建筑师，情况也是一样。在每件事情中，有技能的人比没技能的人地位高是不可避免的。一般来说，懂得生活科学的人必定成为头儿。谁是船上的头儿呢？——舵手。——因为不服从他的人要受到惩罚。——但我的主子能痛打我一顿。——他不能打人而不受惩罚。——我同意。——因为他不能打人而不受惩罚，所以他无权打人。没人能犯错而不受惩罚。——给自己的奴隶戴镣铐的人要受怎样的惩罚呢？——给这个人戴上镣铐。这是你同意的，如果你同意以下的说法成立：人不是野兽，而是温顺的动物。什么时候藤蔓长得不好呢？如果它不按自然规律生长。什么时候公鸡活得不好呢？也是如此。人也是一样的。人的本性是什么呢？咬、踢、囚禁和砍头？人的本性不是这些，而是做好事，与人合作，祈求别人成功。所以不管你同不同意，当一个人行事残忍愚昧，他就过得不好。

苏格拉底没有过得不好吧？——是的，他没有过得不好。但他的法官及起诉人过得不好。罗马的海尔维丢斯[①]没过得不好吧？——是的，他没有过得不好。但判处他死刑的人过得不好。——怎么会呢？——正如你不会认为伤痕累累获胜的公鸡过得不好，而认为没受伤却落败的公鸡过得不好一样。你不会认为不辛勤觅食的狗是幸福的。你会认为在流汗、痛苦、搏命狂奔的狗才是幸福的。如果我们认为违反事物的本性产生了坏事，刚才的话里还有什么悖论呢？话中有矛盾的地方吗？你自己对于其他事情不也是这样说吗？为什么你认为人是例外的呢？但我们说人的本性是温顺、有爱心、忠诚；这有矛盾的地方吗？——没有，一点儿也不矛盾。——即使一个人被痛打、囚禁或砍头，他也没受到任何伤害。这句话怎么可能不矛盾呢？会不会是这样的：如果他受辱时保持气节，那么死后就名利双收。然而另一个人死后遭受真伤害，历经羞辱折磨，变成了一只狼，一条蛇或一只黄蜂而不再是一个人。

现在回顾一下大家已经达成一致的要点。不受妨碍的人能得到想要得到的东西，是自由的。但人如果受妨碍，受强迫，违背自己意愿地卷

---

① 罗马一个著名的斯多亚派元老。参看本书Ⅰ，2。

人一件事，就是受奴役的。谁是不受妨碍的呢？这种人不想要属于别人的东西。哪些是属于别人的东西呢？所有那些对其拥有还是不拥有都不在我们控制之下的事物，所有那些只能在某种程度上或某种条件下拥有的东西。所以，身体及其各部分，还有财产，都是不属于自己的。如果你急切想要拥有这些东西，就像它们是你自己的似的，你就会受到惩罚，正如一心追求别人的东西的人会受到惩罚一样。这是通往自由的大道，逃避奴役的唯一途径。你应该在任何时候都能全身心地说出：

你引领我前行吧，哦，宙斯，哦，命运。①

哲学家，你要如何回答呢？僭主召你谈些与你身份不符的话。你是说还是不说呢？告诉我。——让我考虑一下。——现在才考虑吗？你讲学时考虑些什么呢？难道你不研究这些问题吗？比如，什么是好的？什么是坏的？什么是不好不坏的？——我研究过这些问题。——你们同意什么样的结论呢？——正义光荣的事情是好的；非正义丢脸的事情是坏的。——活着是好事吗？——不是。——死是坏事吗？——不是。——囚禁是坏事吗？——不是。——可耻失实的言行、背叛朋友及吹捧僭主是坏事吗？——这些是坏事。——你现在没有考虑这个问题，过去也一直没有考虑过。哎呀，在我有能力为自己获得那些最大的好事，而不会获致那最大的坏事的时候，你却提出这合不合适的问题，这算什么研究呢？“这可真是个需要深思熟虑的绝妙的问题呀。”——老兄，你为什么要嘲笑我们呢？——你真不应该提出那样一个问题。如果你确实认为，可耻的事情是不好的，其他的事情是无关紧要的，你就真不应该研究这个问题，不应该呀，也不应该考虑任何与此相关的事。你应该能马上凭直觉解决这个问题，就像

---

① 克里安西斯的诗，参看本书II，23。

能用眼睛辨别东西一样。怎么，如果问题是，黑的东西是白的吗，重的东西是轻的吗，你什么时候停下来说："让我研究一下？"你会不相信感官的明白证据吗？你怎么会说你现在要仔细考虑一下，"到底要避开坏事，还是要避开无关紧要的事"？不，你根本不具备应有的判断。相反，你认为囚禁与死亡不是无关紧要的，而是最坏的事情；可耻的言行不是坏事，而是无关紧要的。这是你一开始就养成的习惯。你说道："我在哪里？在学校。谁在听我讲话呢？我在对一群哲学家讲话。我现在离开了学校，远离了那些书呆子与傻瓜的格言！"于是，一个哲学家的朋友在被哲学家的指证下被出卖定罪的，于是，某个哲学家变成了寄生虫，就是此人为了金钱而把自己卖了，就是这一个人在元老院不发表意见，虽然心中的判断大声疾呼着。这不是什么从无聊的论证得来的冷冰冰的、可怜的残余念头，而是强烈的和有帮助的判断，这些判断由于是在行动中训练出来的，与事物本身十分熟悉。你看一下自己在听到某些话时会怎样反应，如果听到别人说——不是"你的孩子死掉了"，怕你承受不了——你的油洒了，你的酒喝完了。你情绪激动起来。这时边上有人对你说："哲学家，你在学校不是这么说的。你为什么欺骗我们呢？你是一只虫子，为什么你说自己是个人呢？"当他在做爱时我要在场，看他怎样讨女人欢心，他讲什么甜言蜜语，他能否记得哲学家的身份以及听过、说过和读过的那些论证。

这些与自由相关吗？——当然。而且仅仅只有这些才与自由相关，不管你们富人是否同意。——你有什么证据吗？——当然有：你有个大主子①。你们看他的一举一动而生活。如果他面带怒色看着你，你就晕倒了。你向老头子和老太太献殷勤。你说过："我不能这样做。我没被允许。"为什么你没被允许呢？难道你不是刚刚在与我争辩，宣称自己

---

① 罗马皇帝。

是自由的吗？“可是阿普路拉（Aprulla）[①] 阻挡我。”奴隶啊，说实话，那你就不要逃避你的主子，也不要否认你不敢提出自己的解放者，既然有这么多迹象证明你深受奴役。热恋中的男人被迫去做不想做的事。他看到有更好的事情，但没能力去做到。一个人可能会更加认为他值得怜悯，因为他被强力控制着，或者可以说，他被神力控制着。你真让人难以容忍：你喜爱老头子和老太太，你为老太太擦鼻子、洗脸，给她们送礼。她们生病时，你照顾她们，同时祈祷她们快死，询问医生她们是否已经病入膏肓。为了得到令人垂涎的职位与头衔，你去吻别人的奴隶的手，去当别人的奴隶的奴隶。天啊！你还到处炫耀自己当上了执政官。难道我不知道你怎么当上执政官的吗？难道我不知道谁授予你这个职位的吗？对我来说，如果我要靠菲利希奥[②]活下去，忍受他的侮辱和傲慢，还不如去死。因为我知道一个在一般人眼中看来是成功的而又趾高气扬的奴隶是个什么东西。

有人问道：“你是自由的吗？”——以神的名义，我希望我是自由的，祈祷我是自由的。但是我不敢面对我的主子。我仍旧在乎自己的躯体，努力让它保持健全，尽管它是不完整的[③]。但我能告诉你谁是自由的人，因此，你不用再到处寻找榜样。第欧根尼是自由的。他怎么是自由的呢？不是因为他的父母是自由的，他父母是奴隶，而是因为他本人是自由的，他挣脱了所有的奴役枷锁，任何人都不能再奴役他。他能轻易地放弃任何东西，它们只是挂在他的身上而已。如果你抓住他的财产，他会放开它，而不会为此跟着你。如果你抓住他的腿，他会放开它。如果你抓住他的整个身体，他会放开它。他对待他的亲戚、朋友及国家也是一样的。他知道自己从何处、从谁、根据什么条件得到这些。

① 某富老太。

② 尼禄的一个被释放的奴隶，任高官。

③ 这里指爱比克泰德的跛脚。

他不会抛弃他的真正祖先——诸神——以及他的真正“祖国”[①]。他不会顺从和屈服于任何人。他能比任何人都更加愉快地为他的“祖国”献身。他从来不想仅仅表现自己为“宇宙”做过什么，但他记住万事的源头皆在于此，是为了“祖国”而创造出来的，是统治宇宙的神所委托给我们的。看一下他的所言所写：“因为这个原因，第欧根尼，你被允许按自己的意愿与波斯王或斯巴达王阿基达谟斯（Archidamus）交谈。”这真的是因为他的父母是自由的吗？毫无疑义，因为雅典人、斯巴达人及科林斯人都是奴隶的孩子，所以他们不能按自己的意愿与这些国王交谈，而是害怕他们，讨好他们。有人问道：“为什么你被允许呢？”“因为我把自己的身体看作不是属于自己的。因为我不需要任何东西。因为法律对我来说就是一切，其他一切什么都不是。”正是这些，让他成为自由的人。

你不会认为我只是告诉了你以一个孤独的人为榜样吧，这样的人没有妻小、国家、朋友及亲戚来让他顺从，来逼他改变目的。那就以苏格拉底为例。他有妻小，但把他们当作身外之物。他对自己的祖国尽应尽的义务。他有朋友、亲戚。但这一切都要服从律法。因此，当他有义务当兵时，他最先离家参军上战场，毫无怨言。当僭主派他去抓莱奥（Leon）[②] 时，他根本没有思考一下这件事，因为他觉得这件事是卑鄙的，虽然他知道他完全可能为此而送命。他是怎么想的呢？他想维护的东西不是他的肉体，而是人的荣誉与尊严——这些东西不能交托给别人，不能受人支配。后来，当他为自己的生活辩护时，难道他的表现像个有妻小的人吗？没有，而是像个孤独的人。是的。当他要喝毒药时，他怎样表现的呢？当他还能逃命时，当克力同对他说：“为你的孩子着想，快越狱吧！”他怎样回答的呢？他认为这是

① 可能指宇宙。

② 三十僭主想杀害的对立派别的领导人。参看《申辩》32C。

好运吗？不可能！是的，他只考虑正当的事情，至于其他的事情，一概不看也不考虑。他说过，他在乎的不是自己的躯体，而是那个被善行所增益的和被恶行所损减的东西[①]。苏格拉底没有屈辱地活着。当雅典人要求他投票时，他拒绝了。[②] 他蔑视“三十僭主”，他对美德和道德的完美做过精辟的论述；他这样的人不可能苟延残喘。他不是通过越狱逃走而保全自己，而是通过死保全了自己。是的。好的演员之所以保持做一个好演员，就是能在恰当的时机停止表演，而不是没完没了地表演下去。苏格拉底的孩子该怎么办呢？苏格拉底回答道：“如果我去了塞萨利（Thessaly），你们会照顾他们。如果我去了地狱，难道没人来照顾他们吗？”看他给死神取了个亲切的名字，嘲笑死神。如果换成你和我，我们会马上陷入哲学之思考，回答道：“应当以牙还牙地报复做恶事的人。”还补充道：“如果我活下来，我会对许多人有用的。如果我死了，我对任何人都没有用处了。”是的。如果我们不得不通过钻狗洞逃命，我们也会那样做的。我们怎样才能对别人有用呢？假如别人都还在雅典，我们会对他们有用吗？如果我们活着对人有用，那我们如果在适当的时候，以适当的方式死了，不是对人更加有用吗？现在苏格拉底死了，然而，对他的回忆产生的好处丝毫也不减他活着时的言行带给人的好处，甚而更多。

如果你想要得到自由，如果你想要得到名副其实的珍贵东西，你就研究一下这些事情，这些判断，这些论证，这些典范。如果你用巨大的代价交换极其宝贵的东西，这会令人惊讶吗？为了众人眼中的自由，一些人走上了绞刑架，一些人跳下悬崖，有时整座城市毁灭了。为了坚不可摧的真正自由，当神要求你交还赐予你的东西

① 灵魂。

② 民主派当政时，有一次大家想不正当地严厉处罚在海战中有过失的将军。当时担任公职的苏格拉底顶住压力不与其他官员一道投票。

时，难道你不愿意吗？柏拉图说过①，你不仅要研究面对死亡，而且要研究在刑架上受折磨、受流放、受鞭打，总之，要研究放弃所有不属于自己的东西。如果不这样做，你会成为奴隶中的奴隶。即使你当过一万次的执政官，即使你进入了王宫，你还是个奴隶。你会理解到克里安西斯说过的话，“哲学家的话可能违反常理，但确实不违反理性”。经验会告诉你，他们的话是正确的，而被众人追求崇拜的东西实际上对于得到它们的人不会带来任何好处。没有得到它们的人认为，如果得到了它们，他们就会拥有一切好东西。可是，当得到了它们之后，他们的火热的欲望还是一样强烈，还是感觉自己像是在汪洋中颠簸，还是感到厌腻，还是想要尚未得到的东西。满足自己的欲望无法得到自由，只有消灭自己的欲望才能得到自由。只要努力研究这些，你就会知道，这些都是正确的。你过去为别的东西白白劳作，现在应当把精力转到为自由而拼搏上。为了找到能使自己获得自由的真理，时刻保持警觉。不要向富老头献殷勤，而要去拜访哲学家，去熟悉他的家门。常登他的家门不是件丢脸的事。如果你以适当的方式接近他，你离开他家时不会空手而归。不管怎样，去尝试一下总不会让你丢脸的。

2. 论社交

你一定要首先关注这个问题：不要结交狐朋狗友，以免沦落到他们的地步，否则你会毁了自己的。但你脑海里闪现出这个判断：“他们会认为我没礼貌，因此对我不友好了。”那就请记住，凡事都要付出代价的；你只有不做过去那些事情，你才不是过去的你了。二者当中请选其一：一是让狐朋狗友继续喜欢你，你还是过去的

① 柏拉图：《菲多》64A，《理想国》361E。

你；二是超越过去的你，那就必须与狐朋狗友断交。如果你觉得后一种选择更好，就往这个方向努力，不要让其他判断干扰你。当一个人面对两个截然相反的方向犹疑时，他是无法取得进步的。如果你确定了这个方向，如果你只想往这一个方向努力去实现目标，那就放弃其他的东西。脚踏两只船会带来双重后果：你既无法取得进步，也无法得到过去得到过的东西。你过去虽然追求毫无价值的东西，但你毕竟还是交到过狐朋狗友。你无法脚踏两只船，有得必有失。如果你不与狐朋狗友一起喝酒，他们会觉得你不讨人喜欢了。因此，做出选择吧，你是希望成为一个酗酒之徒，讨那些人的欢心，还是希望成为一个庄重的人，但是让那些人对你厌恶起来？如果你不与狐朋狗友一起唱歌，他们就不会喜欢你了。因此，在这里你也要进行选择，你更希望的是什么。如果你希望的不是让别人说你是“讨人喜欢的家伙”，而是想成为受尊敬的正派人，那么你要放弃其他的考虑，唾弃它们，避开它们，与它们断绝关系。如果你不喜欢这样做，那么你整个人都转身朝另一方向走，变成行尸走肉，通奸者，听凭习惯而做尽各种恶事，满足自己的欲望。从剧院的座位上蹦起来，为跳舞的人鼓掌欢呼。但是你不能同时扮演截然不同的角色。你无法同时扮演瑟赛蒂兹①与阿伽门农。② 如果你要扮瑟赛蒂兹，你要变得驼背、秃头。如果你要扮阿伽门农，你要长得高大英俊，要关爱你的臣民。

3. 论值得交换之物

请时刻思考：当你失去身外之物时，你获取了什么替代之物？如

① 荷马史诗《伊利亚特》中的一名最丑陋、最会骂人的希腊士兵，在特洛伊战争中因为嘲笑阿基里斯而最终被杀。

② 迈锡尼的国王，特洛伊战争中的希腊联军统帅。

果替代之物比原来失去的更有价值，不要抱怨“我吃亏了”。如果你用一头驴换了一匹马，用一只羊换了一头牛，用一点钱换了一件善事，用空谈换了安静，用粗话换了自尊，那么你没吃什么亏。如果你记住以上的话，你将一直是个有德行的人。如果你没记住这些话，你的时间必定毫无成效地浪费掉，你所忍受的痛苦必定爆发出来。稍微失去理智，就会毁了一切。舵手要全神贯注才能让船只安全航行，但一疏忽就能让船只出事。他只要稍稍让船只朝向风暴偏航一点儿，船只就会出事。甚至他不必有意做什么，只要稍一走神，就会船毁人亡。生活中的许多事也是这样的。只要你一打瞌睡，你所积攒的一切就全跑光了。因此，要关注你的感官表象，时刻留意它们。你要保护的是重要的东西，包括自尊、忠诚、恒心、平静如水，不为激情、痛苦、害怕或混乱所扰乱的心态——一句话，是自由。你要出售这些来交换什么呢？要交换的东西有多少价值呢？——你会说，我找不到值得交换之物。——而且你看，即使假设换来了一些东西，它们会是什么呢？“我行为正派，而他担当保民官；我拥有自尊，而他担当行政长官。”但是我不在不合时宜的时候大声喧嚷，我不在不应该的时候站起来，因为我是自由的，我是神的朋友，因此，我自愿服从神。我不要求拥有任何其他的东西，比如身体，财产，官职，名誉，等等；神不让我去拥有这些东西。假如神想让我拥有它们，神让它们变得对我有好处。但事实上，神却没有这样做。因此，我不能违背神的命令。你做每件事情时，要保持内在的善心。至于其他东西，要对神赐予你的感到满足，要能善用它们。如果你无法满足，你会一直倒霉，毫无好运，受束缚，受阻碍。这些是神发布的法律，神的命令。你应该成为这些律条的诠释者。你应该遵守这些律条，而不是去遵守马苏里乌斯（Masurius）和卡西乌斯（Cassius）[①] 的律条。

① 公元 1 世纪中叶两位著名的法学家。

4. 答渴望平静生活的人

请记住，不仅想要拥有权力和财富会使人可怜巴巴，屈从于他人，而且想要拥有平静、闲暇、旅行机会和知识，也都会让人显得可鄙，让人受奴役。不管你想要拥有什么样的身外之物，你一旦十分看重它们的价值，你就受奴役了。你想当上或不想当上元老院议员，这有什么区别吗？你想或不想拥有权力，这有什么区别吗？你说："我很倒霉，无事可做，却只能像个死鬼一样与书本拴在一起。"这与你说："我很倒霉，没空看书。"难道没有什么区别吗？官职及其荣耀都是外在的东西，在自由意志范围之外。书本同样也是如此。告诉我，你看书的目的是什么呢？如果你看书是为了消遣或只是为了学会一点儿东西，你是愚蠢的、懒惰的。如果你看书是为了合理的目的，那么看书除了是为了过宁静的生活还能是什么？如果看书无法让你宁静地生活，看书还有什么用处呢？——有人说：看书能让我宁静地生活。我苦恼的原因正是被剥夺了看书的权利。所有碰巧前来访问的，不仅恺撒，而且他的朋友，还有乌鸦、吹笛子的人、发烧等都能妨碍的生活，怎么算是一种宁静生活呢？宁静生活的特点应当是持续不断的，不受妨碍的，自由自在的。

现在有人叫我去做事情。①从现在起，我要保持分寸，做事时要有自尊，要有把握，不为外物所动。我还要观察人，注意他们的一言一行。我这样做没有恶意，也不是为了获得可供讥讽或指责的材料。但是，我同时审视自我。我扪心自问，我是否犯过同样的错误。"我应该怎样停止犯错呢？"我过去曾经犯过错误。然而，我现在不犯错了，这要感谢神明。

如果你是这样做的，你只这么做，那你是否经历过比写作或阅读一

① 可能是回答"我无事可做"的抱怨。

千行诗句更糟糕的事情呢？你吃饭的时候，是否为没能在看书而烦恼呢？你为按书上教的方法吃饭而不满吗？还有洗澡及锻炼身体的时候呢？你接近恺撒或任何人的时候，难道你行事不一吗？如果你保持沉着冷静，你关注身边发生的事情，而不是被人关注，如果你不嫉妒别人名声比你大，如果周围环境没让你产生恐惧，你还想要什么东西呢？书本吗？为了什么目的呢？看书不是为了生活吗？为了生活，人不仅仅需要看书。这正像运动员因为没进行过训练，进入运动场时放声痛哭。为了进入运动场比赛，你使用过负重哑铃、摔跤沙子，找年轻人陪练。现在比赛时刻到了，你却要去找这些东西？这就仿佛是：在有待做出是否赞同的决断时，各种感性知觉包围着我们，有些令人信服，有些令人糊涂，我们不费神去区分它们，却去读《论理解》这篇文章！

为什么会这样呢？因为我们平常读它或写它从来不是为了这个目的——即在实践中与自然一致地应对自己的感觉表象。我们只满足于能读懂文中的内容，满足于能向别人解释文中的内容，满足于能分析三段论，满足于能分析文中的论证过程。所以，只要在人有欲望的地方，那儿就有羁绊。你是否不惜一切代价都要得到不受自己控制的东西呢？如果是这样的话，那你就会受妨碍，受阻碍，达不到目的。如果我们要读《论选择》一文，那不是为了知道文中的内容，而是为了做出正确的选择。如果我们要读《论欲求与回避》一文，为的也是总能满足欲望，总是能够避开厌恶的东西。如果我们要读《论责任》一文，那是为了记住我们的社会关系，为了不非理性地做违背职责的事。根据所读的文章，我们不该为受阻碍而烦恼，我们应该为履行社会职责感到高兴。我们习惯于估计“今天读了多少行诗或写了多少行诗”，但我们应该要学会估计“今天按哲学家的话做了选择，没有放纵欲望，只是避免自由意志能够避免的事，没有见人惧怕，没有被人吓得惊慌失措，表现出耐心、节制与合作”。为了这些，我们应该感谢神，让我们感谢神吧！

然而，我们没有意识到，尽管方式不一，事实上我们自己也渐渐变得与大众一样了。某个人担心得不到权力，你也担心得不到权力。朋友，别这样！应当像你嘲笑别人担心得不到权力那样嘲笑自己。一个人因为发烧而口渴与因为狂犬病而怕水，这之间毫无区别。苏格拉底说过："如果这样能让神高兴，就这样吧！"① 你还能引用苏格拉底的这句话吗？假如苏格拉底想在吕克昂或阿迦德米②度过闲暇时光，与年轻人日日交谈，他会高兴地参加各次军事远征吗？难道他不会哀叹地说："我是多么不幸的人啊！我现在很痛苦。我原来可以在吕克昂学府晒太阳的。"你的生活就是晒太阳吗？难道你不想拥有宁静的、自由的生活吗？假如苏格拉底如此哀叹，他还能是苏格拉底吗？他还能在狱中写出赞歌吗？③

请记住，如果你看重自由意志范围之外的东西，你就会毁了你的自由意志。权力显赫与一介布衣都在自由意志范围之外。工作与闲暇也都在自由意志范围之外。"我应当生活在混乱之中吗？""混乱"是什么意思？生活在众生之中。这给你带来什么麻烦了吗？就假想你是在奥林匹亚，把这混乱看作一次节庆吧。在那里，也会有一个人喊这个，另一个人喊那个；一个人做这事，另一个人做那事；一个人挤撞另一个人；浴室里很拥挤。可是我们在奥林匹亚盛会玩得很高兴，不情愿离开。不要对生活吹毛求疵。"因为醋是酸的，所以醋是坏的。""因为蜂蜜让我倒胃口，所以蜂蜜是坏的。""我不喜欢蔬菜。"你还会说："空闲意味着孤独，我不喜欢空闲。""因为人群乱哄哄的，所以我要避开。"请不要这样说话。当你碰到独处或只有几个人与你相伴的时候，应该认为这种时候是宁静的，要善于使用这些时候。与心灵交流，锻炼自己的感知，培养自己把握的概念。当你碰到人群的时候，把它看作比赛盛会或节

---

① 改编自柏拉图《克里同》43D。参见本书 I. 4 的引用。

② 这些地方的运动场很著名。

③ 柏拉图在《菲多》中（60D）写道，苏格拉底把一些伊索寓言翻译成诗歌，为阿波罗写了一首赞美诗。

日，要与人群一起享受节日盛会。热爱自己同伴的人不可能有比看到许许多多的人更开心的事了，我们高兴地看到马群或牛群，我们高兴地看到许多船只，你看到许多人时会烦恼吗？“是的。他们大喊大叫，我耳朵快震聋了。”你的听觉受到干扰，可这对你有什么其他的影响吗？你使用外部表象的能力没受到干扰，对吗？什么能妨碍你按照自然喜欢或讨厌某事物呢？什么能妨碍你选择或拒绝某事物呢？什么样的混乱能导致这样的情况呢？

请记住这些基本原则：什么是属于自己的？什么是不属于自己的？神让我做什么？神不让我做什么？神刚才让你空闲下来，与心灵交流，写下心灵感悟，去看书，去聆听，准备好自己。你有充足时间来做这些事。神现在对你说：“来参加比赛吧！展示一下你学到的东西及训练的情况。你还要继续独自训练，而不愿参加比赛吗？现在你可以了解自己到底是个能获得胜利的运动员，还是个到处落败的可怜虫。”为什么你要烦恼呢？混乱总会伴随着比赛。赛场上有陪练、啦啦队、官员及观众。——但我想过宁静的生活。——你应该痛哭。不守神谕的人必然要受这样严厉的惩罚：这种人要哀叹，要遗憾，要心生嫉妒，一句话，不会有好运，只能不断遭厄运。你不想摆脱这些吗？

我怎样才能摆脱呢？——你必须彻底根除欲望，只对自由意志范围内的事物回避，你必须放弃一切，包括躯体、财产、名誉、书籍、混乱、权力、平民生活，等等。你不是反复地听到这些话吗？因为如果你一旦偏离了这条道，你就会变成一个奴隶，一个仆人，受妨碍，受强迫，完全受他人控制。时刻想起克里安西斯的话吧：

> 你引领我前行吧，哦，宙斯，哦，命运。

神让我去罗马，我就去罗马。神让我去吉亚纳，我就去吉亚纳。神让我去雅典，我就去雅典。神让我进监狱，我就进监狱。你问道：“什么时候该去雅典呢?”你迷茫了,不知所措了。愿望没有实现给你造成不幸;实现愿望又让你产生虚荣心,为不应当的事情沾沾自喜。如果你受妨碍,你便遭受不幸,陷入不想堕入的困境。你要放弃所有这一切。“雅典是美丽的。”但幸福更美丽;宁静、摆脱混乱、自我作主比雅典更美好。“罗马有太多混乱及烦琐的礼节。”然而心灵的宁静足以抵消所有这些可厌之事。那么,如果发生这些事情的时候到了,你为什么不去除你对于它们的回避呢?你为什么必定要像一个驮重物的驴子那样承负重担呢?你如果想不明白,你就会看到,你不得不做那能为你赢得解脱的人的奴隶,做那能在所有事情上阻碍你的人的奴隶,你不得不把他当作一个邪灵来侍奉。

请时时记住,获得宁静只有一种途径。放弃想要得到自由意志范围之外的事物,把所有东西看作身外之物,把所有东西献给神明,让神明安排人来监管它们。你追求属于自己的东西,追求自由。你看书、写作、听讲都是为了获得自由。如果我只看到某人在看书写作,即使他熬了一整夜,我也不能肯定他是勤勉的。我不了解他看书写作的目的。如果一位男子为姑娘失眠,你我都不会认为他是勤勉的。如果一个人为名誉失眠,我认为他是有野心的。如果一个人为金钱失眠,我认为他是不爱劳作的,而是爱财的。如果一个人辛劳是为了改善自己的主导原则,为了连续不断地顺应自然地生活,我才认为他是勤勉的。因为我不愿让你们因为那些可好可坏的事情去褒贬一个人,而愿你们只因他心中的判断的缘故去褒贬一个人。因为判断是每人自己的所有物,它决定了它的所有者的行为的高尚或卑鄙。你要记住这些话,你要为眼前的东西感到高兴,你要满足于当下的东西。如果在你的行为中,你看到你透彻学习与研究过的任何事情得到了实现,那就为这些事情而欢喜。如果你不再心肠恶毒,不骂人,不傲慢,不讲粗话,不粗心大意,如果让你受过影响的东西不再影响你,至少不会在同等程度上影响你,你就可以日复一日地庆祝了;今天庆祝这方面表现得好,明天庆祝那方面表现得好。这比当上执政官或行省总督更值得庆祝！这来自自我和神明。记住谁是赐予者，谁是接受者，赐予出于何种目的。如果你从讨论中学会了这些，你还会不知道幸福在何处和怎样令神明高兴吗？难道不是每个人都与神明保持相同的距离？难道他们不是对眼前发生的一切事情持有相同的看法？

5. 反对争斗与残暴

美好高贵的人不与人争斗，也尽力阻止别人争斗。苏格拉底就是一个很好的例子。他在任何场合都避免与人争斗，也尽力阻止别人争斗。从色诺芬的《会饮篇》可以看到，苏格拉底化解了多少争吵，他怎样耐心地忍受色拉西马库斯（Thrasymachus）、珀卢斯（Polus）和卡里克勒斯（Callicles）[①]，怎样忍受自己的妻子，怎样忍受与自己诡辩论争的儿子。苏格拉底坚信：一个人无法支配别人的主导原则。所以他只想要得到属于自己的东西。这是什么呢？顺应自然，不要强迫别人，因为那不属于自己。别人按照自认为最好的方式行事，他自己则依然与自然和谐相处，只管自己的事情，最终使别人也能与自然和谐相处。这是美好高贵的人为自己设立的目标。当上行政官？不是目的。不过如果当了行政官，就要在这样的场合下保持自己的指导原则。结婚？不是目的。不过如果结婚了，就要在这样的场景中与自然和谐相处。如果他想要自己的儿子和妻子不犯错误，那么他想要的就是属于别人的东西。接受教育就意味着这个：要学会辨别什么东西是属于自己的，什么东西是属于别人的。

如果一个人处于这种状态，还会有争斗的空间吗？为什么他对发生

① 三个人都是当时的智术师。第一人出现在柏拉图《理想国》的第一卷中。后面两个人出现在柏拉图的《高尔吉亚》中。

的事情不表示惊奇呢？有任何发生的事情对于他是陌生的吗？恶人实际伤害他岂不是没比预想的残暴吗？恶人毕竟没有丧心病狂，他不认为这是一种收益吗？“某人骂你。”我要感激他没有打我。“但他还打了你。”我要感激他没有打伤我。“但他还打伤了你。”我要感激他没有杀掉我。因为他在什么地方学过人是温顺的动物，人们互相爱护，不义对于不义的人乃是最大的伤害？如果他从没学过这些，或者从来没有真心地相信，那他为什么不占便宜呢？“我的邻居朝我扔石头。”你没犯错吗？“没有，但我的陶器打碎了。”你是陶器吗？你不是陶器，而是有德行的人。老天赋予你什么东西来应对别人的攻击呢？如果你想象自己是只狼，你尽可反咬一口，向你的邻居扔更多的石头。如果你想象自己是个人，那就审视自我，看看老天到底赋予你什么能力了。赋予你残暴的品性了吗？赋予你怨恨之心了吗？什么时候马儿要痛苦呢？当马儿被剥夺天生的能力之时。不是马儿不能嘶鸣之时，而是马儿不能奔跑之时。什么时候狗儿会痛苦呢？不是狗儿不能飞翔之时，而是狗儿不能跟踪气味之时。同理，什么时候人要痛苦呢？不是当人不能杀死狮子或拥抱雕像[①]之时（因为老天没有赋予人这些能力），而是当人丧失仁慈与忠诚之时。“人们要聚在一起，为这种人哀伤，因为这种人遇上了那么多的坏事。”[②] 这不是为了人的诞生和去世，而是为了这样的不幸：在人活着时失去属于自己的东西，这不是家产、农场、房子、客栈和奴隶，（这些不属于自己。主子今天可以给你，明天又可以拿去给其他人。）而是人的特质，人的心灵的印记；正如我们在硬币上找印记一样，如果我们找到了想要的硬币印记图案，我们就会接受这些硬币。如果不是想要找的印记图案，我们就会把这些硬币丢掉。“这枚硬币是什么图案？图拉真？把它送给我。尼禄？把它扔掉。它不能流通。它是假币。”道

① 指第欧根尼在冬天抱冰冷的雕像磨炼自己。

② 欧里庇得斯：《残篇》449。

德生活也是一样的。他的印记——品性是什么样的呢？“他温和，大方，有耐心，有爱心。”我接受他，我让他做罗马公民；我把他当作邻居和旅伴。他有尼禄的印记——特点吗？他暴躁，易怒、爱发牢骚吗？“他随心所欲地打别人的头。”为什么你还把他叫作人呢？每样东西能只看外表吗？如果这样的话，你会把蜂蜡叫作苹果。但它必须要有苹果的香味和口感，只看外表是不够的。所以，靠鼻子和眼睛还不能够证明一个人是个人。你必须要看他是否有人的判断。这个人不理智，无法理解别人的驳斥，他是头驴。这个人的自尊变得麻木了，他毫无用处，是只羊，绝不是人。这个人想踢人或咬人。他连羊驴都不如，是头野兽。

你想让我被人瞧不起吗？谁会瞧不起你呢？有理解力的人吗？有理解力的人怎么会瞧不起温文尔雅而有自尊的人呢？或许无理解力的人会瞧不起你。这对你有什么要紧吗？你或其他的艺人都不在意没手艺的人。——是的。但他们会更加留意我。——“你”是什么意思呢？哪个人能损害你的自由意志，妨碍你运用自己的感知呢？——没人能行的。——那为什么你还要烦恼呢？为什么你要显出自己是个怯懦的人呢？为什么你不站出来明白地向公众宣布，你要与每个人和平相处，不管他们怎么做，尤其对那些自认为在伤害你的人感到好笑呢？“这些奴隶不知道我是什么人，也不知道什么是对我有益或有害的。他们无法拿走属于我的东西。”

防御坚固的城市居民嘲笑围攻者：“这些人为什么要徒劳无益地忙活呢？我们的城墙稳固。我们的食物及其他补给能够维持很长的时间。”这些能保证一座城市不被攻陷。同样，惟有判断能保证人的心灵安全。什么样的城墙足够坚固，什么样的身体坚而不摧，什么样的财产无法窃取，什么样的名声不朽呢？所有这些东西都是要毁灭的，容易为攻击所俘获的。欲求这些东西的人必定心烦意乱，消沉气馁，担惊受怕，愿望落空，想要回避的无法回避。如果这样的话，我们难道不愿意守住老天赐予的安全方法吗？我们难道不愿意放弃会毁灭人、奴役人的东西，而献身于不会毁灭的、本性自由的东西吗？我们难道不记得没有人能伤害或帮助其他人，而欲求这些东西的念头能伤害或毁灭自己吗？这是争斗、冲突或战争吗？厄特俄克勒斯和波吕尼刻斯兄弟反目成仇，其起因就是对王位、流放等方面的判断，把其中一个看成是大坏事，另一个看成是大好事。生命的本质是趋好避坏。我们把剥夺我们的好处、给我们带来坏事的人看成是敌人与侵略者，即使他是兄弟，即使他是儿子，甚至即使他是父亲。因为我们的“好”与我们最亲近。如果外在的东西有好与坏之分，那么，父亲对儿子就不是慈爱的，兄弟之间不是亲密的，而我们四周就充满敌人、侵略者与诋毁者。如果唯有正确的自由意志是好，错误的自由意志是坏，那么还有争斗的空间吗？诽谤什么呢？诽谤对我们毫无意义的东西吗？驳斥什么人呢？驳斥无知的人、不幸的人、在自己的最重要的事情上误入歧途的人吗？

苏格拉底持家并忍受泼辣的妻子及不孝的儿子时，他时刻想起的都是这些话。他的妻子怎么会泼辣呢？任意把水泼在他的头上？踏扁他的蛋糕？[①] 但是，如果我认为这些对自己毫无意义，那么这些又能把我如何呢？属于自己的事就是控制自己的自由意志。在这件事情上，僭主不能阻碍我的意愿，大众不能阻碍个人，强者不能阻碍弱者；这是神赐予每个人不受妨碍的。这些判断让家庭生爱，让国家生和睦，让国家之间生和平，让人对神心生感激，让人时刻充满信心，因为他知道自己对付的不过是身外之物和毫无价值的东西。尽管我们能够写出或读懂这些话，而且读到它们时大加赞赏，但是无法被它们真正打动。因此，有关斯巴达人的谚语“在家是狮子，在以弗所是狐狸”[②]，也很适合我们这个场合：“在教室是狮子，在教室外是狐狸。”

---

① 亚西比德（公元前450？—公元前404年，古希腊雅典政客和将领）送的礼物。

② 以弗所是古希腊小亚细亚西岸的一个重要贸易城市。此处的格言源于斯巴达人在小亚细亚的一次战败。

6. 答因受到怜悯而烦恼的人

一个人说，我为受到怜悯而烦恼。——那么，你烦恼的是你所受到怜悯的你的作为，还是那些怜悯呢？你有能力让别人不怜悯你吗？——如果我能让他们看到我不需要怜悯的话，我就能。——你能不能不被别人怜悯呢？——我有能力的。可是别人怜悯我的是我不该受到怜悯的地方。别人应该同情我犯过错误，而不是我穷困潦倒、没官当、病与死，等等。——你准备让大众相信这些都不是坏事，而且穷人、无权无名的人可以过得快乐吗？或者你准备让大众相信你是达官贵人吗？第二种事只有吹牛皮的人或一文不值的庸人干得出来。而且，你还要制造假象，借几个奴隶，有几个银盘，经常有意展示它们，尽力不要让别人知道你只有这几个盘子；有几件花里胡哨的衣服以及其他各种玩意儿，让别人相信最有名望的人都尊敬你，努力与他们一同进餐，或至少让人相信这一点；使用卑劣的技艺装点你的容貌，以使你更加有型，使你的出身显得比你实际的出身更加高贵。如果你采用第二种方法让别人不怜悯你，你就只有施展所有这些骗术。

“但第一种方法是徒劳的、单调无味的，是企图做连宙斯也无法做到的事情：让所有人一致同意，哪些是好事，而哪些是坏事。”难道自然没有赐予你这种能力吗？自然赐予你的能力只是说服自己相信。可你还没有说服自己相信呀！自然保佑我吧！你现在居然要说服别人相信吗？然而谁有你同自己生活的时间长呢？什么人赋有的说服你的能力比得上你说服自己的能力呢？什么人有你对自己那么的好脾气和亲近呢？那你怎么自己都不能说服自己去学呢？现在难道事情没有颠倒吗？这不是你一直渴望的东西吗？你所渴望的不就是学习如何消除痛苦、混乱、耻辱，然后获得自由吗？难道你不是早就知道只有一种方法可以达到这种目的吗？这一方法是抛弃自由意志之外的身外之物，承认它们是不属于自己的。别人对你的看法属于哪类事物呢？——属于自由意志领域之外的事物。——所以它们对你一文不值吗？——是的。——只要你还在为别人的看法而烦恼，你认为你已经说服自己相信哪些是好事，哪些是坏事了吗？

难道你不能不去理会别人，而给自己当学生或当老师吗？“其他人对于处于与自然不一致的状态中生活对他们是否有好处，他们自己会留意的，但对我而言没有人比我和自己更亲近了。我听到哲学家的话，我同意他们的话，但实际上我的负担一点儿也没有减轻；这是怎么回事呢？会不会是因为我愚钝？我在其他方面都不是十分愚钝呀！我很快地识字，学会摔跤、几何、分析三段论。难道理性没有说服我吗？可我一开始就完全赞同理性，而且我现在读有关理性的东西，听的是理性的东西，写的是理性的东西。迄今为止，我们还没找到比这更强有力的论证。那我身上还缺少什么呢？我还没有抛弃相反的判断吗？或是思想没有诉诸反复实践过吗？这就像旧盔甲保存在那里，积满灰尘，结果自己穿不来了吗？在摔跤、写作和阅读方面，我不只满足于学习，还要不断推翻原来的说法，还要形成新的说法及三段论。可是那能让一个人消除悲伤、恐惧、情欲、障碍而获得自由的必要原则，我却不练习，我没有实践它们。如果是这样，那我还仍旧关心别人怎么看我，在他们眼中我是否有分量或者过得幸福？”

不幸的人啊！难道你不明白你怎么评论自己的吗？在你自己的眼中，你是怎样的一个人呢？你思考的时候，你渴望的时候，你回避的时候，你是怎样一个人呢？你选择的时候，你准备的时候，你谋划的时候，做其他事情的时候，你是怎样一个人呢？可是你还关心其他人是否怜悯你。——是的。但是我不该受到怜悯。——你为此感到痛苦。感到痛苦的人难道不值得怜悯吗？——是的。——那你怎么不该受到怜悯呢？你对受怜悯产生的感情本身就使自己值得怜悯。安提司底尼斯是怎么说的呢？你没听过吗？“居鲁士，国王注定政绩卓著，却遭人诋毁。”

我的头完全正常，但每个人都认为我有些头痛。我根本无所谓。我没发烧，但每个人都同情我，对我说："可怜的家伙，你发烧这么长时间了。"我也拉长了脸，说道："是的，我已经病了很长时间。""会发生什么事呢?""顺其自然吧。"我答道。同时，我心里嘲笑怜悯我的人。

有什么让我在道德生活中不能做同样的事呢？我贫穷，但我能正确看待贫穷。如果别人因为我贫穷而怜悯我，我是不会在乎的。我没官做，而别人有官做。但是我能正确看待做不做官的问题。让怜悯我的人去关心这个问题。我肚子不饿，口不渴，身上不冷，但别人从他自己的肚子饿和口渴中就推论出我也肚子饿，口渴。我该怎么做呢？难道我应该到处去说："大家不要给骗了。我人很好啊！我不在乎贫穷，不在乎没官做，不在乎任何事情。我只在乎有正确的态度。它们自由而不受妨碍。我没什么可以在乎的了。"这话有多蠢呢？当我不满足自己的现状而一心在乎别人怎样看待我时，我还能有正确的态度吗？

但是别人比我得到更多的东西，别人比我更受尊敬。——人们做某事，就要能从中获得相应的好处，这难道不合理吗？别人爱做官，你爱正确的观念。别人爱财富，你爱正确的感知。照这样的话，他们是否能比你在你所致力的事情上获得更多的好处呢？他们的赞同是否更加符合自然标准呢？他们的愿望是否不太可能比你的更能达到目的呢？他们是否经常比你更不能回避他们想要回避的东西呢？他们是否谋划得更好，选择更准确呢？他们做人，做儿子，做父母，扮演其他的社会身份，是否表现得更得体呢？如果别人做官，难道你不愿告诉自己这个事实：即你不会为当官而奔走，而别人不择手段去当官？一个人做了另一个人不在乎做的事情，却得到很少的回报，这才是最不合理的。

因为我非常关心正确的判断，所以我来统治更合理。——是的，在你非常在乎的正确判断这方面上。但是在别人比你更关注的方面，你让位于他们。[否则,] 这像是因为你有正确的观念，你就坚持你应该在箭术上比专业箭手要射得更准确，或在打铁上比铁匠更熟练。所以，如果你不执着于正确的判断，而是关心你想要得到的东西，那么你有权获得它们；而且如果你无法获得，那么你可以放声痛哭。可你现在说自己关心其他的事情。老百姓的话中带有智慧："大事互不纠缠。"一个人清晨起床后，四处找恺撒的家人请安，与他做愉快的交谈，送他礼物；他取悦舞者，恶意中伤别人来讨好一个人。他祈祷时，他为这些事情祈祷。当他祭祀时，他为这些事情献祭。毕达哥拉斯曾说过："不要让睡眠爬上你疲倦的眼皮。"把这句话用在这里。"我在阿谀奉承时什么地方犯错了呢？我做了什么事呢？难道我表现得像个自由民或高尚的人？"如果他发现自己对上号，他就责怪自己："为什么你要这么说呢？难道不能撒谎吗？甚至哲学家也说过，没法让人不说谎。"但是，如果你真的只关注正确地运用感知，那么早晨起来的时候，你要思考一下："怎样做才能实现心灵安宁？我是谁呢？我是可怜的躯体、财产、名声吗？都不是。那么，我是谁呢？理性的动物。"对我有什么要求呢？重视练习你的行为。"我寻求宁静时，什么地方犯错了呢？我做了什么事是不友好的或不合群的或不理智的呢？这些事我哪些应该做还没有做呢？"

因为在人所欲望的东西、行动与希望之间存在巨大的差别，所以你还想得到别人所致力而你未曾致力的那些东西吗？如果那样，则当别人怜悯你时，你还会惊讶，会生气吗？如果你怜悯他们，他们不会生气。为什么呢？原因是他们相信自己拥有了美好的事物，然而你对自己却不相信。因为这个原因，所以你不满足于自己拥有的东西，想要得到他们拥有的东西。如果你真的相信哪些是好的事物，而且你就是它们的拥有者，然而别人都已经误入歧途，那么就根本不会在乎别人如何评价你。

7. 论摆脱害怕

为什么僭主会成为害怕的对象呢？——某人说，这是因为他有卫兵、他们的兵器、内侍以及把门的人。——如果你把一个小孩带到有卫兵保护的僭主跟前，小孩不会害怕。是因为小孩根本没有意识到卫兵的存在吗？如果一个人真正感到卫兵的存在，而且卫兵佩着剑，但是他由于某种不幸，正是想来寻死，让别人了结他的生命，那么他不会害怕卫兵，对吗？——是的，他不会害怕卫兵。因为卫兵们让人害怕的东西正是他想要的东西。——如果一个人既不想下定决心去死，也不想不惜任何代价去活，只是听从、相信命运的安排，那他来到僭主跟前，就无法让这个人对僭主心生恐惧。——确实。——如果一个人对待财产就像那个人对待肉体一样，同样的，他对待妻小也是如此，简而言之，如果他处于那样一种心境，因为某种疯狂或绝望，他丝毫不在乎是否拥有这些东西，而是像小孩子掷陶片互相嬉戏，丝毫不在乎陶片本身，就这么丝毫不在乎身外之物，他只是开心地玩耍着它们，那么僭主、卫兵及卫兵手中的兵器还能让这样的人心生恐惧吗？

如果发疯能让人如此对待我们刚才提到的事物，习惯也能如此，就像加利里人（Galilaeans）①，那么理性和论证难道就不能让一个人明白：神创造了宇宙中的万物，创造了整个宇宙，它们是不受妨碍的，自身就包含着目的，部分服从整体的需要？其他的动物没有能力理解神的统治。然而，人作为理性动物，能够明白人是宇宙万物的一部分，而部分必须服从整体的需要。而且人作为理性动物，人的天性是高贵自由的，人能够明白，自己拥有的一些事物是不受妨碍的，是受自己控制的，而自己拥有的其他事物是受妨碍的，是受别人控制的。不受妨碍的事物处于自由意志范围之内，而受妨碍的事物处于自由意志范围之外。如果一个人认为自己的利益只处于不受妨碍的而且受自己控制的东西之中，他就是自由的，宁静的，幸福的，不会受伤害的，高贵的，可敬的，感恩的，不会吹毛求疵的。如果一个人认为自己的利益来自身外之物及自由

---

① 可能是指当时的基督徒。

意志范围之外的东西，他必定是受妨碍的，受约束的，受到能控制他所艳羡和惧怕的东西的人的奴役的。他觉得神在伤害自己，是不公正的，所以他必定是不敬神的。他必定是贪得无厌的，可鄙和怯懦的。

当一个人已经明白这些，那么没有什么能阻止他快乐而顺从地生活，他温柔默默地等待将要降临到自己头上的事情，温柔默默地忍受已经降临到自己头上的事情。“你要我忍受贫穷吗？”行啊，你会看到有人能对贫穷坦然处之。“你要我当官吗？”行啊！“你要我辞官吗？”行啊！来吧。“你要我忍受困难吗？”行啊！“要流放我吗？”什么地方我都愿去，在那儿我会待得很好，因为我在这里也一直待得很好；这不是因为我所待的地方，而是因为我的判断，我到任何地方都会带着它们。任何人都不能从我身上拿走它们。它们是我唯一拥有的东西，它们无法被夺走；不管去何方或做何事，只要拥有它们，我就满足了。“但我要死了。”为什么要说“死”这个字呢？不要做悲剧性的演绎夸张。要按照其本来面貌这样说：“我们都是尘土构成的，现在是尘归尘、土归土的时候了。”这有什么可怕的吗？宇宙的一部分消失了吗？出现什么新的、不合理的东西吗？僭主让人心生恐惧是因为这个原因吗？他的卫兵好像佩着锋利的长剑是因为这个原因吗？让别人去关心这些吧！我考察过这一切，没人能控制我。神已经解放了我，我懂得他的指令，没人能再奴役我了。我拥有真正的解放者，我拥有真正的审判者。“我不能主宰你的身体吗？”能，可这对我有什么意义呢？“我不能流放或囚禁你吗？”只要你什么时候愿意，我都可以把自己的所有东西以及我的身体让给你。在我身上尝试你的能力吧，看一下自己的能力有多大。

我还用害怕谁呢？我应该害怕内侍吗？害怕他们做什么呢？对我把门关上吗？如果他们认为我想进去，让他们把门关上好了！——为什么你要去宫殿的门口呢？——因为我觉得游戏还在进行，那我就去参加。——你怎么没有被“关在门外”呢？——如果没人欢迎我，我根本就不想进去。我总是希望事情就是已经发生的样子。我认为神的意愿要好过自己的意愿。我要依附神，做他的仆人与追随者。我的选择与神的一致，我的愿望与神的一致。总之，我的意志与神的一致。在我的面前，门并没有关上。然而，在想进去的人面前，门关上了。为什么我不想进去呢？因为我知道，进去的人得不到“好”。我听到某人由于受到恺撒的嘉奖而感到很走运。这时我问道：“他得到了什么封赏？他得到了统治行省的判断吗？他得到了担任行省财务长官的判断吗？我为什么还要挤进去呢？有人在分发干果。小孩子在争抢它们，而大人们认为它们不值一提，不会去争抢。如果有人扔陶片，连小孩子都不会去拾的。在分配行省，让孩子们去关心吧！在分配金钱，让孩子们去关心吧！在分配行政长官和执政官，让孩子们去抢吧！让孩子们被关在门外，被痛打一顿，亲吻恩赐者的手，亲吻他的奴仆的手。对我来说，这只不过是在分发干果。”如果分发的干果落在我的膝盖上，我会怎样做呢？我把它拿起来，放在嘴里吃掉。我对于干果也只是这样看待了。无论干果，还是哲学家认为不是“好”的其他东西，都不足以让我奴颜婢膝，与人翻脸或被人气翻，或者让我吹捧讨好分发干果的人。

请你展示一下卫兵的剑。“他们的剑多么长，多么锋利啊!”这些锋利的长剑有什么用呢？“杀人。”发烧呢？“一样能杀人。”瓦片呢？“一样的。”你想让我对这些东西卑躬屈膝，受它们的奴役吗？我不可能这样的！一旦我知道有生必有死，世界不是静止不动的，也不受妨碍，那么是发烧还是瓦片或卫兵让我死，这都毫无区别。如果我必须做出比较，我知道卫兵能让我死得干净利索。既然我毫不畏惧僭主如何对待我，也不贪想僭主能给出的恩赐，为什么我还要羡慕僭主、敬畏僭主呢？为什么我要害怕他的卫兵们呢？如果他友好地与我交谈，欢迎我，为什么我要高兴呢？为什么我要告诉别人他怎样和我说话的呢？他既不是苏格拉底，也不是第欧根尼。因此，他的赞扬无法说明我是怎样一个人。我一点儿也不想模仿他的性格。我只是要让游戏继续进行下去；只要他让我做的不是蠢事和耻辱之事，我就听命为他服务。如果他说：“去把萨拉米海战的莱奥带到这里来”，我回答道：“去叫别人做吧！我不再陪你玩了。”如果僭主发怒说：“把他投入监狱。”“我遵从你，因为这是游戏的一部分。”“我要砍掉你的脑袋！”难道僭主的脑袋就永远不会搬家吗？那些听从他命令的人的脑袋呢？“弃尸荒野，不得入土。”① 如果那尸体就是我，我就会被扔掉；但是更精确的知识指明，事实上尸体并不就是我，所以你不要想来吓住我。这些事情只能吓住小孩子和傻瓜。如果一个人听过哲学家的演讲后还不知道自己是怎样一个人，那么他活该陷入恐怖之中，继续吹捧他过去吹捧过的人。如果他还没有学到这样的道理：他不是血肉、骨头或肌腱，而是使用它们的人，是支配和理解自己的感知的人，那么他应该陷入恐怖之中。

但是这些话让人蔑视法律。——完全相反，有什么话会比这些话更让那些信奉这些话的人更愿意遵守法律呢？法律不是随便由某个傻瓜控制的东西。看一下这些话让我们如何正确对待那些傻瓜的，因为它们教我们不要向那些人要求任何他们在超越我们的方面上的东西。它们告诉我们，在适当的时候要放弃自己的躯体，要放弃自己的财产，要放弃自己的孩子、父母、兄弟，甚至要放弃所有东西，除了我们的判断之外。宙斯的意志是：判断是每个人的私人拥有物。你谈到“违法”和“愚蠢”是什么意思呢？在你超越我、比我强的地方，我给你让位。在我超越你的地方，你给我让位。因为我关心的就是这些事情，而你不是。你所关心的是怎样在大理石房子里生活，奴隶和自由民怎样服侍你，你怎样穿漂亮的衣服，你怎样拥有猎犬、琴师和悲剧演员。我不想拥有这些。你从来不关心判断。你从来不关心自己的理性。你不知道它的组成部分是什么，它是怎样组成的，它的构造是怎样的，它有哪些功能，还

① 这有时是对死者的最后侮辱。另外，第欧根尼在临死前对他的朋友说过，他死后，陈尸荒野，不要入土。他的朋友对他的荒唐要求表示不满。于是他嘲讽地说：“把他的棍棒放在他的身边，吓走野狗和食腐鸟。”

有这些功能的特点是什么。如果研究这些问题的人在这方面超过了你，你会烦恼吗？——但是这些是最重要的。——谁不让你关心这些，操心这些的呢？什么人拥有更多的书籍、闲暇及人缘能帮助你呢？你要做的就是赶紧关心这些问题，花些时间考虑一下你自己的主导原则是什么，它是从哪里来的，它能利用其他的东西，能检验、选择和淘汰其他的东西。可是，只要你关心身外之物，你在外物的占有方面就无人能敌；但是你的主导原则如你所愿，将是肮脏的、受忽视的。

8. 反对随便披哲学家外衣的人

不能根据那些可好可坏的事情，来表扬或批评这个人，也不要据此断定这个人有技艺或无技艺。这样做的话，你就可以免于鲁莽与恶意。“这个人洗澡动作很快。”这个人做错事情了吗？根本没有。他做了什么事情呢？他洗澡动作很快。——那么，所有的事情就都做得很好吗？——绝不会推出这个结论。从正确判断出发的行为，才做得好。从错误判断出发，就是做错事。只有知道一个人根据什么样的判断做事，才能表扬或批评一个人。但人的判断是不能由外物所决断的。“这个人是木匠。”为什么？“他使用斧子。”这与问题相关吗？“因为这个人会唱歌，所以他是音乐家。”这与问题相关吗？“这个人是哲学家。”为什么？“因为他穿破披风，留长发。”祭司穿什么呢？所以当一个人看到哲学家行为不端，他马上就说：“看这哲学家的表现。”但是他应该这样说：根据其行为不端，那个人并不是哲学家。如果哲学家的首要概念与专业①就是穿破披风，留长发，这种说法是正确的。但如果哲学家的概念与专业毋宁说是帮助人免于错误，那么，既然此人没有履行哲学家的专业，为什么他们不拿掉他头上的哲学家的名称？人们也是这样评价

① Profession 既有职业、行当、专业的意思，也有“宣称”（自称有何种专业）的意思。

其他行业的人。当人们见到一个人使用斧子很不熟练，人们不会说："要木匠行业做什么用！他们做不出像样的东西！"相反，他们说："这家伙使用斧子很不熟练，他不是木匠。"如果人们听到一个人歌唱得很差，人们不会说："音乐家唱歌就这水平！"相反，他们说："这家伙不是音乐家。"但惟独涉及哲学时，人们却这样反应：当人们看到某个哲学家说一套做一套，他们依然还称其为"哲学家"，但是又根据此人是哲学家却行为不端，因此推论出：哲学是无用的。

这是什么道理呢？因为我们重视木匠的基本概念①、音乐家的基本概念或其他技艺及艺术家的基本概念，而不重视哲学家的基本概念；我们似乎对此没有清晰无误的看法，仅根据外物来评判哲学家。有什么其他的行业是由服装和发型决定的，而不是取决于规则、实质与目的呢？哲学家的实质是什么呢？是破披风？不是，是理性。哲学家的目的是什么呢？是穿上破披风吗？不是，是保持理性。哲学家的原则是什么呢？他们考虑蓄胡子或养长头发吗？他们不为这些费心。按芝诺的说法，哲学家要理解理性元素及其特性，理性元素之间的和谐关系，还有由此推出的各种结果。因此，难道你不愿意首先观察一下，这位哲学家是否在行为不端地宣称自己，然后，如果确实是如此，你就应该指责他的行为方式？但事实上，如果你自己行为高尚，你就根据那位哲学家的行为的邪恶而说："看那位哲学家。"就好像称呼那样行为的一个人为哲学家是合适的似的；还说："哲学家就是这样的吗？"但当你知道某木匠通奸或贪吃，你不会说："看！木匠。"你同样也不会说："看！音乐家。"所以，你在一定程度上是理解哲学家的职业是什么的，但由于粗心而又弄糊涂了。

不过，那些自诩为"哲学家"的人只是用时好时坏的事物从事自己的行当。例如，当他们穿上破披风，留起胡子时便说："我是哲学

① "基本概念"也可以翻译为"把握住的概念"、"把握性概念"。

家。”如果某人买了琴和琴拨，他不会说：“我是音乐家。”如果某人戴上毡帽，系上围裙，他不会说：“我是铁匠。”行头与行业匹配，从业者因其所在的行业得名，而不是因其行头。所以，尤弗拉蒂斯（Euphrates）说得对：“过去很长一段时间，我都不让人知道我是哲学家。这对我有好处。首先，我知道不管我做对什么事情，我这样做不是为了让别人看，而是为了自己。我为了自己吃得好，为了自己保持神态与步态的镇定。这都是为了自己，为了神明。其次，正如竞赛仅仅是我自己的，冒险也是我一个人的事。哲学不会由于我的行为不端而面临威胁，我的行为不端也不会作为哲学家的行为不端伤害大众。因为那个原因，许多不明白我的意图的人对此感到惊奇：我认识许多哲学家，与他们生活在一起，但我却不以哲学家的身份去行动。根据我的行为，不是根据我的外表，来断定我是哲学家，这有什么不好的呢？”

观察我如何吃饭，如何饮酒，如何睡觉，如何忍耐，如何克制，如何助人，如何欲求，如何回避，如何履行自然的和后天的社会职责，如何摆脱混乱，如何摆脱妨碍。请你能根据这些来评判我。如果你耳不聪，目不明，甚至看不出何法斯图斯（Hephaestus）是一流锻工，除非他头上戴了毡帽，你才看得出他的职业，那么，他经过的时候却没有被你这么愚蠢的法官认出来，对他又有什么坏处呢？

大多数的人也是这样，他们不知道苏格拉底是哲学家。故而，他们上苏格拉底这里来，要求苏格拉底把他们自己引见给哲学家。苏格拉底会像我们一样动怒吗？他是否会问：“难道你看不出我是哲学家吗？”不会的。他把他们引见给其他哲学家。他为能当哲学家感到满足。他感到高兴的是，当别人没当他是哲学家时，他并没有为此而生气，因为他时常记住自己应有的职责。美好高贵的人的职责是什么呢？拥有众多学生吗？根本不是的。自有关心这事的人。提出高深精致的理论吗？自有关心这些事的人。他关心哪些领域呢？他想成为什么样的人呢？他关心的领域是伤害与帮助。他说：“如果别人能伤害我，我的追求就一无所成。如果我等别人来帮我，我就是个废物。如果我想要实现的事没实现，我就是不幸的。”他在这个比赛场上挑战每个人。他不会向人让步，他要比的绝不是谁更能宣称自己是怎么怎么样的人，而是比谁真正能做到那种人。傻瓜和吹牛者会说：“我宁静镇定。朋友，你知道吗？当你为一文不值的东西牵肠挂肚时，我摆脱了一切烦恼。”你自己没痛苦，但你觉得是不够的。你还要去宣布：“所有痛风、头痛、发烧、脚跛、眼瞎的人都过来看一下，我是多么健康，摆脱了一切混乱。”这样说是粗俗的、虚夸的，除非你能像阿斯克勒皮乌斯（Asclepius）一样马上拿出让别人康复的治疗方法，而且只是为了这个目的才拿你的身体健康做榜样。

犬儒主义者之所以配得上享有宙斯的权杖和王冠，就因为他们就是这样做的。犬儒主义者说：“人们，请审视你自己。不要在找得到幸福与宁静的地方寻找幸福与宁静，而是在找不到幸福与宁静的地方寻找幸福与宁静。注意！神把我送到你们这里，做你的榜样。我没有财产、房子、妻小，甚至没有床、衣服、家具，但是你们看我有多健康。考验我一下。如果你们发现我确实已经摆脱了混乱，听一下我的疗法，那是治好我的方子。”这才是人道的、崇高的。这是谁的工作呢？宙斯的工作，或宙斯认为适合这项服务的人的工作。以便在向大众展示任何东西时都能同时提出明证，自己提倡内在美德、鄙弃外物。

> 不要让他清秀的脸庞落上苍白，
> 也不要从他的脸颊擦拭眼泪。①

不仅如此，他还不能渴望得到任何东西，不能像孩子渴望节日或葡萄丰收的季节那样地寻求任何东西，不管是寻求人、地方还是生活方式。他必须完全用自尊装饰自己，就像其他人是用围墙、大门及守门人

① 荷马：《奥德赛》XI，529。

装饰自己一样。

然而，仅仅因为外在因素而接近哲学的这些人，就像消化不良的人们接近一些食物后很快讨厌这些东西一样，开始去追求权杖和王国。这种人留起长发，穿起破披风，露着光膀子，与碰见的人争吵。如果他见到别人穿着大衣，他就与别人争吵起来。你先要进行冬季训练！审视自己的选择。别让你的选择像消化不良的人或极想怀孕的女人。先练习不让别人知道你是什么样的人。保密你自己的哲学一段时间。这是果实生长的方式；种子埋在地下一季，慢慢地生长，这样才能长成最好的状态。如果它没有长出节茎以前就先发芽，那么它就不能成熟了，就像阿都尼斯（Adonis）温室里的植物。你就是这样的植物。你过早开花，冬天会给你致命打击。如果炎热的天气过早来临，农夫要非常着急。他们最焦虑的是：种子过快成长，一有霜降，就蔫了。难道你没有注意到吗？你生长过于茂盛，过早地去追名逐利。你认为自己了不起，实际上你是最傻的人。你将遭霜打；实际上，你已经遭霜打，倒伏了，只不过上半部还开点花，所以你看起来还活着、开花。我们要自然地成熟。为什么你要把我们暴露在风暴之中呢？为什么要强迫我们呢？我们还不能经风雨。让根先长出来，然后长出第一节、第二节、第三节。即使我不愿意，果实必然会自然地长出来。

难道最终具有这样的判断的人不会意识到自己的能力，按照它来行事吗？当公牛碰到一头野兽，它不会忘记本能，也不会退缩，不用等人来刺激它。当狗碰到一头野兽，它也不会忘记本能。如果我拥有贤人的能力，我不会退缩，不用等你来鼓励我做分内的事。相信我，我还没有这种能力。难道你想让我像你一样，在到达我的时节之前过早地枯萎吗？

9. 论变得无耻之徒

当你见到别人在当官，你应当想：你根本不想当官。当你见到别人很有钱，你要想一下自己拥有什么东西。因为如果你什么都一无所有，那你确实是不幸的。但是，如果你确实感到自己不需要财富，那你要知道自己很富有，拥有比财富更有价值的东西。别人拥有美妻。你则有不想要美妻的能力。这些对你都不算什么吗？怀抱佳丽的达官贵人真的能轻视财富、仕途、拼命追来的美人吗？难道你不知道发烧的人会怎样口渴吗？这与健康的人的口渴不一样。健康的人喝了水，口就不渴了。生病的人喝了水，口渴一时缓解，但马上会恶心，把酸水吐出来，胃肠蠕动得很难受，反而口渴得更厉害。同样，有钱，还想更有钱；有官做，还想做更大的官；有一个漂亮女人陪你睡觉，还想有更多的漂亮女人陪你睡觉。这样的人就会嫉妒，患得患失，说出丢脸的话，满脑子不光彩的念头，做出不恰当的行为。

某人问道："我失去什么了吗？"——朋友，你过去是谦和的，然而你现在不是谦和的了。难道你没有失去什么吗？你过去读克吕西玻和芝诺，而你现在读阿里斯泰度斯（Aristeidus）和伊乌努斯（Evenus）①。难道你没有失去什么吗？你过去读苏格拉底和第欧根尼，而你现在崇拜能勾引许多女人的男人。虽然你不英俊，但你打扮自己，想变得英俊。你穿上漂亮的衣服，想吸引女人的目光。如果你碰巧捡到一瓶香水，你认为自己很走运。你过去从来不考虑这些。你过去只考虑如何说得体的话，如何成为有价值的人，如何拥有高贵的思想。因此，你过去像一个人一样睡觉，像一个人那样正常走路，正常着装，以与一个好人相称的方式说话。想到此，你还会说："我失去什么了吗？"这只不过失去一点点东西吗？没有失去自尊吗？没有失去廉耻吗？难道失去这些东西还不算什么吗？对你来说，失去的东西当然不再算什么。然而曾有一段时间你是认为这是唯一要紧的损失与伤害，当时你最担心有人强行让你放弃善言善行。

---

① 两个人都是典型的色情作家。

你自己，而不是别人，已经剥夺了你。但是，你要与自我作斗争，维护自己的廉耻、尊严与自由。如果有人告诉你，我被强迫通奸，像你一样打扮，给自己抹香水，难道你不会去杀死虐待我的人吗？难道你不愿意拯救你自己吗？拯救自我不是更容易的事情吗？没必要去杀人，去把他投入监牢，去袭击他。没必要去市场。只要与自我交流，自我是最有可能被说服的。首先，谴责自己的行为。然后，不要对自己丧失信心，不要像沮丧的人，他们一旦失败，就完全放弃自我，随波逐流。你要学习摔跤教练的做法。当学习摔跤的孩子被摔出场外，摔跤教练叫道："站起来！继续练习，直到你已经变得强大，无法再被摔倒为止。"你也要做出这样的反应。你要知道，战胜自我的心灵是最容易的事情。你只要下决心，就能办到，也就得到了进步。你只要打个瞌睡，一切又都完了。毁灭与解脱都在于你的内心。——我从中得到什么好处呢？——你还要寻找更大的好处吗？你不再无耻，而将会是自尊的；你不再背信弃义，而会是忠诚的；不再放纵，而会变得自制。如果你要寻求更大的好处，那你就照现在的情况混下去，连神都救不了你。

10. 应该轻视的东西，应该重视的东西

人们总是在外物中发现他们的所有困难，在外物中发现他们的所有疑惑。"我该怎么办呢？要发生什么事情呢？要出现什么结果呢？我担心这事要落在我的头上。"关心自由意志领域之外的事物的人经常说出这些话。有谁在说："我怎样避免赞同谬误？我怎样避免偏离真理？"如果某人天赋极高，能够非常担心这些事情，那么我要提醒他："为什么你要那么担心呢？它是由你控制的。放心好了。你在运用自然规则之前，不要急于赞同。"

如果某人担心无法达成愿望，担心落入想要避免的境地，那么我要亲吻他，祝贺他；因为他摆脱了其他人的那些担忧与害怕，把心思专门

放在他的自我所在地的真正事务上。我还要对他说："如果你不想愿望无法达成，不想落入要避免的困境，那么你只欲求属于自己的东西，只避免受自己控制的事情。如果你不这样做的话，你必定愿望无法达成，落入想要避免的境地。"那样一来，还有什么困难吗？还用问："要发生什么事情？要出现什么结果？我担心这事要落在我的头上。"

未来不在自由意志范围之内吗？——未来不在自由意志范围之内。——善恶之真正本质不在自由意志范围之内吗？——善恶之真正本质在自由意志范围之内。——你能自然地利用任何结果吗？没人能在这方面妨碍你吗？——没人能在这方面妨碍我。——那么就不要再对我说："要发生什么事情？"不管发生什么，你能把它变成好事，结果也会对你有利。假设赫拉克勒斯说过："我怎样才能阻止狮子、野猪或野蛮人出现呢？"他会变成怎样的人呢？你关心这问题干什么呢？如果出现野猪，你会与之激烈搏斗。如果出现坏人，你会把坏人清除干净。——如果我因此而丧生呢？——你死得光荣，完成了高尚的行为。你无论如何都是要死的，你死的时候总是会做这样那样的事情，比如种田，刨地，做生意，做执政官，患消化不良。你死前想做什么事呢？至于我，我希望正在完成一个人应该做的事，有益的，谋求大众的福利的，高贵的。如果我无法完成这种高尚的任务，我至少应该投入到自由无拘的活动中，那自然赋予我们的活动中，即纠正自我，强化运用外部感觉的能力，努力得到心灵的安宁，同时也完成应当完成的每一种人际关系职责。而且，如果我幸运的话，我还将努力进行第三领域的学习，以便稳定地形成正确观念。

如果我临死前正忙于这些活动，我知足了。我举起双手，对神说："您赐予我的能力使我能理解您的统治，听从您的统治；我没有荒废我的这些能力。我没有亵渎过您。看一下我是怎样运用自己的感觉的，我是怎样运用自己把握的概念的。我责怪过您吗？我对发生的事不满意吗？我希望它们不这样发生吗？我破坏过我与别人的关系吗？我感激您给予了我生命；我感激您的赐予。我对这辈子能享用您的赐予的时间感到知足。收回您的赐予吧！把它们再赐予别人吧！它们都是您的。过去也是您把它们赐给了我。”一个人带着这样的心态离开世界，还不知足吗？还有比这更好的生活方式吗？还有比这样的心态的人更得体的吗？怎样结束生命更幸福呢？

一个人要实现它，必须面对巨大的困难，也必须不忽视细微的事情。你不能既想当执政官，又想实现它。你不能既想拥有大片土地，又想实现它。你不能既想拥有奴隶，又想实现它。如果你想实现这些不属于自己的事情，属于你自己的东西就失去了。事情的本质是：任何事都要付出代价。有什么好惊讶的呢？如果你想当执政官，你必须时时警醒，四处奔波，亲吻别人的手，吃闭门羹，阿谀奉承，给许多人送礼物，天天给一些人送小礼物。这样做有什么结果呢？拥有十二束权棒。有权在台上坐三四次，有权在竞技场举行比赛，有权分发小篮午餐[①]，如此，等等，或许别人还能说出点其他事情。难道你不愿意花代价去努力获得心神宁静、睡时能睡、醒时能醒、无忧无虑吗？如果你忙于这些事情之时，属于自己的东西失去或浪费掉，如果别人拿走你应该得到的东西，那么你会为所发生的情况勃然发怒吗？难道你不要平衡得到与付出吗？你希望得到如此有价值的东西，却不想付出代价、等价交换吗？你怎么可能呢？“大事互不纠缠。”

你不能继续既关心身外之物，又关心自己的主导原则。如果你想要前者，你就得放弃后者。否则，你会彷徨于两端之间而最终两者都得不到。如果你想要后者，你就得放弃前者。油会泼出来，我的家具会坏掉，但我心静如水。我不在家时，家里起火了，我的书烧掉了，而我能自然地处理我的感知印象。“但我会没东西吃。如果我的境况这么差，死亡是我的归宿。”死亡也是所有人的归宿，他们的避难所。因此，降

---

① 即 sportulae，古罗马有权势的保护人给受保护者分发的食物。

临到我们头上的事情都不会变成困难。只要你愿意，你都可以走出房间，不再受到烟雾的困扰。[①] 为什么你要整天担心呢？为什么你要时时警醒呢？为什么你不想知道你的好坏究竟在于何处呢？你应该能够说："好坏都受我的控制。没人能抢走我的美德，或者强迫我干坏事。为什么我不倒头酣睡呢？属于自己的东西是安全的。不属于自己的东西，让得到它们的人去关心，神对它们拥有主权，并把它们按照一定条件分配给个人。我怎么能希望不属于自己的东西应该这样或那样处置？我没有被授予权力选择这些东西，不是吗？没人让我管理它们。我满足于属于自己的东西。我要尽量管理好属于自己的东西。但是，不属于自己的东西就由它们自己的主人去操心吧。"

目前拥有这些东西的人时时警醒、"辗转反侧"[②] 吗？他想要什么呢？帕特罗克卢斯，安提罗库斯（Antilochus）和普洛特西劳斯（Protesilaus）[③]？为什么？他什么时候认为他的朋友不会死的呢？他难道不是知道他与他的朋友都早晚必死吗？他说道："是啊。但我原以为他要比我活得长，他会养大我的儿子。"你是傻瓜，你是在想无法确定的事情。为什么你不自责，反而像个小女孩坐着哭呢？"他过去把食物送到我的面前。"傻瓜，那是他活着的时候；而现在他不能这样做了。但奥托梅东（Automedon）[④] 会把食物送到你的面前。如果他死了，你还可以找别人。如果你过去煮肉的罐子破了，你会由于失去用惯了的罐子就饿死吗？难道你不会去买个新的吗？他说，没有比这更可怕的灾难落在我的头上。

为什么你把这称作灾难呢？你还怪自己的母亲，因为她没有预先告诉你，以便你从她告诉你时就开始哀叹吗？

---

① 指自杀。参看本书 I，25。

② 典出荷马《伊利亚特》XXIV，5。阿基里斯失去朋友帕特罗克卢斯后在床上悲伤难眠。

③ 三人都是阿基里斯死去的挚友。

④ 阿基里斯的战车驭手和朋友。

你们如何思考的呢？荷马写这些是为了让我们明白，当最高贵、最强大、最英俊的人没有正确的判断时，他们会变得最悲惨、最可怜巴巴。

11. 论洁净

有人质疑说：社会本能是否人的本性之一。不过在我看来，这些人不会怀疑洁净肯定是人的本性，人与动物的区别就在于此。当我们看到某种动物在清理自己，我们都会习惯地吃惊说它们的行为“像人一样”。当某人责备动物时，我们习惯地、好像为它们开脱地说，“当然，它又不是一个人”。我们认为洁净是人的特性，认为这首先来自神明。神明本质上是纯洁的。人通过理性接近神明，所以人也保持洁净。然而，由于人的构成材料的限制，人的本性不可能是完全纯洁的，神赐予人的理性便努力使人的材料尽可能不断纯洁。

所以，最首要的、最高的纯洁位于人的心灵，不纯洁也位于人的心灵。不过，心灵的不纯洁与肉体的不纯洁不同。心灵活动最可能会使心灵变得最肮脏。心灵的活动是选择、拒绝、向往、回避、准备、赞同。这些活动中的哪些会使心灵变得肮脏呢？就是心灵做出的错误决定。所以，错误的判断使心灵变得不纯洁，心灵产生正确的判断时，心灵就会变得纯洁。纯洁的心灵就是拥有正确的判断的心灵，因为惟有纯洁的心灵能摆脱混乱与污染。

人也要尽量使肉体变得纯洁。人的鼻子不可能不分泌黏液，因为人体是这样构造的，所以自然让人有手可以来擦。人的鼻孔天生会分泌黏液。如果某人吸进黏液，他的行为就不像个人。人的脚在泥土中走过时不可能不粘上泥土弄脏，自然因此让人有手，有水，可以用水来洗脚。吃东西时，人的牙齿不可能不粘上东西。所以自然要你刷牙。“为什么呢？”这样的话，你就像人，而不是像野兽或猪。只要人流汗，穿衣服，人的身上不可能不留下脏东西。我们可以用水、油、手、毛巾、刮身板、硝石或其他东西来清理身体。你没有这样做。铁匠刮掉工具上的铁锈，他为此准备了刮铁锈用的工具。除非你不爱干净，你吃饭之前会洗一下盘子。难道你不冲洗干净自己的身体吗？——某人问道，为什么要这样做呢？——我要再次告诉你：首先，为了做事要像个人；其次，为了不要冒犯你碰见的人。你在这里也是这样，可你自己还不知道。你认为自己就好到了该有这气味？随你去吧！你认为坐在你旁边、靠近你、亲吻你的那些人就差到了该忍受这气味吗？滚到适合你的、没人的地方去一个人生活，去臭你自己吧！你应当独自去体会自己的肮脏。你住在城里，可你的行为如此欠思考，你以为自己在别人的眼里是怎样一个人呢？如果自然要让你照看一匹马，你会完全失职而不管它吗？现在你要把身体看作委托给你照料的马。你该好好洗涮马儿，这样别人才不会躲避你。谁能不躲避满身污秽、皮肤难看的人呢？散发臭味的人比沾上了脏土的人更讨厌，后者身上的气味是外在的。而前者的气味来自思想懒散，是内在的，表明一个人的思想彻头彻尾腐烂了。

但某人说，苏格拉底不常洗澡。——不过他的身体很光洁。他很吸引人。最英俊、出身最高贵的人都喜欢他，想坐在他的身旁，而不是想坐在长相漂亮的人身边。他不在公共澡堂洗澡，不用热水洗澡。不过，他虽然很少洗澡，但是每次都洗得很干净。但是，阿里斯托芬说：

> 我的意思是他脸色苍白，赤脚走路。

不错，不过他也说：苏格拉底在空中漫步，从摔跤学校偷衣服。可是所有记载苏格拉底的文字都提供了相反的证据：不仅苏格拉底的声音听起来舒服，而且他的样子看起来舒服。人们对于第欧根尼的记载也是如此。一个哲学家不应该由于自己的外表而让大众逃避哲学。他应该在各个方面，尤其在身体上，表现出高兴与无烦恼。“看吧！

我一无所有，也无欲无求。尽管我没有房子，没有城池，过着流浪生活，或许也没有壁炉，但是我过得比贵族和富人都幸福。我的身体没有由于清修的生活而变形。”如果一个一脸像个受了诅咒一样的人告诉我这话，如果哲学让人们变成这种样子，那么神明也无法说服我学习哲学。决不！即使哲学让我变成一个聪明人，我也不愿意这样做。

我希望对哲学开始感兴趣的年轻人来到我这儿时，头发是梳理整齐的，而不是头发蓬乱脏兮兮的。头发梳理整齐的年轻人怀有美的形象，追求美观。他认为美在这里，所以就致力于在这里寻找美。以此为出发点，我们要做的只是告诉他真正的道路是什么：“年轻人，你在追寻美。你做得很好。你知道，美源于人的理性。所以，在你进行选择、拒绝、向往、回避的地方寻找美，因为这是你身上特别的地方。你的身体不过是泥土做的。为什么你要为身体劳作呢？如果你不明白别的道理，时间至少会让你知道这是徒劳的。”假设他来我这里时满身污秽，胡子垂到膝盖。我要对他说什么呢？我要如何向他说明呢？他在哪些方面追求美，从而能让我对他说：“美不在那里，美在这里？”你是否想让我对他说：“美不在于满身污秽，而在于理性？”他在追寻美吗？他表现出美了吗？对猪说，不要再在烂泥里打滚！色诺克拉底（Xenocrates）的话打动珀莱谟①，因为他是爱美的年轻人。他来访时，狂热地追求美，只不过找错了地方。

你看，自然甚至不使与人有联系的动物肮脏。马儿不会在泥浆里打滚。纯种狗也不会在泥浆里打滚。野猪、野鹅、虫子、蜘蛛及与人最疏远的动物是肮脏的。你是人啊，可难道你不想成为与人有联系的动物，而想成为虫子或蜘蛛吗？难道你不想什么时候、在什么地方、不管用什么方式洗个澡吗？如果你不喜欢热水澡，你可以洗冷水澡。难道你不想干干净净地来这儿，让你的朋友高兴吗？庙里禁止吐痰、擤鼻子。难道

① 参看本书 III，1。

你这么一副脏兮兮的样子，还想与我们一块进神庙吗？

难道有人要你美化打扮自己吗？绝没有的。你只需美化自己的本性——理性、思想、心灵。至于身体，你只要保持清洁，只要让你的身体不冒犯别人。如果你听到不要穿鲜红色衣服，你就让你的披风沾满污秽、把它撕成碎片！“在什么地方我能得到干净的披风呢？”——用水把它洗干净呀！这里有位可爱的青年人，这里有位能爱与被爱的老人，一个人可以把儿子的教育托付给他，年轻男女将聚在他身边——难道是为了听他坐在粪堆上做演讲吗？天啊，绝不是！人的古怪总是出自人的性格，但是这种性格已经接近于非人。

12. 论注意力

当你一时不集中注意力时，你不要以为你只要愿意，任何时候你都可以弥补。要记住，由于你今天犯了错误，你的其他状况一定会变糟。首先，而且是最糟糕的，是养成不注意的习惯。其次，是养成延误注意力的习惯，于是你便经常习惯于推迟和拖延过宁静与正当的生活、与自然一致的生活，以及对那种生活的坚持。如果这种拖延是有益的，完全放弃就会是更有益的。如果它是无益的，为什么你不一直维持注意力呢？“今天我想玩耍。”什么阻止你玩耍呢？——但要集中注意力玩。“我想唱歌。”什么阻止你唱歌呢？——但要集中注意力唱。你生活中任何的活动无一例外都受到注意力的影响。你注意力集中时会做得差吗？你注意力不集中时会做得更好吗？我们注意力不集中时，我们生活中的其他事情能做得好吗？漫不经心的木匠做活能精细吗？漫不经心的舵手导航能安全吗？注意力不集中时，生活中有任何别的小事能做得好吗？你不知道，一旦你注意力不集中，你就无法再唤醒它来关注得体、自尊和谦和。但是你却在做事中随意而为、任性而动。

我应该注意哪些呢？——首先是，注意一些基本原则。你应该掌握这些基本原则。如果你没有掌握它们，你不要睡觉，不要起床，不要喝水，不要吃饭，不要与人交往；我所指的是：无人能做另外一个人的自由意志的主人；即：好坏善恶只能到一个人的自由意志领域中去找。无人能为我取得好（善），或陷我于恶，在这些事情上惟有我自己对自己有控制权。所以当我能控制这些事情时，我还有什么借口为身外的事情而烦恼？僭主能让人恐惧吗？病症能让人恐惧吗？贫穷或困难能让人恐惧吗？——但我不中某人的意。——他不是我的产品，对吗？他也不是我的判断，对吗？——对。——为什么我还要再注意他呢？——但是他很有名的。——让那些吹捧他的人去注意他吧！我要讨好、归顺、服从的是神，除了神以外，就是自我。神将我委托给了我自己。神只赋予了我自由意志，给予了我正确使用它的标准。当我遵守这些标准时，我丝毫不在意其他人的言论，丝毫不考虑别人的“包含歧义前提的论证”。为什么在重要事情上我要为别人的指责而烦恼呢？我心绪不宁的道理何在呢？原因只是在于：我在这方面缺乏训练。因为你看到，各门科学都有权嘲笑无知与无知的人。不仅科学如此，各种技艺也有权嘲笑无知与无知的人。比如鞋匠谈到自己的手艺时会嘲笑无知的人；木匠也是如此的。

所以，我们首先应该掌握这些原则，不能背离这些原则，让心灵记住这一标准。我们不应该追求身外之物以及不属于自己的东西，而应该按照万能者的吩咐，毫不犹豫地追求自由意志范围内的东西及神赐予的东西。其次，我们应该记住自己是谁，记住我们的使命是什么。我们应该努力完成自己的使命。我们应该努力履行各种社会关系中的职责。我们应该记住适合唱歌的时间，记住适合玩耍的时间，有谁在场时合适；也要记住什么是不合适的；以免我们的朋友会蔑视我们，我们也会蔑视自己。我们应该记住开玩笑的时间，记住能开玩笑的人，记住参与社交的目的，记住如何在社交中保持一个人的本性。任何时候你背离这些原则的某一条，你就遭受损失。这种损失不是来自外在的，而是来自行为本身。

那么，人能完全不犯错误吗？人不可能完全不犯错误。但是人确实能努力注意避免犯错误。只要我们注意永不松懈，从而不犯一些小错误，那么我们就应该满足了。现在你说："我明天会注意的。"你要知道你这话等于是说："我今天要不顾廉耻，要不机智，要卑躬屈膝。别人能让我伤心。今天我要郁闷生气。我要心生嫉妒。"看一下，你做了多少坏事！但是如果明天集中注意力对你有好处，那么今天集中注意力对你更有好处呀！如果明天对你有利，今天更有利；这样，你明天就可以做同样的事，而不至于要推迟到后天了。

13. 批评随便说出自己事情的人

当某人让我们觉得他已经坦诚地告诉我们他自己的事，我们就可能会告诉他自己的秘密，认为这是坦诚相待。这么做的一个原因是当一个人听到别人的事情，他应该让别人知道他自己的事，否则，看上去这就不是公平的。另一个原因是如果我们保守自己的秘密，我们就觉得会给别人留下不坦诚的印象。人们习惯说："我已经把自己的所有事情告诉你。你不愿意告诉我你自己的事情吗？一个人能这样做吗？"而且，我们认为可以相信"告诉我们他自己事情的人"，因为我们认为他怕我们把他自己的事泄露给其他人，所以他也不会泄露我们的事情。轻率的人就是以这种方式陷入了罗马士兵的圈套。一个士兵穿着平民的服装，坐在你的身旁，开始说恺撒的坏话。你因为他先开始骂的，感到有某种保障，于是说出自己的所有想法。接下来，你马上被投进监狱。我们在生活中也碰到过同样的情况。即便某人告诉我他自己的事，我也不会透露自己的事。相反，我做个听众，保持沉默。如果我说出了自己的事，他会出去以后，到处传我的事。要是我像这个人,我要与他扯平，那么我会到处传他的事，结果不仅他难堪，我也难堪；然而，要是我记得一个人不会伤害到另一个人，惟有一个人自己的行为才会伤害和帮助他，那我可以不像他那样去行为，但是我随意说傻话已经使自己受罪。

你听到别人的秘密，却不向别人倾吐自己的秘密，这是不公平的。——年轻人，我没让你泄露自己的秘密。你讲自己的事情时并没有拿这个当条件：只要你没听到我的秘密，你就不会说出自己的秘密。如果你是个爱说话的人，把每个遇到的人当作朋友，难道你想让我也像你一样吗？如果你信任我，把自己的事情告诉我，而我不可能信任你，把自己的事情告诉你，你想让我像你一样轻率吗？比如，我有个完好的罐子，你有个有破洞的罐子。你来我这儿，把酒存在我的罐子里。但你发牢骚，我没有把我的酒存在你的罐子里。你的罐子有个破洞呀！这里要有什么公平呢？你把你的东西存在一个忠诚的人那里，存在一个可敬的人那里，存在一个不关心外物，而认清了好坏善恶仅仅在于自己的行为的人那里。你想让我把自己的东西存在你那里吗？你这个人贬低自己的自由意志，想得到金钱，想做官，想在官场飞黄腾达，要像美狄亚一样割断自己孩子的喉咙。这里要有什么公平呢？让我看到你是个忠诚的、可敬的、值得依靠的人。让我看到你的判断是一个朋友的判断，让我看到你的罐子没有破洞。这样，你将看到，我会不等你把你自己的事告诉我，我就要你听我倾诉我自己的事。谁不想用好罐子，谁会蔑视忠诚的顾问，谁不愿意让别人分担他的困难重负呢？

我相信你，而你不相信我。——首先，你并不是相信我。你是个爱说话的人，所以你守不住自己的嘴巴。如果你的“相信”之类的话是真实的，那你只会把这些话告诉我。可是事实上当你一看到某人有空，你就坐到他的身边，对他说：“兄弟，你是我最亲近的人。我要你倾听我的事情。”这个人不过与你是一面之交。而且，即使你相信我，也应该是因为你相信我是忠诚与可敬的人，而不是因为我已经把自己的事告诉你。让我也同样地看待你。如果一个人向别人倾吐自己的事，他就是忠诚的，可敬的；如果是这样的话，我会把自己的事告诉所有其他的人，这样会使我显得忠诚与可敬。但是事实不是这样的。一个人的忠诚、可敬就在于这个人拥有正确的判断。如果你看到某人渴求自由意志范围之外的东西，让自己的道德原则屈从之，那么你可以肯定，许多人都能强制他，阻碍他。不需要靠残酷的刑具让他说出他所知道的事情。女人的微微点头、恺撒座上宾的一点恩惠、官欲、遗产等数不胜数的这类东西就能让他烦心。所以要记住，要别人信任你，关键取决于你自己拥有忠诚的品格和诚信的判断。今日还能在哪儿找到这些品格呢？请指出有这种心灵的人，这样的人会说："我只关心属于自己的东西，不受妨碍的东西，本身自由的东西。这些是'好'东西的本质，是我所拥有的。其他东西，让它们如神所愿的那样吧！它们对我无所谓好坏。"

译名对照表

A

Academy，阿迦德米

Acheron，黄泉

Achilles，阿基里斯（《伊利亚特》中的英雄）

Acropolis，卫城

Admetus，阿德门图斯（塞萨利国王，到海外觅取金羊毛的阿尔戈英雄之一）

Adonis，阿都尼斯（Aphrodite 女神所爱恋的美少年）

Adriatic，亚得里亚海

Adze，斧子

Aegisthus，埃癸斯托斯（Clytemnestra 的情夫，伙同 Clytemnestra 杀害阿伽门农）

Aeolus，埃俄罗（风神）

Agamemnon，阿伽门农（迈锡尼的国王，特洛伊战争中的希腊联军统帅）

Agrippinus，阿格里皮卢斯

Aias，埃阿斯

Alcibiades，阿尔西比亚得斯

Alexander the Great，亚历山大大帝

Alexander（paris），亚历山大（帕里斯）（特洛伊王子，因诱走海伦而引发了特洛伊战争）

Amphiaraus，安非阿劳斯

Anaxarchus，阿纳克萨库斯（咬断舌头吐在尼戈克里翁脸上）

Andromache，安德洛玛赫（Hector 的妻子）

Antigonus，安提贡

Antilochus，安提罗库斯

Antipater，安提帕特（斯多亚派的代表人物之一）

Antisthenes，安提司底尼斯（斯多亚派的代表人物之一）

Anytus，阿尼图斯

Apollo，阿波罗（主掌光明、音乐、诗歌、健康、医药、畜牧等）

Apollonius，阿波罗尼乌斯

Apron，围裙

Aprulla，阿普路拉

Apuleius，阿普列乌斯

Archedemus，阿基德姆斯

Archelaus，阿尔科劳斯

Archery，箭术

Archidamus，阿基达谟斯（斯巴达王）

Argos，阿戈斯

Argus，阿尔戈斯，即恶魔（即守护宙斯情人Io的百眼巨人，为赫耳墨斯所杀）

Aricia，阿里西亚

Aristeides，阿里斯泰度斯

Aristophanes of Byzantium，拜占庭的阿里斯托芬

Armour，盔甲

Arrian，阿里安（爱比克泰德的学生，历史学家）

Artaxerxes Ochus，阿尔塔薛西斯·欧克士

Asclepius，阿斯克勒皮乌斯（阿波罗的儿子，医药神）

Assayer of silver，银币检验员

Assent，赞同

Athena，statue of，，雅典娜的雕像

Athens，雅典

Atoms，原子

Atreus，of Euripides，欧里庇得斯《阿特柔斯》

Attica，阿提卡

Augustus，priesthood of，奥古斯都的祭司职位

Auspices，预兆

Automedon，奥托梅东

Aversion and avoidance，憎恶与避免

B

Babble and babbler，胡言乱语和胡言乱语者

Bad，坏（恶）

Bailiff of the Free Cities，自由城的执行官

Barbarisms，野蛮

Bato，贝托（角斗学校）

Body，身体

Boreas，北风（希腊北风之神）

Briseis，布里塞伊斯（《伊利亚

特》中的美女，由阿伽门农从阿基里斯手中夺走）

Buffoon，滑稽演员

Bugbears，唬人的怪物

C

Caesar，恺撒

Callicles，卡里克勒斯（智术师）

Calling of a Cynic，一个犬儒主义者的职业

Calypso，克里布索岛（克里布索，《奥德赛》中的海中女神，截留奥德修斯在其岛上居留7年）

Capital punishment，死刑

Capitol，朱庇特神殿

Cassiope，喀西欧皮

Cassius，卡西乌斯（公元1世纪中叶著名的法学家）

Chaeroneia，凯罗尼亚

Chrysantas，克里桑塔斯

Chryseis，克里西斯（阿波罗的祭司之女）

Chrysippus，克吕西玻（斯多亚派的代表人物之一）

Ciconians，西科尼亚

Citadel，城堡

Cithaeron，西塞隆山（当俄狄浦斯王还是一个婴儿的时候，曾经被遗弃在这座山上待死）

Cithara，西塔拉琴

Citharoede，自弹自唱的琴师

Cleanthes，克里安西斯（斯多亚派的代表人物之一）

Cnossos，克努索斯人

Cocytus，科赛特斯河（冥河）

Colophon，最后的一笔（当作品进入尾声时，用于点明主题和其他解释性的材料的词）

Consul，执政官

Consular（rank），执政官的（级别）

Consulship，执政官的职位

Contradiction，矛盾

Corcyra，科孚岛

Corinth，科林斯

Corinthians，科林斯人

Cosmos，宇宙

Crates，克拉底

Crinus，克里努斯

Crito，克里同（见柏拉图《克力同篇》）

Croesus，克洛伊斯（公元前6世纪 Lydia 王，以富有著称）

Cynic，犬儒主义者

Cyrus，居鲁士

D

Daemones，护灵（希腊早期常指最伟大的诸神，古典时期和希腊化时期开始限于指处于较低神位的神）

Danaus，达那俄斯

Deiphobus，德弗伯斯

Deity，神性

Delphi，德尔斐

Demeter，得墨忒耳（掌农业、结婚、丰饶之女神）

Demetrius，德米特里厄斯

Demosthenes，德摩斯梯尼（古代希腊的雄辩家）

Denarius，迪纳里厄斯（一种古罗马银币）

Desire，欲求

Destiny，命运

Diadem，王冠

Dialectics，辩证法

Dice，掷骰子

Dio，狄奥

Diodorus，狄奥多罗斯

Diogenes the Babylonian，巴比伦的第欧根尼

Diogenes the Cynic，犬儒主义者第欧根尼

Dioscuri，狄俄斯库里（宙斯的双生子 Castor 和 Pollux 的总称）

Discourse，谈话

Dispassionateness，冷静、无动于衷

Dirce，德西之水（位于 Thebes）

Divination，预言

Divine，神性的

Domitian，图密善皇帝

Drachma，德拉克马（现代希腊基本货币单位）

Dysentery，腹泻，痢疾

E

Ecbatana，埃克巴塔纳

Egyptians，埃及人

Egnatius Celer，埃格纳提乌斯·色勒

Eleusis，埃琉西斯

Enthymeme，缺省三段论，亚里士多德认为是一种“修辞性证明”（见《修辞学》）

Epaminondas，伊帕米农达

Epaphroditus，埃帕弗罗第图斯

（尼禄的一位释奴）
Ephebi，男性青年雅典公民
Epictetus，爱比克泰德
Epicureans，伊壁鸠鲁主义者
Epicurus，伊壁鸠鲁
Epirus，伊庇鲁斯
Equivocal premisses，模糊前提
Eriphyle，尤里菲勒
Eteocles，厄特俄克勒斯
Ether，以太
Euphrates，幼发拉底河
Euripides，欧里庇得斯（希腊三大悲剧诗人之一）
Eurystheus，尤里都斯（传说中的一位怯懦的、不喜离家的国王）
Evil，恶
External impressions，外部表象
Eye-slaves，眼膏

F

Faculty，能力
Fasces，twelve，十二权棒
Fate，命运
Felicio，腓力肖
Fighting cock，斗鸡
Florus，弗罗卢斯
Freedom，自由

G

Galba，盖尔巴（68—69 年在位，罗马皇帝，在指定一位无威信的继承人之后被暗杀）
Galilaeans，加利里人
Galli，伽里（Cybele 的祭司，在疯狂状态下截断自己的肢体）
Genius（guardian spirit），护灵
Geta，戈塔
Getae，盖塔伊
Gladiator，角斗士
Goblets，酒杯
God，主神
Gods，诸神
Good，好（善）
Good and excellent man，美好高贵的人
Governing principle or faculty，主导原则
Gratilla，戈拉提亚
Greece，希腊
Greeks，希腊人
Gyara，吉亚纳（帝国早期的一个流放地）

H

Hades，哈德斯（冥界之神）

Hades，House of，冥府

Hallanicus，海拉尼库斯

Happiness，幸福

Harmony with nature，与自然一致

Hector，赫克托（《伊利亚特》中特洛伊王子，被阿基里斯杀死）

Hecuba，荷库巴（赫克托的母亲）

Helen，海伦（为斯巴达王 Menelaus 的王后，因她被 Paris 拐去而引起特洛伊战争）

Hellebore，藜芦（在古罗马时代，通常用于治疗精神错乱）

Hellenes，希腊人

Helmsman，舵手

Helvidius Priscus，海尔维丢斯·普里斯库斯

Hephaestus，何法斯图斯

Hera，赫拉（宙斯的姐姐和妻子）

Heracles，赫拉克勒斯

Heraclitus，赫拉克利特

Hermes，赫耳墨斯（为众神传信并掌管商业、道路、科学、发明、口才、幸运等的神）

Hesiod，赫西阿德（公元前 8 世纪希腊诗人，著作主要有《工作与时日》《神谱》）

Hierophant，祭司长

Hippocrates，希波克拉底（约公元前 460—约公元前 370 年，古希腊名医）

Hippolytus，of Euripides，欧里披得的《希波吕托斯》（希波吕托斯，提修斯之子，被海神 Poseidon 所杀）

Homer，荷马

Hymn of praise，赞美诗

Hypothesis，假想

Hypothetical，假说的

Arguments or syllogisms，假言论证或三段论

Hypothetical premisses，假言前提

I

Iliad，伊利亚特

Impressions，external，外部表象

Inconsistency，前后不一致

Incantation，咒语

Indifference in things，事物中无关

紧要的部分
Indifferent things，无关紧要之物
Innate concept，天生的概念
Insanity，疯狂
Interpreter，解释者
Introduction to Philosophy，哲学入门
Involuntary，无意识的
Irrational，非理性的
Isocrates，伊苏格拉底
Isthmian Games，地峡赛会
Italicus，意大利库斯

J

Jesus，saying of，耶稣的话
Jews，犹太人
John the Baptist，施洗约翰
Judgement，判断
Jumping-weight，哑铃
Just and justice，正义

K

Kings，国王
Kinship with gods，与诸神的亲缘关系
Know thyself，认识你自己
Kore，珀尔塞福涅

L

Lacedaemonians，斯巴达人
Laius，莱乌斯（底比斯王，被其子俄狄浦斯误杀）
Lamp，灯盏
Lamprocles，拉姆普罗克勒斯（苏格拉底之子）
Laternanus，拉特兰斯
Laticlave，红带长袍
Layman，门外汉
Leon，莱奥
Lesbius，莱斯比乌斯
Lettuce，莴苣
Liar，说谎者
Logic，逻辑
Lucian，卢西恩（希腊讽刺家）
Lucius Gellius，卢西乌斯·盖里乌斯
Lyceum，吕克昂学府（古希腊哲学家亚里士多德执教的地方）
Lycurgus，莱库格斯
Lysias，里西亚斯

M

Macedonians，马其顿人
Magnanimity，慷慨

Mammy，保姆

Marcian aqueduct，马西安水渠

Master argument，大师论证

Medea，美狄亚（Colchis 斯国的公主及女巫，她帮助 Jason 取得了金黄色的羊毛织物，做了 Jason 的妻子，又因 Jason 的不忠诚而杀了他们的子女以图报复）

Meletus，梅莱图斯

Menelaus，梅内莱厄斯（特洛伊战争期间的斯巴达王；海伦之夫及阿伽门农之弟）

Milo，米罗（公元前 6 世纪的希腊摔跤能手）

Modius，模丢（罗马的一种称量单位）

Moesia，默西亚

Moral purpose or choice，自由意志，道德目的或选择

Mouse（Mys），老鼠（伊壁鸠鲁最喜欢的一个奴隶的名字）

Mycenae，迈锡尼

Myron，米隆

Myrrhine ware，昂贵的彩色玻璃器皿

N

Naso，纳索

Natural，自然的

Nature，自然

Necessities of life，生活必需品

Necessity，必然性

Nemean games，复仇女神赛会

Nero，尼禄（古罗马暴君，37—68 年在位）

New Testament，新约

Nicocreon，尼戈克里翁

Nicopolis，尼戈坡里斯

Nike，胜利女神

Numenius，拏麦纽斯

Nymphs，宁芙女神（以美丽女子形象出现，有时化身为树、水和山等自然之物的小女神）

O

Obol，奥卜尔（古希腊的银币）

Odysseus，奥德修斯（古希腊荷马所作史诗《奥德赛》中的主人公，伊塞卡国王，在特洛伊战中献木马计）

Odyssey，《奥德赛》（古希腊史诗）

Oedipus，俄狄浦斯（莱乌斯和Jocasta之子，无意中弑父娶母）

Oedipus, of Sophocles，索福克勒斯《俄狄浦斯王》

Office，公职

Olympia，奥林匹亚

Olympic games，奥林匹亚运动会

Omen，预兆

Ophellius，奥菲琉斯

Ophthalmia，眼炎

Orator，讲演者

Orestes，奥瑞斯提斯（阿伽门农之子，弑母为父报仇）

Ox，公牛

P

Paean，赞歌

Palaestra，角力学校

Pan，潘神（半人半羊的山林和畜牧之神）

Pancratiasts，摔跤比赛者

Pancratium，古希腊的角斗运动，包括拳击和摔跤

Panthoides，潘淘得斯

Pantry，食品室

Paradox，悖论

Part and whole，部分与整体

Passion，激情

Patience，忍耐

Patroclus，帕特罗克卢斯

Pentathlon，五项全能比赛

Perception，感觉

Perdiccas，波狄卡斯

Peripatetics，逍遥派

Peroration，结语

Perrhaebians，渤海比安

Persian king，波斯王

Persians，波斯人

Petrifaction of intellect，理智的僵化

Pheidias，菲狄亚斯

(Pheres), father of Admetus，（费莱思）阿德门图斯之父

Philip of Macedon，马其顿的菲利普

Philosophy，哲学

Phoenix，弗尼克斯

Phoenix，《腓尼基妇女》

Physical trainer，体育教练

Physician，医师

Physics, by Epicurus，伊壁鸠鲁的《物理学》

Piety，虔敬

Piraeus，比雷埃夫斯

Pity，同情

Plato，柏拉图（公元前 427—公元前 347，古希腊哲学家）

Plectrum，琴拨

Pluto，普路托（死亡之神和阴间的统治者）

Polemo，珀莱谟

Polus，珀卢斯（演员）

Polus，珀卢斯（智术师）

Polyneices，波吕尼刻斯

Poseidonius，波塞多尼奥斯（公元前 1 世纪希腊哲学家）

Poultices，膏药

Praefectus annonae，罗马时代一个非常重要的官职

Praetor，执政官

Praise，hymn of，对神的赞美诗

Preconceptions，把握性概念

Priam，普里安姆（Paris，赫克托之父，特洛伊的国王，在希腊人攻陷特洛伊时被杀）

Principles，philosophic，哲学原理

Proconsul，地方总督

Procrustes，普鲁克卢斯泰斯

Progress，进步

Protagoras，普罗泰戈拉（约公元前 480—约公元前 410，希腊智术师）

Protesilaus，普洛特西劳斯（Achilles 的挚友）

Providence，天意

Pyrrho，皮罗（古希腊极端怀疑主义哲学家）

Pyriphlegethon，火焰河

Pythagoras，毕达哥拉斯（公元前 580？—公元前 500？，古希腊哲学家，数学家）

Pythian games，德尔菲赛会

Pythian priestess，阿波罗神庙的女祭司

Q

Quadratus，夸得拉度斯

Queen bee，蜂王

Quibbles，争论

Quiescent，沉默者

R

Rational，the，理性动物

Raven，乌鸦

Reasoning，art of，推理技艺

Reason，or the reasoning faculty，理性，或理性能力

Recklessness，鲁莽
Red stripe，红边
Refusal，拒绝
Revolution of universe，宇宙的周而复始
Rhetoric，修辞学
Rhodes，罗德斯
Romans，罗马人
Rome，罗马
Rufus（Musonius Rufus），鲁福斯（爱比克泰德的老师）

S

Salamis，萨拉米海战
Sanity，心智健全
Sannio，萨尼奥（一位不知名的哲学家）
Sardanapalus，萨达纳帕卢斯
Sarpedon，萨耳珀冬（宙斯与Europa之子）
Saturnalia，农神节
Sceptre，权杖
Sciron，西隆（在雅典与麦加拉之间路上滋扰生事的著名强盗）
Second field of study，第二研究领域
Sense impressions，感官表象
Sirens，塞壬（女海妖，以歌声诱惑海员）
Smith，铁匠
Social relations，社会关系
Socrates，苏格拉底
Solo，独奏
Sophisms，诡辩
Sophist，智者
Sophocles，索福克勒斯
Sophron，索弗伦
Soul，灵魂
Sparta，斯巴达
Standard，by Epicurus，伊壁鸠鲁的准则
Standard of judgement，判断准则或尺度
Stoics，斯多亚主义
Stork's nests，鹳的巢穴
Strength of character，品格的力量
Strigil，刮身具
Strings of lyre，竖琴弦
Style，风格
Suicide，自杀
Sura，苏拉
Susa，苏萨
Syllogisms，三段论

Sympathy in nature，自然中的同情原则

Symphorus，辛弗罗斯

Symposium，of Xenophon，色诺芬的《会饮》

Syrians，叙利亚人

T

Tax for manumission，释奴税

Tegea，帖该亚城

Thebans，底比斯人

Thebes，底比斯

Theo，the name，色奥

Theopompus，色奥旁普斯

Thermopylae，温泉关

Thersites，瑟赛蒂兹（《伊利亚特》中的一名希腊士兵，喜欢骂人）

Thessaly，塞萨利

Theseus，提修斯（统一阿提卡的雅典国王）

Things Possible（works by Chrysippus and by Antipater），《论可能的事情》（克吕西玻和安提帕特的著作）

Third field of study，第三研究领域

Thrasea，德拉西亚

Thrasonides，色拉索尼德斯

Thrasymachus，色拉西马库斯

Toga praetexta，罗马高官穿的长袍

Tranquillity，宁静

Tribuneship，保民官职位

Triptolemus，特力普陀莱姆斯（古希腊埃琉西斯城信奉的半人半神英雄）

Trojans，特洛伊人

Tyrant，暴君

U

Ulcers，溃疡

Unnatural lust，违背自然的欲望

V

Vespasian，维斯帕西安

Vice，邪恶

Virtue and virtues，美德

W

Wasp，黄蜂

Wheel（rack），车轮（刑架）

Will，意志

Withholding judgement，悬置判断

Witness for God，神的证人

Woman common property，妇女共有

Wrestling school，摔跤学校

X

Xanthippe，赞提普（苏格拉底之妻）

Xenocrates，色诺克拉底

Xenophon，色诺芬

Xerxes，薛西斯

Z

Zeno，芝诺（斯多亚派的创始人）

Zenodotus，盛诺多图斯

Zephyrus，西风

Zeus，宙斯（希腊神话中的主神，天堂的统治者，其他神和人间英雄的父亲）